人間使い捨て国家

明石順平

角川新書

まえがき

私はブラック企業問題に専門的に取り組むブラック企業被害対策弁護団に所属し、現在事務局長も務めているが、この問題に取り組もうと思ったきっかけとして、自分自身が長時間労働の会社に勤務していた経験が非常に大きい。私はそこに日本の縮図を見た。こんな長時間労働が野放しにされていたら、絶対にこの国はもたないと確信した。同僚が長時間労働で潰《つぶ》されていく衝撃は、経験した者にしかわからないだろう。

そして、たまたまアベノミクスに興味をもち、それを批判する本を3冊も出したが、その過程で、極めて単純なことに気付いた。この国が衰退している大きな要因は、低賃金・長時間労働であると。「安くて便利」は「低賃金・長時間労働」で支えられており、それを野放しにしてきたことが低迷につながっている。もともと日本の労働環境が極めてひどいことはわかっていたが、統計を加えて改めて分析してみると、想像を超えていた。まさに「人間の使い捨て」と言うしかないような状態であった。

この「低賃金・長時間労働」を可能にしているのが、法律とその運用である。仕組みに欠陥があるので、低賃金・長時間労働がいつまでたっても無くならず、国民が豊かになれない上に、過労死・過労うつ等の不幸な事件が繰り返されている。「仕事に殺されるリスクがある」という異常な国家が日本である。

本書はその仕組みの欠陥に徹底的にスポットライトを当てる。この本を読めば、日本がまさに「人間使い捨て国家」であり、それを可能にしているのが法律とその運用であることがよくわかるであろう。

なお、本書では「ブラック企業」という言葉がたくさん出てくるが、私はこれを「残業代を払わないで長時間労働をさせる企業」という意味合いで用いている。

人間使い捨て国家　目次

第4章　コンビニ――現代の小作農

第6章　公務員──公営ブラック企業

第7章 自民党と財界 191

第8章 脱・人間使い捨て国家

※〈 〉は著者による補注である。また引用箇所の太字は著者による。

図版作成 フロマージュ ／ DTP オノ・エーワン

第１章　悲惨な現状　―世界はこんなに働いていない

日本人はどれくらい働いているのか

まずは民間企業の労働者について、現状を把握する。年間総実労働時間について見てみよう（図１－１）。

労働時間の短いパートタイム労働者の割合が増えた影響で、パートタイム労働者を含む総実労働時間を見ると、緩やかに減少してきている。しかし、所定外労働時間は減っておらず、平成22（２０１０）年あたりから増えていき、平成26（２０１４）年以降はほぼ横ばいである。

ではこれを就業形態別にみるとどうなるだろうか（図１－２）。

就業形態別で見ると、**一般労働者（パートタイム以外の労働者）の総実労働時間はずっと横ばいで変わっていない**。おおむね２０００時間程度である。ただ、私はこの労働時間が実態を表しているとは到底思えない。なぜなら、**法律の欠陥が大きく影響し、会社が正確な労働時間を**

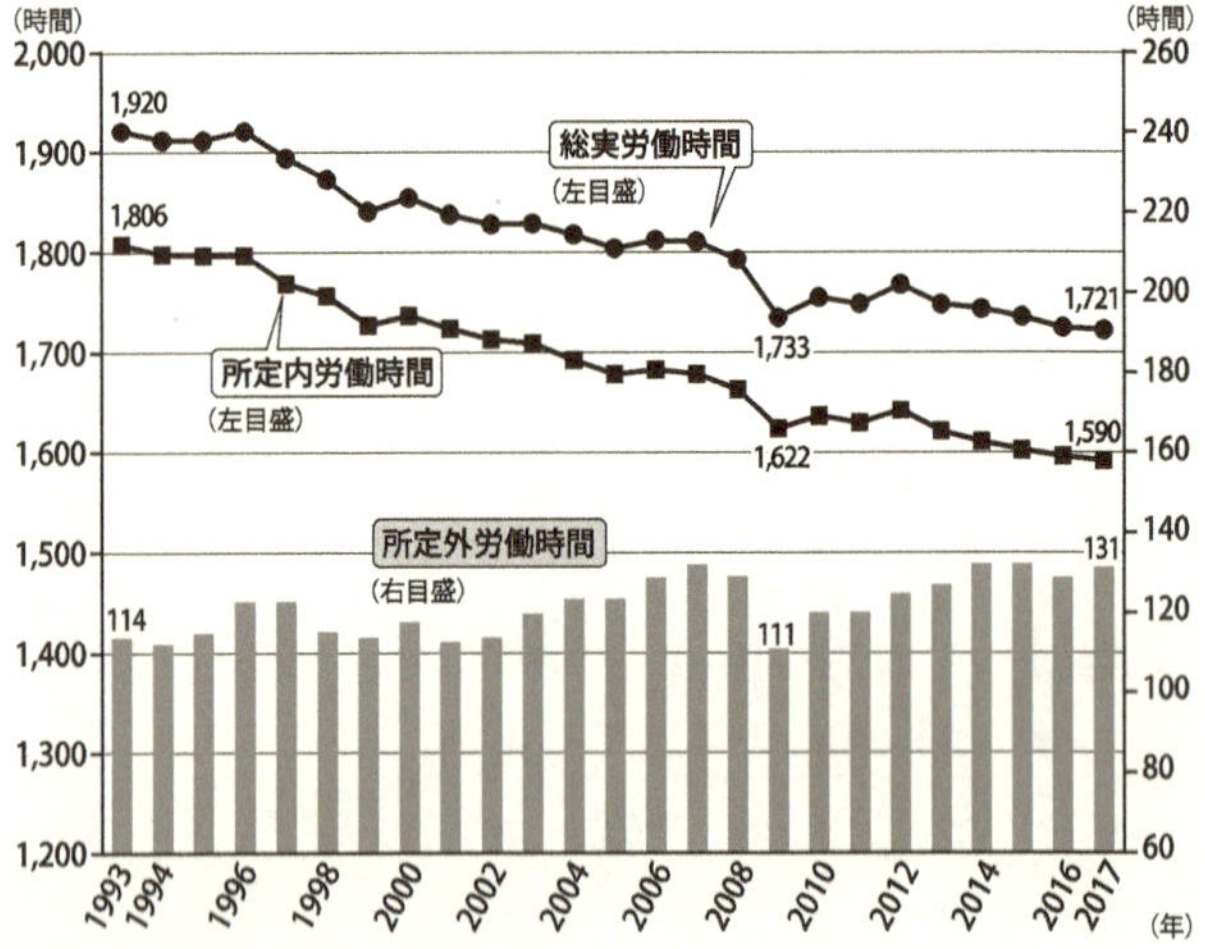

図1-1　年間総実労働時間の推移（パートタイム労働者を含む）
（出典）厚生労働省「毎月勤労統計調査」を元に作成（https://www.mhlw.go.jp/wp/hakusyo/karoushi/18/dl/18-1-1.pdf）

記録していないと思うからである。この点については第2章で詳しく述べる。

次に、フルタイム労働者（週40時間以上働く労働者）のうち、月の最後の1週間の就業時間が60時間以上の労働者について見てみよう（図1－3）。なお、1週間の労働時間が60時間ということは、法定の週労働時間が40時間であるから、週に20時間残業しているということである。そして、1ヵ月はだいたい4週間であるから、これを4倍すると月に80時間残業しているということになる。80時間というのはいわゆる過労死ライン。

ここで、「過労死ライン」について説明しておく。これは、厚生労働省の通達（平成13年12月12日付基発1063

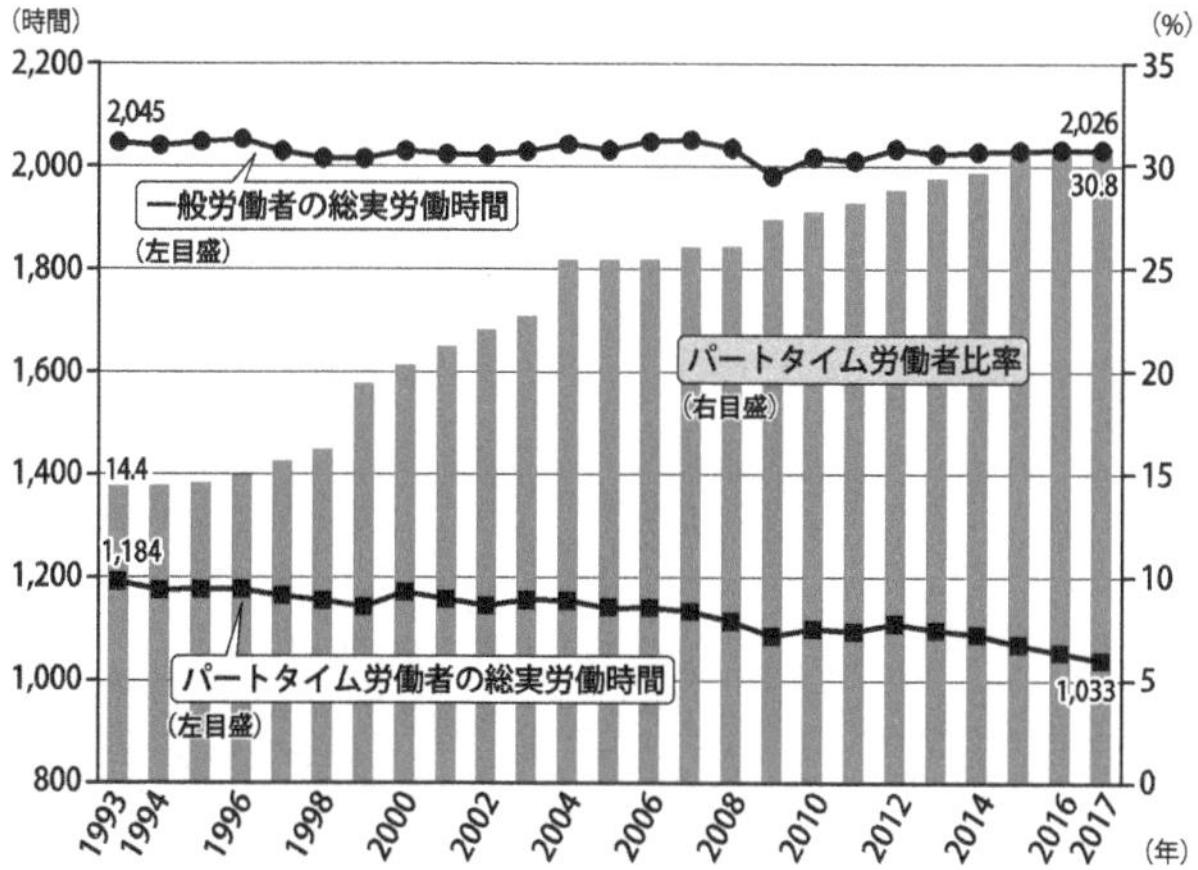

図1-2　就業形態別年間総実労働時間及びパートタイム労働者比率の推移
（出典）厚生労働省「毎月勤労統計調査」を元に作成

号）における次の記載が基となっている。

〈脳・心臓疾患の〉発症前1か月間におおむね100時間又は発症前2か月間ないし6か月間にわたって、1か月当たりおおむね80時間を超える時間外労働が認められる場合は、業務と発症との関連性が強いと評価できる

したがって、だいたい80時間を超える残業が毎月継続している場合は、過労死ラインを超えていると言ってよい。また、以前はそれほどの残業時間ではなかったにしても、突然1ヵ月で100時間を超えるような残業をした場合も過労死ラインを超えることになる。

月末1週間の就業時間が60時間以上の雇

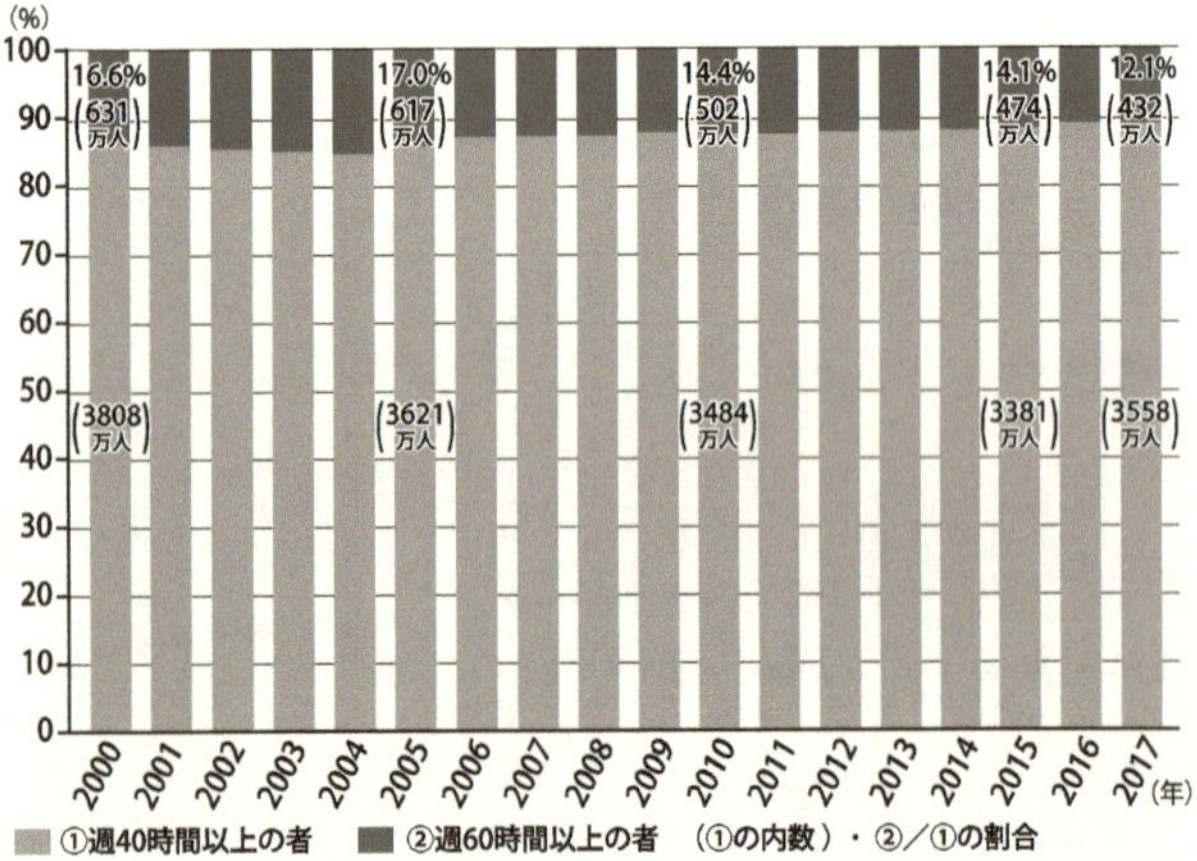

図1-3　月末1週間の就業時間が60時間以上の雇用者の割合（週間就業時間40時間以上の雇用者に占める割合）と雇用者数
（出典）総務省「労働力調査」を元に作成（平成23年は岩手県、宮城県、福島県を除く）

用者の割合は、平成12（2000）年には16・6％だったのが、直近だと12・1％にまで減少している。しかし、10人に1人以上の割合だから、決して低いとは言えないだろう。実数で言うと432万人。四国の人口を全部合わせた数よりも多い。単純にこの労働時間を4倍すると、さっきも言ったとおり過労死ラインの80時間残業になる。過労死ライン前後で働く労働者が相当の割合に上ると言える。

　これでも十分に悲惨な状況と言えるが、先ほどの述べた理由により、実態はよりひどいと私は思っている。

　性・年齢別にみると、30代と40代の男性の割合が多い。ともに17％を超えている（図1－4）。

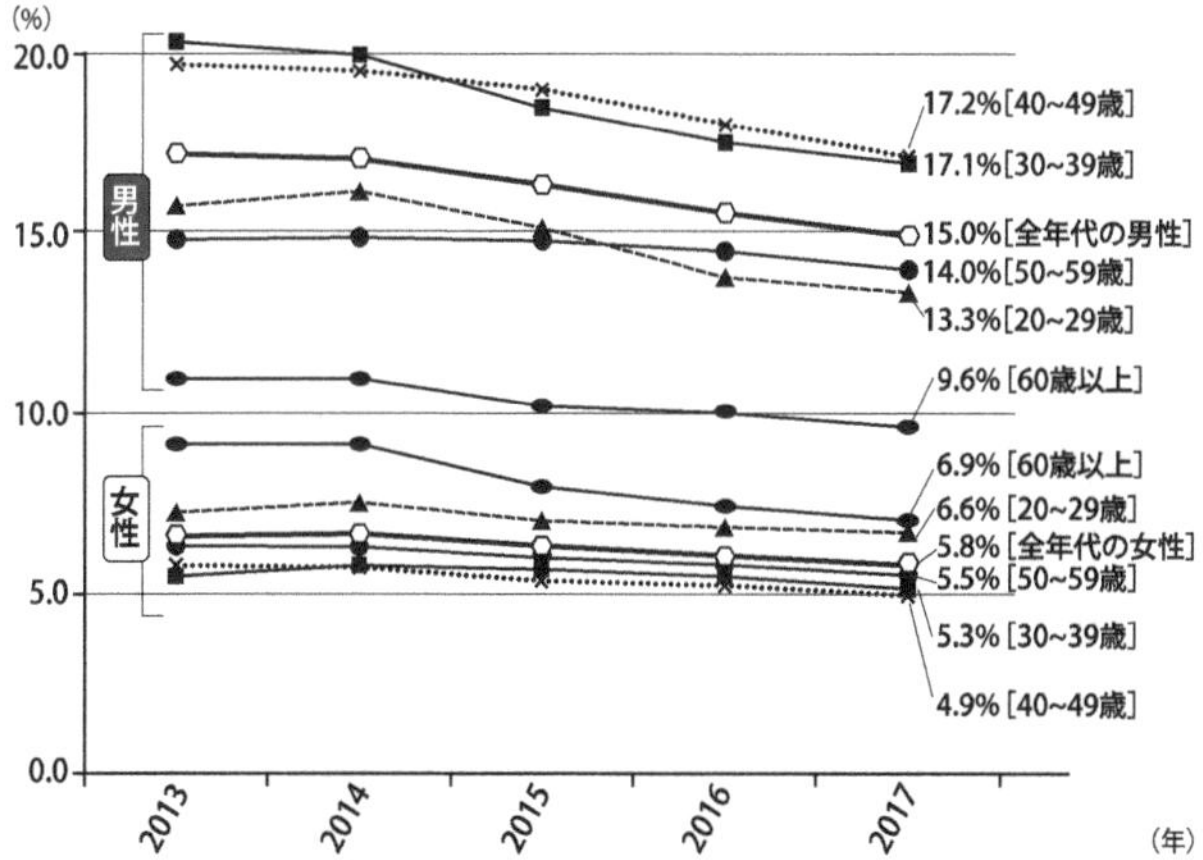

図1-4　月末1週間の就業時間が60時間以上の雇用者の割合（週間就業時間40時間以上の雇用者に占める割合）（性・年齢別）
（出典）総務省「労働力調査」を元に作成

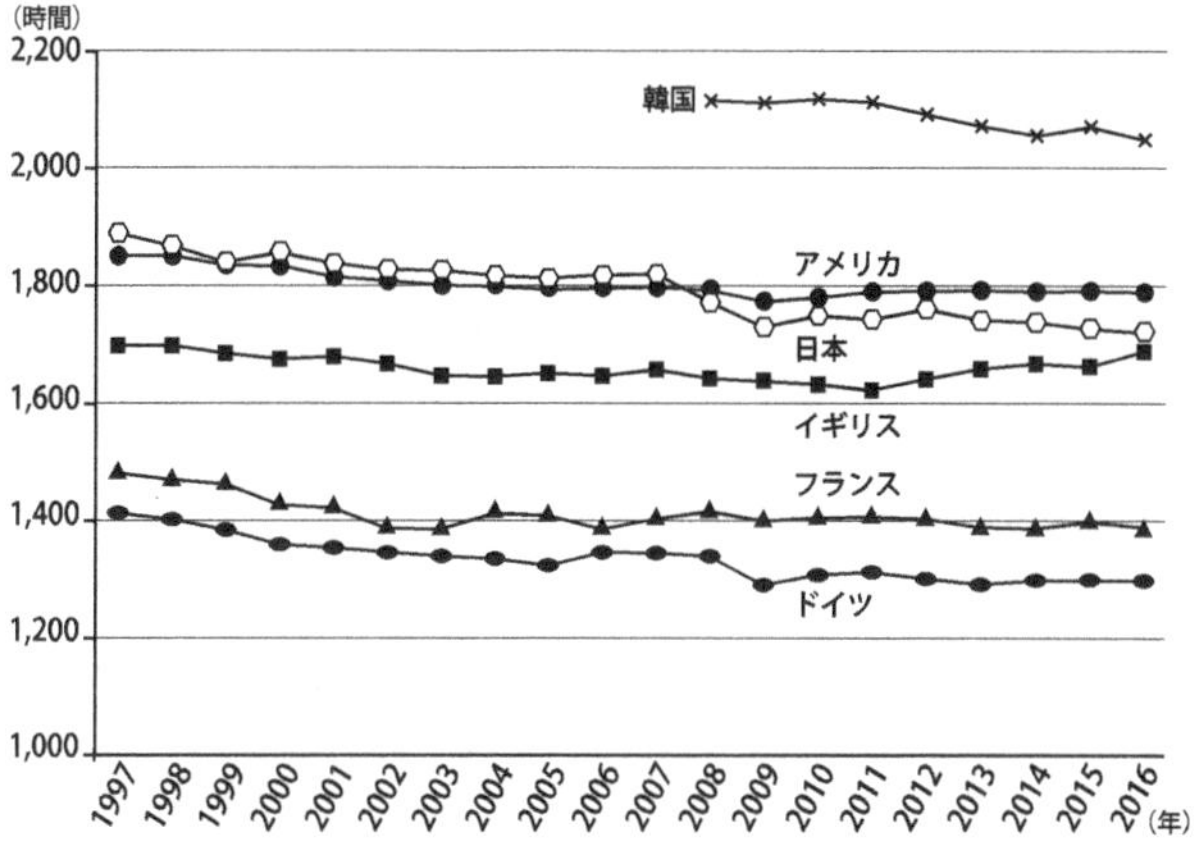

図1-5　諸外国における年平均労働時間の推移
（出典）独立行政法人労働政策研究・研修機構「データブック国際労働比較2018」

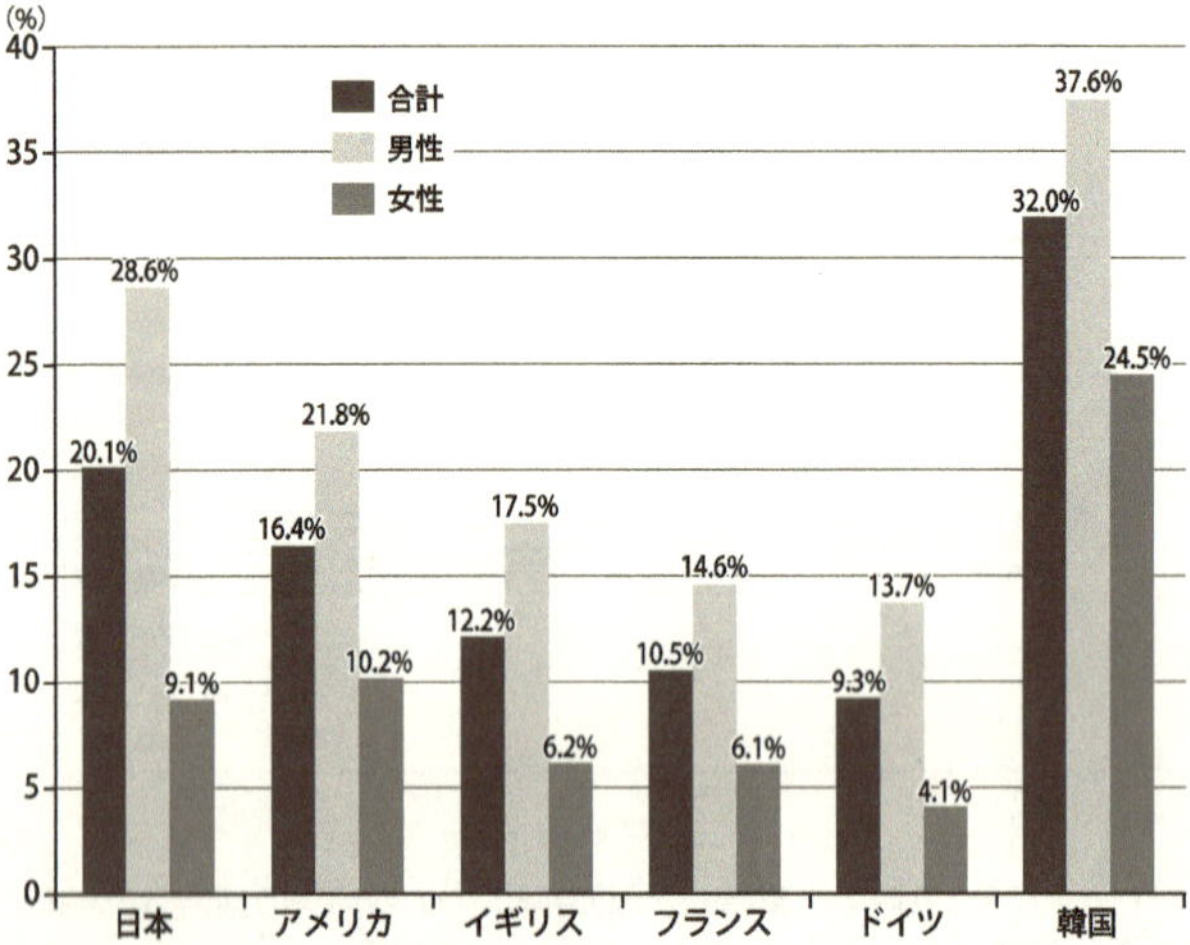

図1-6　諸外国における「週労働時間が49時間以上の者」の割合（平成28年）
（出典）独立行政法人労働政策研究・研修機構「データブック国際労働比較2018」

国際的な比較もしてみよう。まずは年平均労働時間から（図１－５）。労働者の保護が強いドイツ、フランスと比べると顕著に長い。次に週労働時間が49時間以上の者の割合も見てみよう（図１－６）。

韓国の割合の大きさに驚くが、それに次ぐのは日本。ほかの国より顕著に多い。特に労働者保護の強いドイツ、フランスと比べると、２倍程度ある。

過労による労働災害の現状

まずは、過労によって発症する脳・心臓疾患の労災請求件数について見てみよう（図１－７）。

労災請求件数は、過去10年余りの間、７００件台後半から９００件台前半の

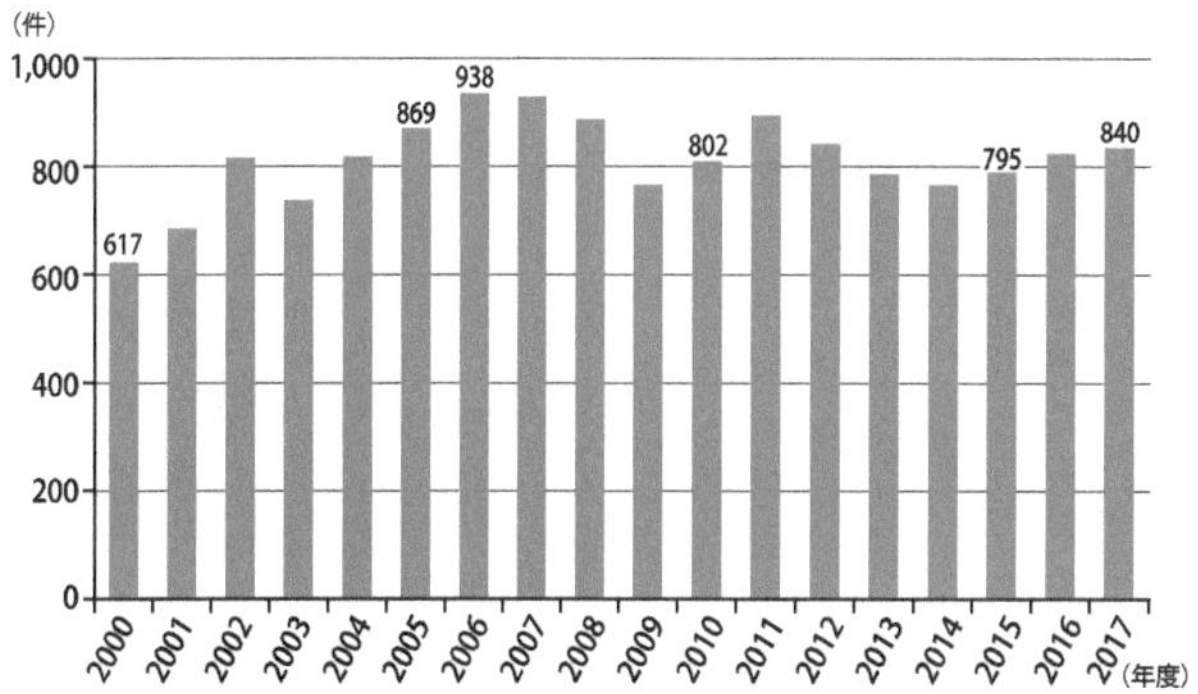

図1-7　脳・心臓疾患に係る労災請求件数の推移
（出典）厚生労働省「過労死等の労災補償状況」を元に作成

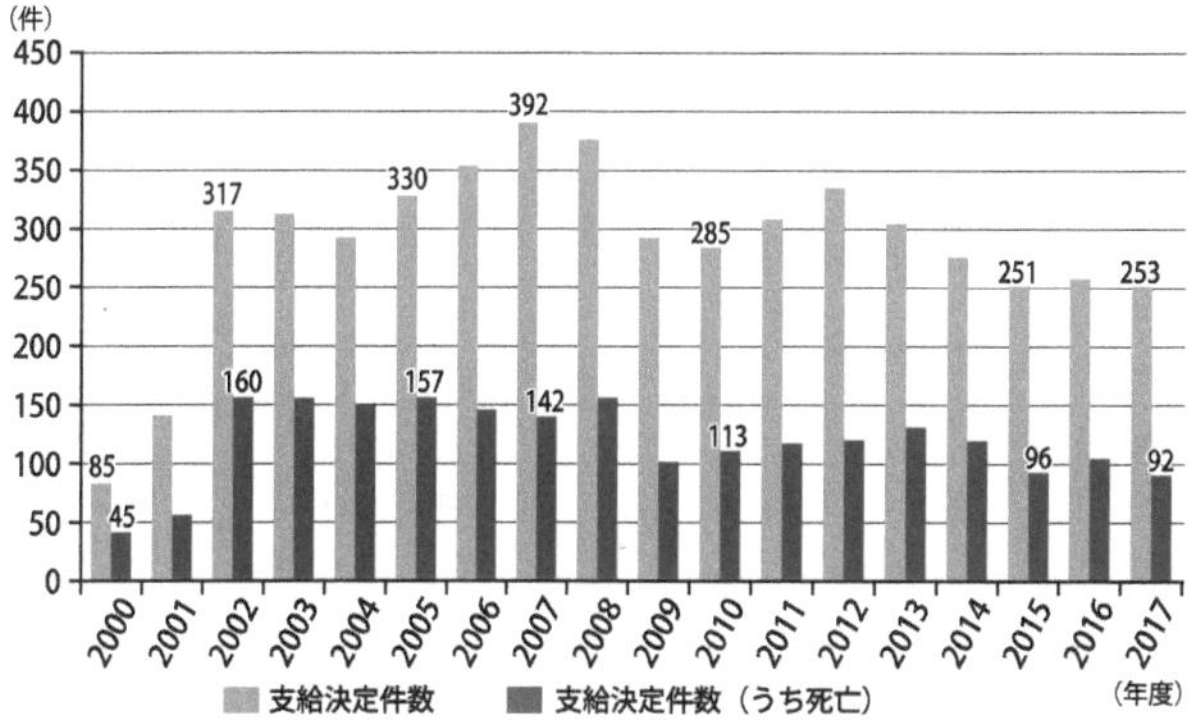

図1-8　脳・心臓疾患に係る労災支給決定（認定）件数の推移
（出典）厚生労働省「過労死等の労災補償状況」を元に作成

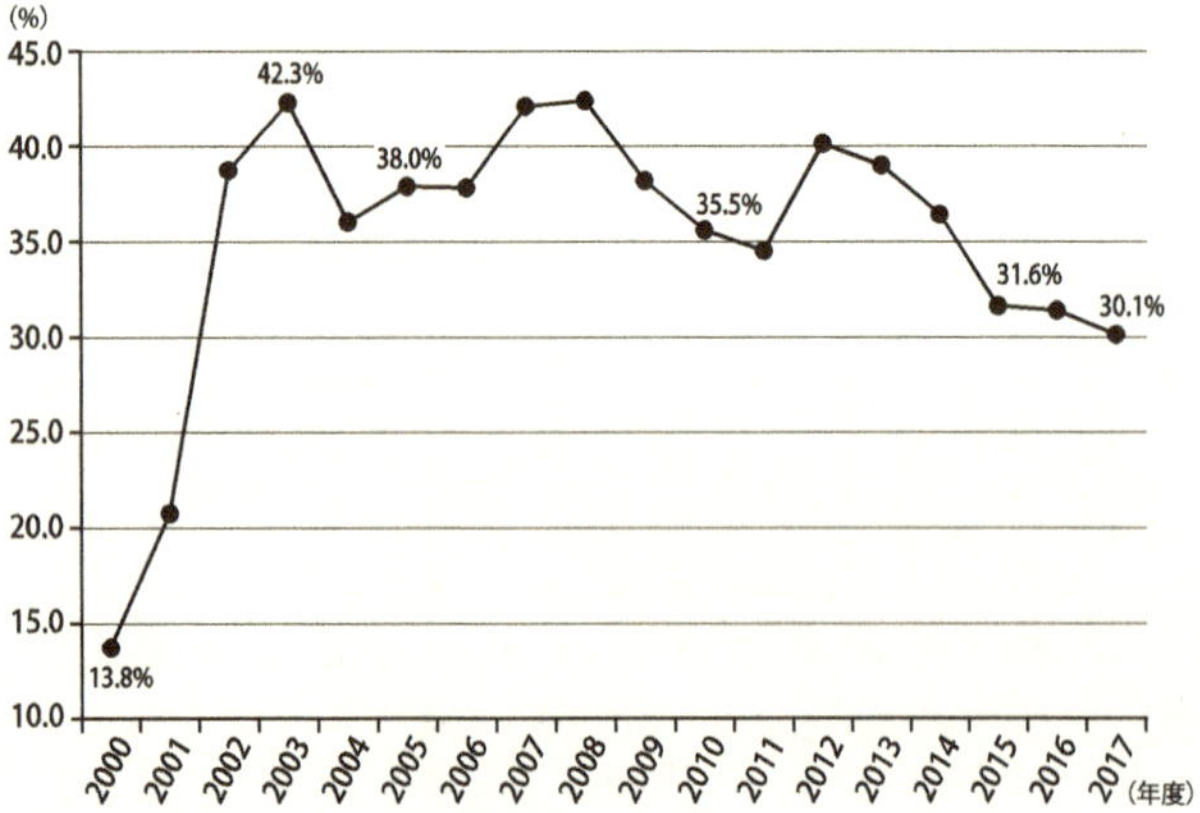

図1-9　脳・心臓疾患の労災認定件数の請求件数に対する割合

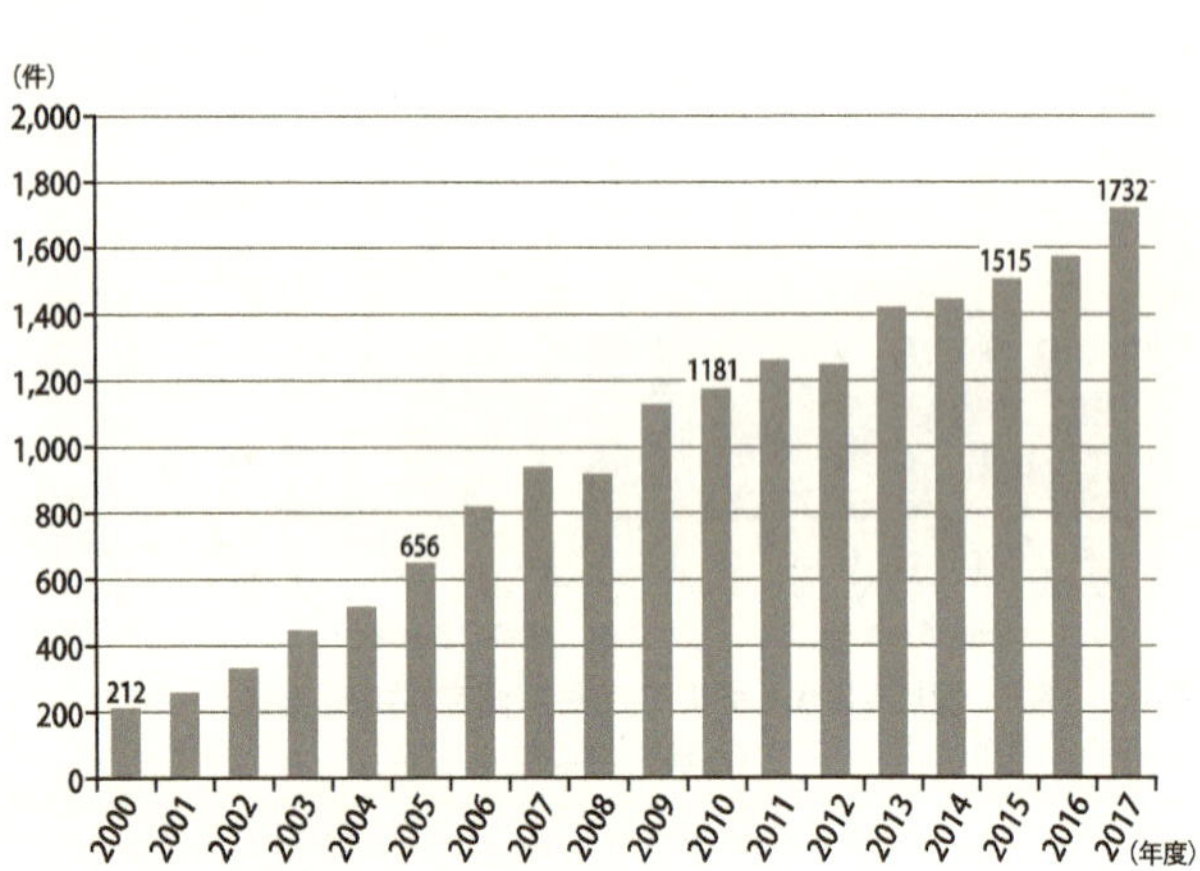

図1-10　精神障害に係る労災請求件数の推移

(出典)厚生労働省「過労死等の労災補償状況」を元に作成

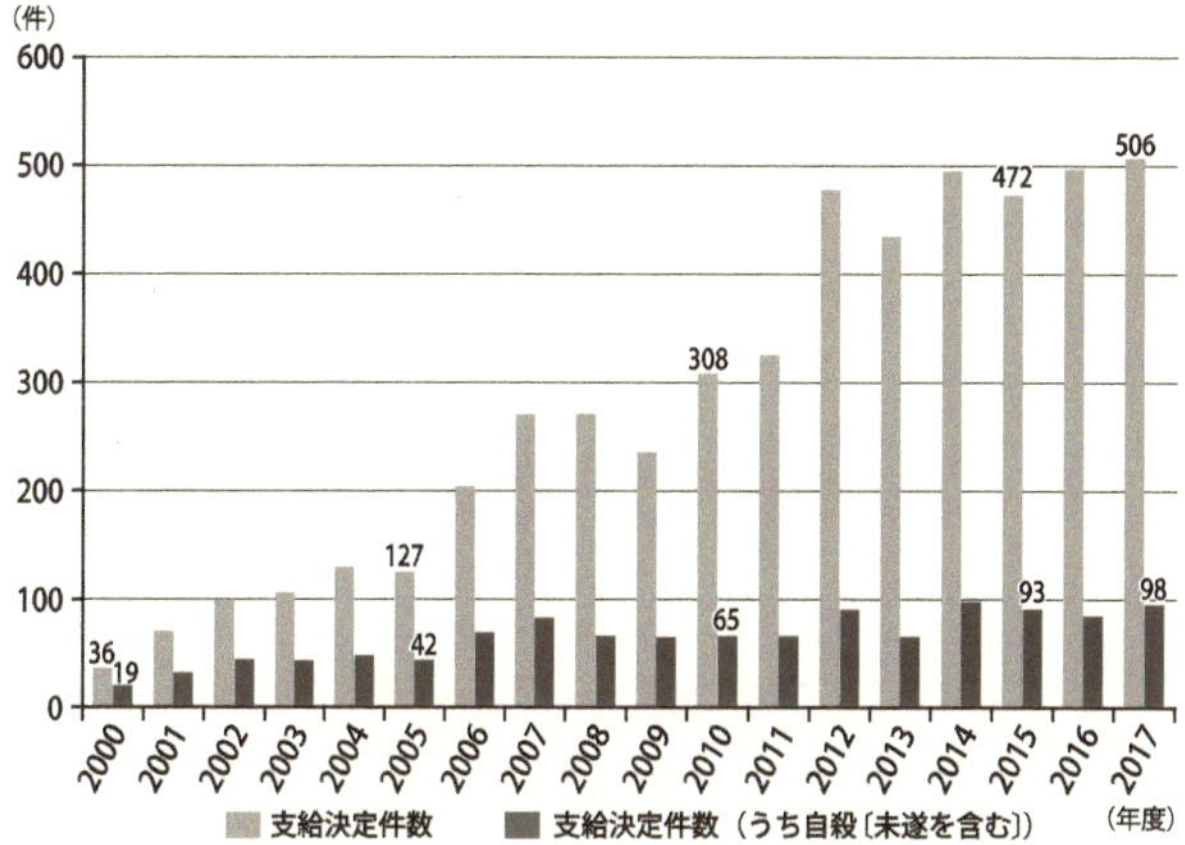

図1-11　精神障害に係る労災支給決定（認定）件数の推移

（出典）図1 - 10と同じ

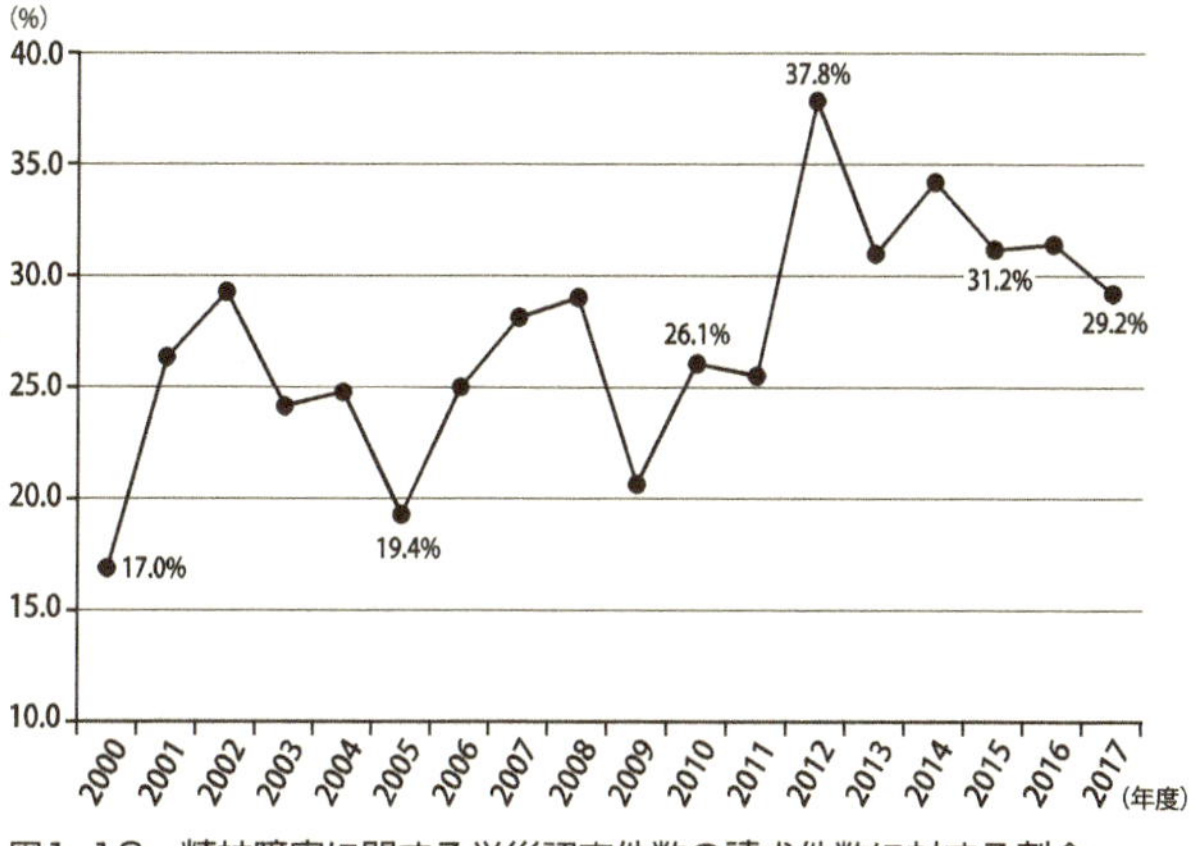

図1-12　精神障害に関する労災認定件数の請求件数に対する割合

間で推移しており、近年は3年連続で増加している。

次に、この請求件数に対する認定件数について見てみよう（図1－8）。ピークで392件。直近は253件。うち死亡件数は、ピークで160件、直近で92件。

次に、この認定件数の請求件数に対する割合を見てみよう（図1－9）。

近年はおよそ30％程度になっている。これは単純にその年度の労災請求件数に対する認定件数の割合を算出しているだけであり、実際の認定率がこれとイコールになるわけではないことに注意が必要である（審査に時間がかかるため、請求に対する決定が年度をまたぐことの方が多いであろう）。しかし、請求件数に比べると認定件数が非常に少ないということは言える。なぜこれほど低くなるのか。そのもっとも大きな要因は会社が労働時間をきちんと記録していないからである。これは第2章で後述する。

次に、過労によって発症する精神障害に関する労災請求状況を見てみよう（図1－10）。はっきりと右肩上がりであり、年々増加していて、直近平成29（2017）年度は1732件である。では、この請求件数に対する認定件数はどうだろうか（図1－11）。

請求件数の増加に比べると、平成24（2012）年度以降やや横ばいになっているように見える。もっとも多いのは直近で506件。うち死亡は98件である。**脳・心疾患の死亡者数と合わせると、年間約200人も死亡している。**では、認定件数の請求件数に対する割合はどうだろうか（図1－12）。

（件）

区分＼年度	2016年度	うち自殺	2017年度	うち自殺
20時間未満	84（46）	5（0）	75（39）	7（0）
20時間以上～40時間未満	43（14）	8（0）	35（10）	10（1）
40時間以上～60時間未満	41（9）	10（0）	35（9）	10（1）
60時間以上～80時間未満	24（6）	3（0）	33（6）	10（0）
80時間以上～100時間未満	23（2）	11（0）	33（5）	11（1）
100時間以上～120時間未満	49（7）	12（1）	41（8）	12（0）
120時間以上～140時間未満	38（8）	8（0）	35（4）	10（0）
140時間以上～160時間未満	19（3）	5（0）	26（2）	9（0）
160時間以上	52（11）	19（1）	49（9）	12（1）
その他	125（62）	3（0）	144（68）	7（0）
合計	498（168）	84（2）	506（160）	98（4）

図1-13　精神障害の時間外労働時間数別（1ヵ月平均）労災支給決定（認定）件数
（出典）厚生労働省「平成29年度過労死等の労災補償状況」

脳、心臓疾患に比べると割合が低いが、近年30％程度で推移している点は共通している。

直近平成29年度で言うと、時間外労働時間数別（1ヵ月平均）の労災支給決定（認定）件数では、「その他」を除くと「20時間未満」が75件でもっとも多く、次に「160時間以上」が49件である（図1－13）。20時間未満の方は、長時間労働ではなく、セクハラやパワハラが原因であると思われる。

160時間の残業は、例えば9時～18時、休憩1時間の会社の場合、1ヵ月間無休で毎日23時まで働いているということである。凄《すさ》まじい。

なお、土日祝日が休みの会社の場

（件）

区分＼年度	2016年度 決定件数	うち自殺	うち支給決定件数	うち自殺	2017年度 決定件数	うち自殺	うち支給決定件数	うち自殺
正規職員・従業員	1,155 (383)	161 (12)	448 (141)	80 (2)	1,286 (452)	188 (9)	459 (131)	95 (3)
契約社員	62 (36)	6 (2)	13 (7)	0 (0)	77 (49)	8 (1)	18 (10)	2 (0)
派遣労働者	22 (9)	3 (0)	5 (1)	2 (0)	44 (17)	0 (0)	4 (2)	0 (0)
パート・アルバイト	100 (64)	4 (0)	28 (18)	2 (0)	106 (78)	7 (4)	19 (14)	1 (1)
その他（特別加入者等）	16 (5)	2 (0)	4 (1)	0 (0)	32 (9)	5 (0)	6 (3)	0 (0)
合計	1,355 (497)	176 (14)	498 (168)	84 (2)	1,545 (605)	208 (14)	506 (160)	98 (4)

図1-14　精神障害の就労形態別労災支給決定（認定）件数
（出典）厚生労働省「平成29年度過労死等の労災補償状況」

合、毎月の営業日はおおむね21日～22日程度になる。**勤務時間が9時～18時、休憩1時間の会社の場合、毎日22時まで残業するとだいたい過労死ラインである月80時間を超え、毎日23時まで残業すると100時間を超える。**

就労形態別の労災支給決定（認定）件数では、「正規職員・従業員」が最多で、459件と全体の90・7％を占めている（図1－14）。なお、この表における「決定件数」の中には、不支給決定件数も含まれている。

正社員が大きなストレスにさらされていることがよくわかる。また、男性の割合が圧倒的に多い。**そして平成29年度の正社員における自殺者は95名もいる。**

強調したいのは、これは氷山の一角と

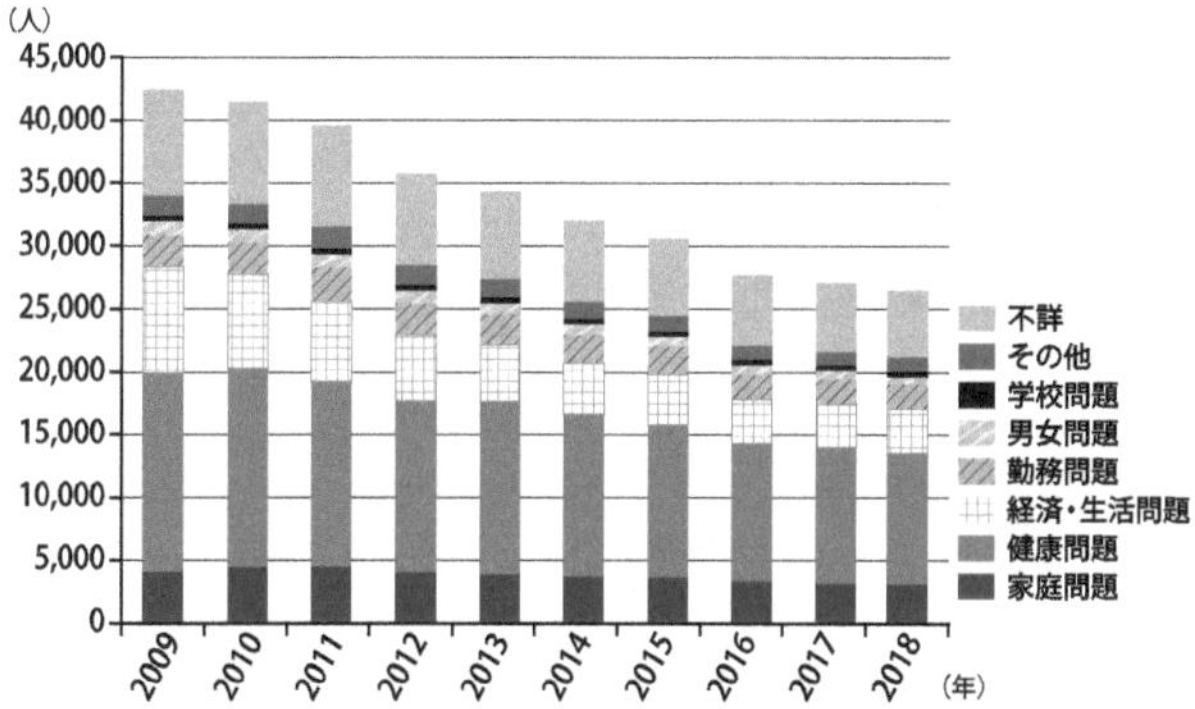

図1-15　自殺の原因・動機別自殺者数の年次推移

(出典)厚生労働省社会・援護局総務課自殺対策推進室、警察庁生活安全局生活安全企画課「平成30年中における自殺の状況」を元に作成

いうことである。例えば、警察庁が発表している自殺の原因、動機別自殺者数の推移を見てみると(図1－15)、直近2018年の自殺の動機の中で、「勤務問題」は2018人もいる。また、自殺の動機を特定できない「不詳」は5289人もいる。この中にはかなりの過労自死が含まれているのではないだろうか。

　長時間労働で過労死・過労うつに追い込まれたにもかかわらず、証拠が足りないとか、そもそも請求する気力自体を奪われている等の理由で、労災請求を断念する労働者・遺族はたくさんいると思われる。さらに、請求したとしても、ここまで見てきたとおり、**近年の請求件数に対する認定件数の割合は30％程度に過ぎない。**

　この数字から見えるのは、日本が「**仕事に殺されるリスクがある**」という極めて異常な国だということである。地獄のような労働で亡くなってい

種類	支払う条件	割増率
時間外 （時間外手当・残業手当）	法定労働時間（1日8時間・週40時間）を超えたとき	25%以上
	時間外労働が限度時間（1か月45時間、1年360時間等）を超えたとき	25%以上
	時間外労働が1か月60時間を超えたとき	50%以上
休日 （休日手当）	法定休日（週1日）に勤務させたとき	35%以上
深夜 （深夜手当）	22時から5時までの間に勤務させたとき	25%以上

図1-16　時間外労働の賃金の割増率
※1か月60時間超の割増率50％適用は、中小企業については2023年4月1日から

った方々に思いを馳《は》せていただきたい。一人一人に家族がいて、未来があったのである。大切な家族を仕事に殺された遺族の悲しみは一生消えることはない。これはだれにとっても他人ごとではない。**この異常な労働環境の犠牲になるのはあなたかもしれない。あなたの家族かもしれない。あなたの友人かもしれない。あなたの恋人かもしれない。**

元凶は残業代不払い

ではなぜこのような悲惨な状況になるのか。それは残業代の不払いがもっとも大きく影響している。

法律上、1日8時間、1週40時間の労働が原則であり、それを超える残業をさせた場合には、割増賃金を支払わなければならない。なお、割増率は図1－16のとおりである。基本は25％。

なお、国際的に比較すると、日本の残業代に対する割増率は低い（図１－17）。日本は基本的に25％で、１ヵ月60時間を超えるとやっと50％だが、ほかは基本的に50％である。フランスは基本が25％だが、週43時間を超えれば50％である。ドイツも、最初の２時間は25％だが、それを超えると50％である。アメリカ、イギリス、韓国は最初から50％。

これはいわば使用者に対する罰金のようなものである。こうやって割増賃金を支払うはめになると、非常にコストがかさむ。そこで、使用者は残業をさせないようにしようとするだろう。そうやって長時間労働が抑え込まれる、という考えが前提にある。

そして、実際に残業代がきっちり支払われる企業では、異常な長時間労働が発生する可能性は少ないと思われる。合理的な使用者であれば、長時間労働をさせて莫大《ばくだい》な割増賃金を支払うよりも、人員を増やして労働時間を分散する方を選択するであろう。**残業代は長時間労働に対するブレーキとして機能するのである。**

最高裁も、「労働基準法37条が時間外労働等について割増賃金を支払うべきことを使用者に義務付けているのは、使用者に割増賃金を支払わせることによって、**時間外労働等を抑制し、もって労働時間に関する同法の規定を遵守させる**とともに、労働者への補償を行おうとする趣旨によるものであると解される」と述べている（最高裁平成29年７月７日判決）。

しかし、このルールをみんなで無視していたらどうなるだろうか。当然、長時間労働は抑制されない。それがこの国で起きていることである。この本では長時間労働が原因で死亡した事

	法定労働時間	時間外労働 割増賃金率（※）	平均残 業時間	家での 仕事時間	年平均 労働時間	時間外労働 上限規制
日本	40時間/週 8時間/日 違反した場合は 6か月以下の懲役 又は30万円以下 の罰金	25%以上 ただし、1か月で 60時間を超える 時間外労働に ついては50% 以上	61.8分	14.3分	1765時間	36協定による延長 時間の限度基準 1週間　15時間 2週間　27時間 4週間　43時間 1か月　45時間 2か月　81時間 3か月　120時間 1年間　360時間
アメリカ	40時間/週 故意に違反した場合 1万ドル以下の罰金 又は6か月以下の 禁固又はその両方	50%	25.7分	33.6分	1790時間	規定なし
イギリス	40時間/週 (残業含む) 違反は犯罪を構成	規定なし 一般的には50%	—	—	1654時間	残業を含む法定 労働時間が48時間/週 これを超える場合 はあらかじめサイ ン入り書面での取 が必要
フランス	35時間/週 1607時間/年 最長労働時間を超え て労働させた場合、 第4種違警罪として の罰金を適用	25% 1週間で8時間（法 定労働時間との 合計で43時間）を 超える時間外労働 については50%。 労働協約により 10%以上の割増 賃金率を自由に 規定することも可能	24.5分	20.8分	1479時間	1年間 220時間 ただし、労使合意 のもとに、使用者 と労働者の合意 がある場合、時間 外労働上限規制 を超えて残業を 行うことができる
ドイツ	8時間/日 大半の労働協 約は8時間より 短い時間を規定 違反した場合は15000 ユーロ以下の過料、 さらに故意に行い 労働者の健康や能力 を損ねた場合や執拗 に繰り返した場合は 1年以下の自由刑又 は罰金	規定なし 一般的に労働協約 を超え1日の最初 の2時間は25%、 それ以降は50%	—	—	1397時間	1日の労働時間の 上限を10時間、 かつ6か月ないし 24週平均で1日の 労働時間が8時間 を超えないこと
韓国	40時間/週 違反した場合は 2年以下の懲役 又は1000万ウォン 以下の罰金	50%	39.3分	51.3分	2090時間	12時間/週 ただし、使用者と 労働者の合意が 必要

図1-17　残業代の割増率の世界との比較

（出典）https://www5.cao.go.jp/keizai2/keizai-syakai/k-s-kouzou/shiryou/2th/shiryo4.pdf

例をたくさん紹介していくが、**「まともに残業代が払われていない」という点は共通している。**こういう話をすると、「残業代目当てでダラダラ残業する社員もたくさんいる」という反論をしてくる人がいる。だが、きっちり残業代を払う企業の方がむしろ少数派なのではないかと思う。私が残業代請求で見てきた相手方にはだれもが知っている有名な大企業もあったし、中には地方自治体まである。本当にたくさんの不払い企業を私は見聞きしている。そして、残業代が出なくても人は働く。だから過労死・過労うつが無くならないのである。**残業代不払いは、断じて単なるカネの問題と解釈してはならない。命にかかわる問題なのである。残業代を違法に削ることは、命を削ることに等しい。**

ここで、労働基準監督署の是正指導により遡《さかのぼ》って支払われた残業代の支払状況を見てみよう（図1－18）。

平成29（2017）年度はヤマトホールディングスが1社で230億円も支払ったことが大きく影響し、金額が一気に約446億円に膨らんでいる。それ以前となると、もっとも高いときで約196億円、低いときで約100億円。なお、平成29年度は金額もさることながら、企業数が一気に521社も増えていることが特徴である。

これは氷山の一角である。私が対峙《たいじ》してきたブラック企業にはこんな素直な企業は1社たりとも存在しない。労基署の指導だけで支払う企業がこんなにいるのか、と逆に驚いてしまう。

なお、2015年1月16日付の連合「労働時間に関する調査」では、サービス残業をせざるを

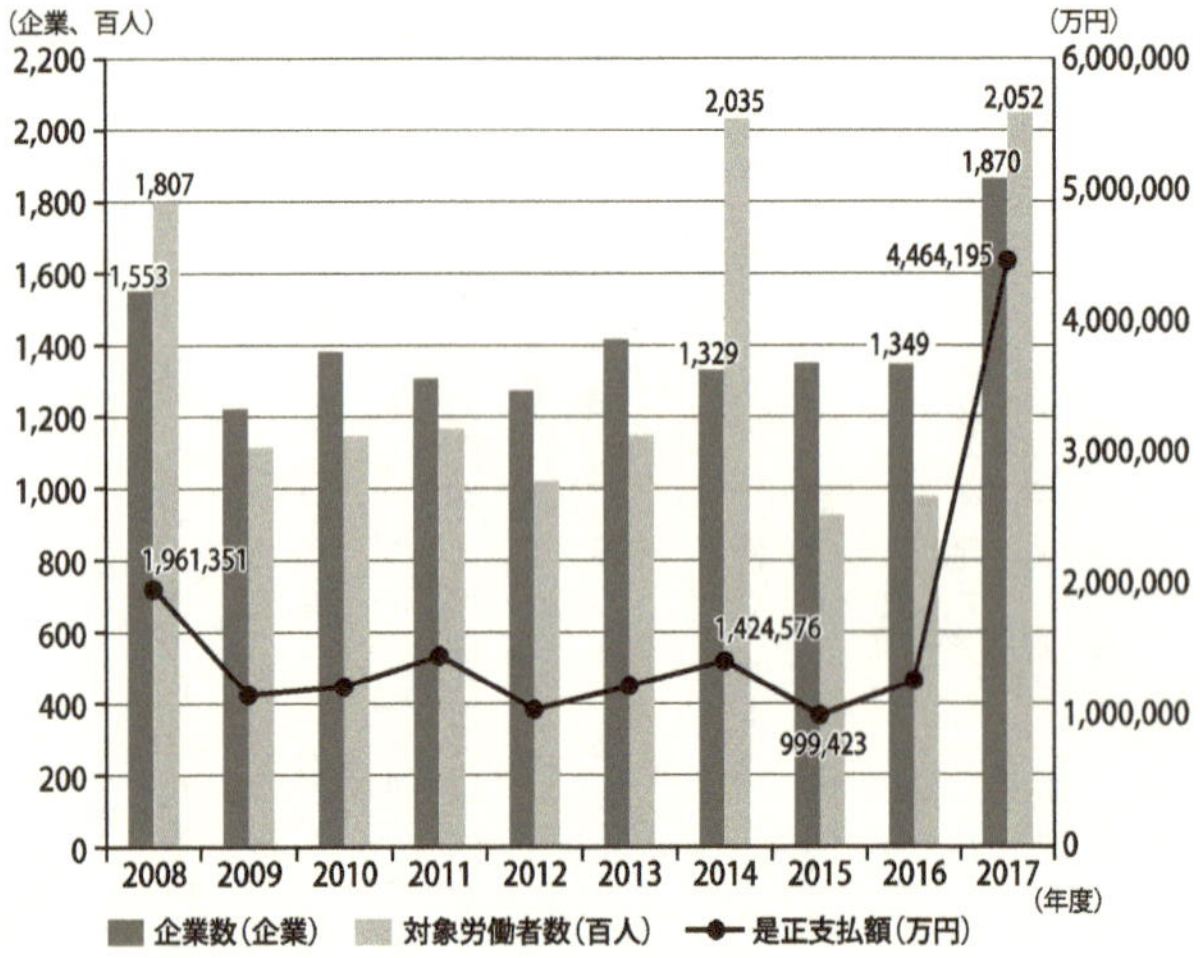

図1-18　100万円以上の割増賃金の遡及支払状況(過去10年分)
(出典)https://www.mhlw.go.jp/content/11202000/000343990.pdfを元に作成

得ないことがあると答えた労働者の割合は4割強にも上る。「サービス残業」と呼んでいるが、要するに賃金不払いなのだから、これは第2章で述べるとおり**れっきとした犯罪である。**このことが忘れられている。

残業代不払いに対するブラック企業の執念は凄まじく、完全に証拠がそろってまったく争う余地がないケースですら、わざわざ弁護士をつけて争ってくることがある。

例えば、タイムカードは非常に強力な証拠であり、これがある場合はさっさと払ってしまうことが使用者側にとってもっとも適切な対応である。しかし、私が担当した、タイムカードがそろっていたとある残業代請求事件において、相手方が弁護士をつけ、その上「タイムカードは労働時間を記録するものではない！」という反論をしてきたことがある。じゃあ何のためにタイムカードがあるんだ。さすがに笑うしかなかった。結局こちらの請求額の満額に近い形で和解してその事件は終わった。そもそも請求額自体あまり大きな額ではなかったので、相手にとっては余計な弁護士費用が発生しただけなのだが、それでも払いたくなかったのであろう。

この状況をたとえると、みんなが制限速度を破って車の運転をしているような状態である。だから事故（過労死・過労うつ）が発生し続ける。

ではなぜ残業代不払いが横行し、長時間労働がいつまでたってもなくならないのか。次章ではその原因について見ていくことにする。

第２章　穴だらけの法律

労働時間規制の原則

労働基準法（以下、労基法）の原則では、１日８時間、１週40時間以上労働させてはならないことになっている（労基法32条）。また、休日は週に１日又は４週で４日以上である（同法35条）。休日の決まりはこうなっているものの、１週40時間という縛りがあるので、多くの会社は土日休みの週休２日制を取っている。

使用者が、労働者の過半数で組織する労働組合か、それが無い場合には労働者の過半数を代表する者との書面による協定を締結して労基署にこれを届け出た場合、この「１日８時間、１週40時間」を超える残業や、休日労働をさせることができる。この決まりが労基法36条に規定されているので、一般に「三六（サブロク）協定」と呼ばれている。そしてこの協定は事業場ごとに締結する必要がある。

この三六協定であるが、そもそもこれすら締結していない企業が非常に多い。やや古い統計になるが、厚労省の平成25（２０１３）年労働時間等総合実態調査によると、三六協定を締結していない事業場の割合は**44・8%**にものぼる。これを日本の企業の99%超（従業員数でいうと約70%）を占める中小企業に限定すると、なんと**56・6%**が三六協定を締結していない。

締結していない理由は「時間外労働・休日労働がない」が43・0%と一番多いが、皆さんはこれを信じられるだろうか。私はとても信じられない。締結していなければ1分労働時間がはみ出しただけでも違法なのだから、締結しない理由が無い。ただ単にめんどくさかったから、というのが本当の理由ではないかと思う。

一方、2位以下を見ると、「時間外労働・休日労働に関する労使協定の存在を知らなかった」（35・2%）、「時間外労働・休日労働に関する労使協定の締結・届出を失念した」（14・0%）、「就業規則等で規定を設けるのみで十分と思っていた」（1・0%）となっている。1位の理由に比べればまだこちらの方があり得る。特に規模の小さい企業の経営者の場合、本当に法律に無知な場合が多く、まさに「俺が法律」となっていることがある。

三六協定すら締結しない企業が、残業代をきちんと払うだろうか。私はそうは思わない。この三六協定締結率の異常な低さは、極めて多くの残業代不払いが発生していることを推認させると言ってよいだろう。

かつては上限無し

そもそも締結すらしていない企業が全体で4割を超え、中小企業に限っては約6割にのぼるこの三六協定であるが、協定の際には上限を決める必要がある。では、その上限は労使で合意さえすれば限界はないのか。

2019年4月に改正労働基準法が施行される前までは、この上限について、大臣告示（平成10年労働省告示第154号）が存在するだけであった（図2－1）。

期間	限度時間
1週間	15時間
2週間	27時間
4週間	43時間
1か月	45時間
2か月	81時間
3か月	120時間
1年間	360時間

図2-1　時間外労働の限度に関する基準

（出典）https://www.mhlw.go.jp/new-info/kobetu/roudou/gyousei/kantoku/dl/040324-4.pdf

ざっくり言えば、1ヵ月45時間、1年360時間ということである。1ヵ月45時間だとおおむね毎日2時間程度の残業になる。なお、年合計360時間以内に収めるという縛りがあるので、毎月で平均すれば残業を30時間以内にする必要がある（360時間というのは、45時間を単純に12倍した数字ではない）。それだと、毎日の残業時間はだいたい1時間20分程度にしなければならない。

ただ、これはあくまで大臣告示なので、法律と同じ拘束力を持つわけではない。その上、臨時的に限度時間を超えて時間外労働を行わ

	特別条項付き36協定を締結している事業場の割合	うち1か月の特別延長時間が45時間超の割合	うち50時間超の割合	うち60時間超の割合	うち70時間超の割合	うち80時間超の割合	うち100時間超の割合
合計	22.4%	22.0%	21.5%	16.2%	12.9%	4.8%	1.2%
大企業	58.6%	57.7%	56.8%	43.0%	34.2%	14.6%	3.9%
中小企業	11.3%	11.1%	10.7%	8.0%	6.4%	1.9%	0.4%

図2-2　特別延長時間の上限についての調査結果
（出典）https://www.mhlw.go.jp/file/05-Shingikai-11201000-Roudoukijunkyoku-Soumuka/0000150160.pdf

なければならない特別の事情が予想される場合、「特別条項」を設ければ、限度時間を超えられる、という抜け道が用意されていた。そしてこの抜け道がフル活用されていたのである。**すなわち、残業時間は事実上、青天井という状態であった。**図2―2は特別延長時間の上限についての調査結果である。

特に大企業に注目していただきたい。特別条項付き三六協定を締結している企業の割合は**58**・6%にも達し、**うち過労死ラインである80時間を超えるものは14・6%、100時間を超えるものが3・9%もある。**かつては特別条項を設けさえすれば、過労死ライン超えの残業をさせることが可能な状況だったのだ。これでは意味がない。

なお、中小企業はその割合が小さくなっ

ているが、これは、先ほど指摘したとおり、中小企業の場合はそもそも三六協定自体締結していない企業が約6割を占めているからであろう。大企業より中小企業の方がマシというわけではない。

私の経験から言うと、大企業と中小企業の違いは「文書が整っているかどうか」に過ぎず、**異常な長時間労働をさせるという点はまったく同じ**である。企業規模が大きくなれば、法務部門にも人的リソースをかけることができるので、文書だけはきちんと整っている。

法改正によってどうなったか

２０１９年4月から改正労働基準法が施行され、従前は大臣告示で定められているだけだった前述の上限時間が法制化された（ただし、中小企業への適用は２０２０年4月から）。原則は1ヵ月45時間、1年３６０時間である。特別条項を付ければこの上限を超えられるが、従前とは異なり、この特別条項による延長時間にも上限が設けられた（図2－3）。つまり、青天井状態は解消された。

非常にややこしいのだが、この特別条項の限度時間規制を要約すると次のとおりである。

①時間外労働が年７２０時間以内
②時間外労働と休日労働の合計が月１００時間未満

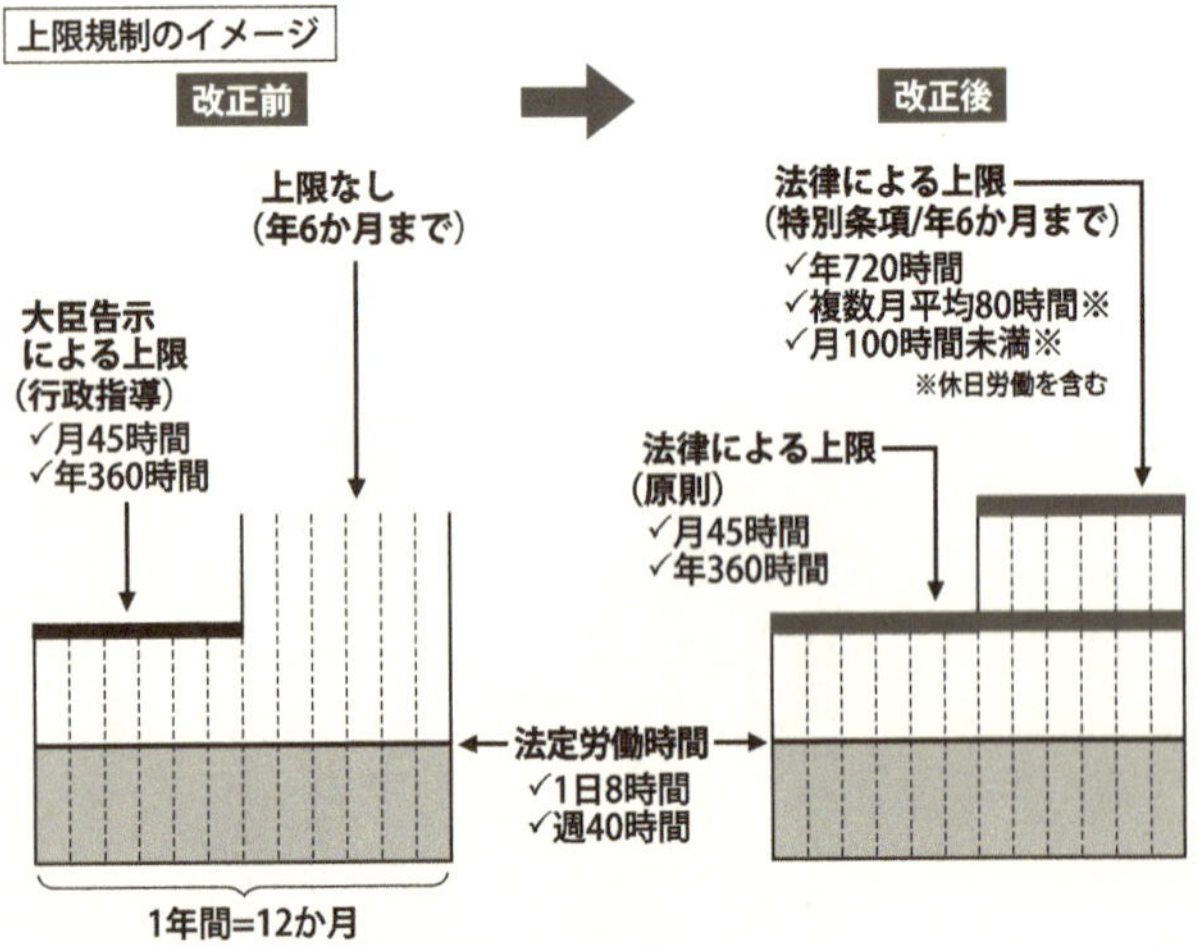

図2-3　特別条項による延長時間の制限
(出典)https://www.mhlw.go.jp/content/000463185.pdf

③時間外労働と休日労働の合計について、「2ヵ月平均」「3ヵ月平均」「4ヵ月平均」「5ヵ月平均」「6ヵ月平均」がすべて1ヵ月当たり80時間以内

④時間外労働が月45時間を超えることができるのは、年6ヵ月が限度

①については、「休日労働時間が含まれない」という点がミソである。なぜか休日労働の時間が除外されているため、大幅に時間が削られてしまう。

②～④の規制は、要するに過労死ラインに到達しないようにしろと言っている。**裏を返せば、過労死ラインまでの残業が許容されているということである。**月45時間という原則は、年6ヵ月までなら超

過できてしまう。

これで過労死や過労うつがなくなるのだろうか。私は到底そうは思えない。「過労死ライン」というのは、「そこに到達しなければ全部セーフ」というものではない。人によってストレス耐性には差があるし、過労死の認定に当たっては、労働時間以外のほかの要素も考慮されるからである。現に、月50時間台の残業で労災認定されたケースもある。

また、中小企業への上限規制適用は２０２０年4月からであるが、それ以外に、上限規制の適用が**5年間猶予**される業務がある（図2－4）。

このうち、**建設事業と自動車運転の業務は、いずれも脳・心臓疾患の労災認定件数の上位を占めている「過労死・過労うつの発生件数が多い」業種である**（図2－5）。

見てのとおり、道路貨物運送業（中分類）は圧倒的に1位であり、道路旅客運送業（中分類）も5位に入っている。また、建設業も、大分類で「建設業」に分類されるものが、6位、8位、14位に入っており、上位に位置する。このような状況であるにもかかわらず、これらの業種に対する上限規制は5年も猶予されてしまうのだ。

これはだれにとっても他人ごとではない。これらの業種に従事する労働者たちの命が危険にさらされることはもちろん、疲労困憊《こんぱい》したドライバーが運転する事故に巻き込まれたり、疲労のため施工ミスをした建物が倒壊するといったケースがあることを想像してほしい。**人の命よりも、安全よりも、長時間働かせることが優先されてしまっている。**

<table>
<tr><th>事業・業務</th><th>猶予期間中の取扱い
（2024年3月31日まで）</th><th>猶予後の取扱い
（2024年4月1日以降）</th></tr>
<tr><td>建設事業</td><td rowspan="3">上限規制は適用されません</td><td>●災害の復旧・復興の事業を除き、上限規制がすべて適用されます
●災害の復旧・復興の事業に関しては、時間外労働と休日労働の合計について、
・月100時間未満
・2〜6か月平均80時間以内
とする規制は適用されません</td></tr>
<tr><td>自動車運転の業務</td><td>●特別条項付き36協定を締結する場合の年間の時間外労働の上限が年960時間となります
●時間外労働と休日労働の合計について、
・月100時間未満
・2~6か月平均80時間以内
とする規制は適用されません
●時間外労働が月45時間を超えることができるのは年6か月までとする規制は適用されません</td></tr>
<tr><td>医師</td><td>具体的な上限時間は今後、省令で定めることとされています</td></tr>
<tr><td>鹿児島県及び沖縄県における砂糖製造業</td><td>時間外労働と休日労働の合計について
・月100時間未満
・2~6か月平均80時間以内
とする規制は適用されません</td><td>上限規制がすべて適用されます</td></tr>
</table>

図2-4　上限規制の適用の5年猶予

（出典）https://www.mhlw.go.jp/wp/hakusyo/karoushi/18/dl/18-2-1.pdf

（件）

	業種（大分類）	業種（中分類）	支給決定件数
1	運輸業、郵便業	道路貨物運送業	85（1） 〈37（1）〉
2	宿泊業、飲食サービス業	飲食店	19（2） 〈3（0）〉
3	サービス業 （他に分類されないもの）	その他の事業サービス業	16（0） 〈6（0）〉
4	卸売業、小売業	飲食料品小売業	11（1） 〈5（1）〉
5	運輸業、郵便業	道路旅客運送業	10（0） 〈1（0）〉
6	建設業	総合工事業	8（0） 〈3（0）〉
6	宿泊業、飲食サービス業	宿泊業	8（3） 〈0（0）〉
8	建設業	設備工事業	6（0） 〈2（0）〉
8	製造業	電気機械器具製造業	6（0） 〈4（0）〉
10	卸売業、小売業	各種商品小売業	5（2） 〈2（0）〉
10	卸売業、小売業	機械器具卸売業	5（0） 〈2（0）〉
12	製造業	業務用機械器具製造業	4（0） 〈2（0）〉
12	製造業	食料品製造業	4（1） 〈1（0）〉
14	運輸業、郵便業	運輸に附帯するサービス業	3（0） 〈1（0）〉
14	卸売業、小売業	その他の小売業	3（0） 〈1（0）〉
14	卸売業、小売業	機械器具小売業	3（0） 〈2（0）〉
14	学術研究、 専門・技術サービス業	技術サービス業 （他に分類されないもの）	3（0） 〈2（0）〉
14	漁業	漁業（水産養殖業を除く）	3（0） 〈0（0）〉
14	建設業	職別工事業（設備工事業を除く）	3（0） 〈1（0）〉
14	生活関連サービス業、 娯楽業	その他の生活関連サービス業	3（1） 〈1（0）〉
14	生活関連サービス業、 娯楽業	洗濯・理容・美容・浴場業	3（1） 〈0（0）〉
14	製造業	輸送用機械器具製造業	3（0） 〈3（0）〉

図2-5　平成29年度脳・心臓疾患の労災支給決定（認定）件数の多い業種（中分類の上位15業種）

（出典）厚生労働省「平成30年版過労死等防止対策白書」

さらに、医師についても、以前から長時間労働が問題視されているにもかかわらず、上限規制が5年間猶予されてしまっている。人々の命を助ける医師自身の命が危険にさらされているという状況である。

そして、新技術・新商品等の研究開発業務については、上限規制の適用が、**猶予ではなく、単に除外されている**。なお、この業務につき、1週間当たり40時間を超えて労働した時間が月100時間を超えた労働者に対しては、医師の面接指導が罰則付きで義務付けられた。事業者は、面接指導を行った医師の意見を勘案し、必要があるときには就業場所の変更や職務内容の変更、有給休暇の付与などの措置を講じなければならないとされている。しかし、このような措置が歯止めになるとは到底思えない。

以上のとおり、上限が定められ、以前よりはマシになったと言えるかもしれないが、多くの抜け道が用意されており、極めて不十分である。

甘すぎる罰則

三六協定を締結しないで残業させた場合や、締結しても前述の上限を超えて残業させた場合の罰則はどうなっているのかというと、懲役6ヵ月又は罰金30万円である（労基法119条）。懲役刑が科されることはまず無いので、事実上は罰金のみ。なお、この**罰則は残業代不払いについても同じである**。

行き過ぎた長時間労働は人の命にかかわることであるにもかかわらず、それを規制する法律に違反した場合の罰則がたったの30万円なのである。こんな軽い罰則だと、三六協定の締結すらしない企業が大量発生し、残業代不払いも無くならないのは当然であろう。

あの高橋まつりさんの過労死事件も、電通に科された刑事罰はたったの罰金50万円であった（遺族に対する民事的な賠償は別途されている）。なお、なぜ30万円を超える金額になったかというと、次の理由による。

電通が起訴された事件は、高橋まつりさんを含む４名の社員に対し、三六協定で労使が定めた上限を超える残業をさせた（労基法32条違反）というものであった。このような場合、罰金刑の上限は、単純に４名分を合算することになるので、30万円×４＝１２０万円となる。つまり、法定の上限からすると、70万円も減額されていることになる。尊い命が奪われたにもかかわらず、このような軽い刑で済ませて良いのだろうか。

確かに実務上はどんな刑罰であれ、上限いっぱいの刑が科されることは稀《まれ》であるものの、そもそもその上限が低すぎる。したがって、そこからさらに軽くする必要性はあるのか非常に疑問である。50万円など、電通にとっては痛くもかゆくもない。

この罰則の異常な軽さは、次のとおり、ほかの法律と比較すると際立つ。

・著作権法の場合、著作権侵害に対する罰則は10年以下の懲役若しくは１０００万円以下の罰金。法人に対する罰金は最高で3億円。

・特許法の場合、特許権侵害に対する罰則は10年以下の懲役若しくは1000万円以下の罰金。法人に対する罰金は最高で3億円。

・金融商品取引法の場合、有価証券報告書の重要事項に虚偽の記載のあるものを提出した場合は10年以下の懲役若しくは1000万円以下の罰金。**法人に対しては最高で7億円の罰金。**

このように、いずれも個人に対する法的責任の上限は10年以下の懲役若しくは1000万円以下の罰金となっており、法人に対しては、著作権法及び特許法が3億円、金融商品取引法については7億円にも達する。

これらと比較すれば、罰金30万円など無に等しい。これら3つの法律に共通するのは、このように罰則を重くしないと、企業の営業活動に大きな支障が出る点であると思われる。他方、その企業を支える労働者に対する保護は、恐ろしいほどに軽く見られている。「**企業優先、人命軽視**」というこの国の姿勢が透けて見える。

労働時間の不記録には罰則すらない

ところが、その罰金30万円ですら、特に残業代不払いについてはめったに適用されることが無い。平成30（2018）年6月1日～令和元（2019）年5月31日までの労働基準関係法令違反に係る公表事案（厚労省）を見てみると、**検察官に送致された407件のうち、残業代不払い（労基法37条違反）に関するものは7件しかない。**これはあくまで公表事案であり、公表されない事案や、是正指導した事案まで含めればもっと数は増えるであろうが、それにしても少な過ぎるだろう。1年間でたったの7件である。

このもっとも大きな要因は、**使用者側が労働時間をきちんと記録していないからだと思う。**また、後述するとおり、残業代逃れのテクニックが数多くあり、違法か否かが容易に判断できないことも影響している。

使用者の労働時間把握義務については、今まで明文化されておらず、解釈上認められているだけであった。使用者には、従業員の給与等を記載した賃金台帳を作成する義務があり（労基法108条）、その賃金台帳には労働時間数等を記録することとされている（労働基準法施行規則54条1項5号）。したがって、労働時間把握義務がある、と解釈されていたのである。

賃金台帳をきちんと作成していない場合には、一応罰金30万円が科されることになっているが、実際は是正指導で終わるだけであろう。先ほどの公表事案の中でも、賃金台帳を作成しなかったとして立件された例はわずか2つしかない。その2つにしても、最低賃金法違反等、ほかの違反もあって特に悪質な例であり、108条違反単独で送検されているわけではない。

この立件された2つの事案は、まったく賃金台帳を作成していなかったというものである。

作成はされているが、でたらめな労働時間が記載されているといった事案が立件されたことは無いだろう。会社側が証拠を残していない場合、労働者が自ら労働時間を記録していない限り、「でたらめな労働時間が記録されている」という証明ができないからである。

こういう状況なので、労働時間をきちんと記録していない企業は本当に多い。また、記録しているとはいっても、自己申告制の場合はほとんどあてにならない。残業代を発生させないために、定時退社したように自己申告させるといった手段を取るからである。あるいは、退社時間は合っているが、休憩時間がおかしいというケースもある。私が実際に担当した事案では、休憩時間を1日に9時間も取っているという記録が残っていたことがあった。もちろん、そんなに休憩時間を取っているわけがない。残業代を発生させないために、そのように申告させていたのである。

このように、会社がきちんと記録していない場合の方が多いので、労働者自身のメモ、労働者が家族と交わしたメール、スマホアプリ（GPSで出退勤を自動記録するものがある）、パソコンのログ、警備システムの入退室記録、交通系電子マネー（Ｓｕｉｃａ等）の使用記録等から、労働時間を割り出していくことになる。これが非常に大変である。

例えば、とある残業代請求訴訟において、私は依頼人が出退勤時に妻と交わしていたメールを基に労働時間を算出したことがある。毎日メールがそろっているわけではない。出勤時のみある場合、退勤時のみある場合等、バラバラであった。さらに残業代の請求対象期間中に二度異動している上、曜日ごとに出勤・退勤時間帯が異なるという特殊性もあった。こういう細かな点を考慮して場合分けしていくと勤務パターンと証拠の有無の組み合わせが28通りにもなった。その場合分けを基に、メールが欠けている部分について推定計算をして労働時間を算出したのである。

ところが、裁判官から示された和解案は、私が苦労して算出した推定部分を全部無視するものであった。私が激怒したところ多少は金額が上がったが、推定部分を無視するという基本路線は変わらず、依頼者の意向もあって和解で終了した。おそらく判決になっても推定部分を無視した結論を出していたであろう。その事案では、そもそも使用者側が実態とかけ離れた出退勤時間を自己申告させて記録していた。つまり、正確な労働時間を記録していない使用者が一番悪いのだが、その点に対する配慮は無かったのである。このように訴訟において推定計算が無視されることは決して珍しくない。

そして、使用者側もわざと記録を残さないことがある。例えば、これは法律相談で聞いた話であるが、とある会社ではかつて過労死が発生したという。そこで会社側がどうしたのかというと、タイムカードを廃止したのだった。**「過労死の再発」を防止するのではなく、「過労死と認定されること」の再発を防止しようとしたのである。**そして相変わらず長時間労働をさせているとのことだった。労働時間を記録しないこと自体に対するペナルティが無いと、このように「記録しなかった者勝ち」になってしまうのである。

こういう状況なので、過労が原因の労災請求をする場合は非常に困難が伴う。証拠をかき集めて労働時間を立証しなければならないからである。これが大きく影響して、先ほども見たとおり、労災請求件数に対する労災認定件数の割合が、約30％程度になっていると思われる。特に過労死の場合は本当に厳しい。会社はろくに記録を残していないことがほとんどであろうし、もっともよく労働実態を知る本人は亡くなってしまっている。労災認定を得られなければ、遺族はただでさえ愛する家族を亡くして悲しみのどん底にあるのに、さらに追い打ちをかけられることになる。**なぜこんなひどい仕打ちに遭わなければならないのか。一番悪いのは会社なのに。**

２０１９年4月になって初めて、労働安全衛生法に労働時間把握義務が明記された（66条の8の3）。やっと明文化されたのであるが、**これには罰則が無い。**どう考えてもおかしいだろう。罰則があってもルール無視が横行しているのだから、罰則が無ければなおさら無視されてしまう。**「記録しなかった者勝ち」の状況が続いてしまう。**

ここで、労働者の皆さんに言いたいのは、労働時間は絶対に自分で記録しようということだ。「めんどくさい」と思ってはいけない。労働時間を記録しておいて後悔することは無い。前述したようにGPSと連動し、自動で出退勤時間を記録してくれるスマホアプリも出ており、記録するめんどくささは相当解消されている。また、自動で記録してくれるので、「記録忘れ」も無い。ブラック企業だらけのこの国で、自分を守るためには労働時間の記録が必要不可欠である。

このように、大前提となる労働時間の記録に対してすら甘い規制になっているが、労基法は、残業代を払わなくてよい「抜け道」を複数用意している。次はそれらについて見てみよう。

裁量労働制～残業代ゼロ制度～

裁量労働制とは、一定の労働時間働いたと「みなす」制度である。[1]専門業務型裁量労働制と、[2]企画業務型裁量労働制の2種類がある。例えば、みなし時間を8時間と定めれば、何時間働いたとしても、8時間働いたとしかみなされない。**12時間働いても、5時間しか働かなくても、みなされるのは8時間である。**

ただし、裁量労働制が適用される場合であっても、深夜や休日に残業させた場合はその分の割増賃金を支払う必要がある。だが、裁量労働制を採用している企業において、深夜・休日労働に対しきちんと割増賃金を支払っている企業などないのではないかと思う。

要するに、これは「定額働かせ放題」といってもよい制度であり、労働者にとっては、実労働時間分の残業代を削られるだけとなる。その不利益と引き換えに、労働者には、出退勤時間について裁量が与えられる。つまり、何時に出社しても、何時に退社しても良い。例えば、12時に出社して17時に帰ったとしても、みなし時間が8時間と定められていれば、8時間働いたとみなされる。裁量労働制の対象労働者には、「遅刻」や「早退」という概念が無いと言って

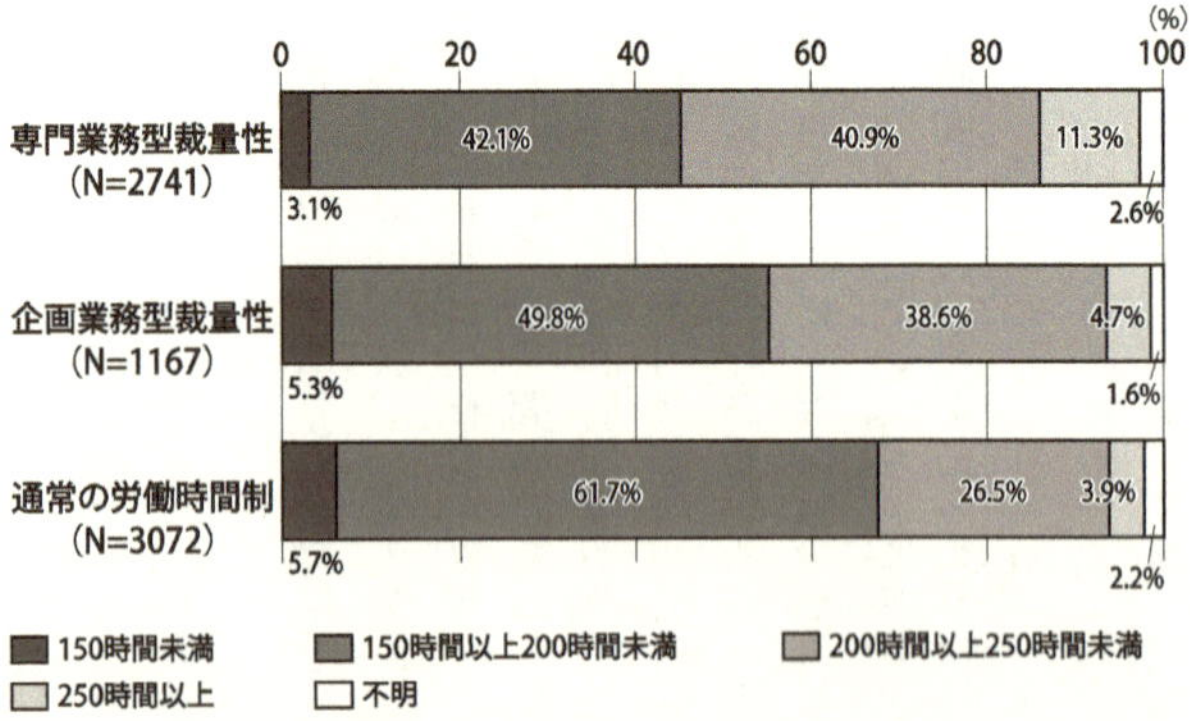

図2-6　1ヵ月の実労働時間（適用労働時間制度別）（労働省抽出分）
（出典）https://www.jil.go.jp/press/documents/20140630_125.pdf

よい。こう書くと、一見よい制度に感じるかもしれない。

しかし、残業代というブレーキが外されてしまえば、労働時間が長くなるのは目に見えている。[3] 独立行政法人労働政策研究・研修機構（ＪＩＬＰＴ）が平成26（２０１４）年6月30日に公表した調査結果にそれは表れている（図2-6）。

これを見ると、裁量労働制は、専門業務型、企画業務型共に、通常の労働時間制に比べ、１ヵ月の実労働時間が２００時間以上の割合が明らかに高い。特に専門業務型が高く、２００時間以上２５０時間未満の実労働時間の割合が40・9％であり、通常の労働時間制の26・5％を大きく上回る。

そして、注目すべきは専門業務型における２５０時間以上の割合が11・3％もあることである。１年間における１ヵ月の平均所定労働時間は、土日祝日年末年始が休みの場合、おおむね１６０〜１６４時間程度になる。これを前提にすると、実労働時間が２５０時間以上ということは、残業時間がだいたい86時間～90時間以上ということだ。**つまり、過労死ライン超え労働者が11・3％もいることになる**。他方、通常の労働時間制の場合、２５０時間以上の割合は３・９％であるから、専門業務型裁量労働制よりはるかに低い。

また、この調査結果には次のとおり気になる記載がある。

日々の出退勤について見ると、「通常の労働時間制」では「一律の出退勤時刻がある」割合が91・６％と９割を超えるが、**「専門業務型」では42・5％、「企画業務型」では49・0％となっており**、「通常の労働時間制」と比較した場合には低い割合であるものの、裁量労働のみなし労働時間制が適用されていることを考えれば必ずしも低いとは言えない。また、「専門業務型」「企画業務型」では、「出退勤の時刻は自由だが、出勤の必要はある」割合が37・４％、34・９％と「通常の労働時間制」に比べて高い（図表５）。

「一律の出退勤時刻がある」「決められた時間帯にいれば出退勤時刻は自由」と回答した労働者について、遅刻するとどのような対応が取られるかを見ると、「専門業務型」「企画業務型」では、**「通常の労働時間制」に比べて「賃金がカットされる」「勤務評定に反映される」割合が低く、「特に何もされない」の割合が高い**（図表6）。〈ここにある図表とは原文にあるもののことである〉

先ほど述べたとおり、出退勤時間について裁量を与えるから裁量労働制なのである。しかし、この調査結果を見ると、裁量労働制なのに一律の出退勤時間が定められているケースが専門業務型で42・5%、企画業務型で49%もある。さらに、遅刻に対するペナルティも科されるケースがあるのだ。これでは何の裁量も無い。単に残業代をカットされているだけになってしまう。

このように、JILPTの調査結果を見ると、明らかに通常の労働時間制よりも労働時間が長くなる。その上、制度をよく理解していないのか、肝心の裁量すら与えてない会社があるということである。長時間労働を助長する極めて危険な制度と言える。

2018年1月29日の衆議院予算委員会では、立憲民主党の長妻昭《ながつまあきら》議員が、裁量労働の犠牲者について次のように言及している。

私も先週、裁量労働制の犠牲になられた方とお会いしました。

三十代の女性でございますけれども、裁量労働制というのは、一日の労働時間をみなしで決めて、それ以上残業しても残業代は出ないし、青天井だ、上限規制もまったくないというものでございますが、みなしでその人は一日八時間だと。八時間というふうにみなされていましたが、残業では長いときで月百時間もしていた。

そして、繁忙期が問題なんですが、繁忙期は深夜一時ぐらいまで残業して、早朝は六時ごろ出社するということで、この方は、昨年の十一月二十七日に、これは編集プロダクションなんですが、深夜会社で倒れた、それで、息をしていない状況になってしまった、昏睡みたいな形で。たまたまそこに同僚が、深夜働いていた方がいたので、音に気づいて救急車を呼んで一命を取りとめたということで、その同僚の方がおられなかったら、恐らく亡くなっておられたと思います。

あと別の件で、例えば、四十七歳のアナリストの方は、これも現行の裁量労働制、残業は月四十時間までだとみなされたけれども、発症前の一カ月の残業が百三十三時間だった。亡くなられました。

大手印刷会社の男性は、二十七歳で過労死されました。みなしは一日八・五時間でしたけれども、裁量労働制ですね、メールでは、一時過ぎに帰宅して、三時に就寝して、六時半に起床して、七時過ぎには出社するということで、過労死されました。

そして、出版社のグラビア担当の編集者は、入社二年目で裁量労働制で過労死されました。

機械の大手の三十四歳で過労死された方も、裁量労働制で、一日の労働時間は八時間とみなされたけれども、月に残業百時間以上が多かった。

読んでいて涙が出てくる。これはほんの一部である。今この瞬間にも、全国の至るところで、裁量労働制のもと、過労死寸前まで働かされている労働者はたくさんいる。

裁量労働の現実については、私自身が実際に目の当たりにしている。私は弁護士登録後、1年ほど普通の弁護士として勤務した後、とあるウェブ制作会社に入社して、法務担当として1年3ヵ月ほど勤務した。その会社では、ウェブ制作を行う現場社員に対し、裁量労働制（専門業務型）が適用されていた。彼らが自由に出退勤時間を決めていたかというと、まったくそんなことはない。遅刻したら怒られていたし、仕事が山積みで、早上がりすることなどあり得なかった。だいたい終電まで勤務している社員が多かった。会社へ泊まる人もいた。出退勤について裁量があるなんてただの建前であり、実態は単に残業代がカットされていただけである。人間がそんな状態で働かされてもつはずがない。短期間で人がどんどん辞めていった。その会社では、5年もいればベテラン社員という感覚だった。

なお、企画業務型、専門業務型共に適用要件が定められているが、その要件をそもそも満たしていない場合もあるし、実態として裁量が無いとして、適用が否定されるケースもある。だから、裁量労働制だからといって簡単に「残業代が発生しない」と諦《あきら》めてはいけない。自分の労働時間は必ず記録しておこう。

例えば、野村不動産で2016年9月に発生した過労自死事件では、企画業務型裁量労働制が採用されていたが、本来対象とできない営業社員まで広く含めていた。社員約1900人のうち約600人に裁量労働制が適用されていたという。そのため、残業代というブレーキが外れ、異常な長時間労働に追い込まれた挙句、過労自死という最悪の結果となってしまったのである。

東京労働局は2017年12月に野村不動産に対して、法律の要件を欠く違法な適用をしていたとして特別指導を行い、同社は翌年3月に企画業務型裁量労働制を廃止した。ただ、もともと同社に対しては2012年にも、裁量労働制適用対象外の一般社員の長時間労働の是正勧告がされていたという。そのときに、裁量労働制の適用対象者についても是正勧告がされていれば、尊い命が失われることもなかったと思う。

この事例のように、**適用要件を満たさないにもかかわらず、裁量労働制を無理やり適用して残業代不払いをしていることはまったく珍しくない**。会社としては、社員が勘違いして「私は残業代が発生しないのだな」と思ってくれればそれで良いのである。弁護士や労基署に相談に行く人はごく少数派であり、違法であることに気付かないので、それがまかりとおってしまう。

裁量労働制は、会社から見れば、コストカットできる非常に便利な制度である。そのため、企画業務型裁量労働制について、2018年に対象の拡大が画策された。次はそれについて見てみよう。

（1）厚労省令及び厚労大臣告示によって定められた19の専門的業務のいずれかに従事する労働者が対象となる。

（2）事業運営上の重要な決定が行われる企業の本社などにおいて企画、立案、調査及び分析を行う労働者が対象となる。

（3）厚労省が所管する独立行政法人。労働に関する総合的な調査研究、研修事業等を行っている。

データねつ造で対象拡大を画策

まず、企画業務型裁量労働制について、現在どんな業務が対象になっているかというと、ざっくりいえば[1]「事業の運営に関する事項についての企画、立案、調査及び分析を行う業務」である（労基法38条の4第1項第1号）。

これについて、さらに「①裁量的にＰＤＣＡを回す業務」「②課題解決型提案営業」の２つを対象に加えることを政府は目指したのである。

この２つの業務は、厳密にいうと次のように非常に長くてわかりにくい表現になっている。

①事業の運営に関する事項について繰り返し、企画、立案、調査及び分析を主として行うとともに、これらの成果を活用し、当該事業の運営に関する事項の実施状況の把握及び評価を行う業務

②法人である顧客の事業の運営に関する事項についての企画、立案、調査及び分析を主として行うとともに、これらの成果を活用し、当該顧客に対して販売又は提供する商品又は役務を専ら当該顧客のために開発し、当該顧客に提案する業務（主として商品の販売又は役

務の提供を行う事業場において当該業務を行う場合を除く。）

物凄《すご》く長いが、要するに①は管理職がすべて入ってしまいそうである。これは後述するとおり管理監督者制度の穴を埋めるために導入が画策されたのではないかと私は考えている。

②は、法人相手の営業マンと解釈すればよい。例えば電通の高橋まつりさんの業務はこれに該当してしまうだろう。電通は法人相手に営業をしている会社だからである。あのような悲惨な事件があったにもかかわらず、その反省は全然生かされていない。

この企画業務型裁量労働制には年収要件も無いので、例えば年収２００万円の人も対象にしてしまうことが可能である。ブラック企業が最大限に悪用することは目に見えている。

先ほど参照したＪＩＬＰＴの調査によれば、裁量労働制の方が通常よりも労働時間が長くなり、過労死・過労うつの危険性が高くなることははっきりしている。

ところが、この企画業務型裁量労働制拡大に関する衆議院予算委員会での審議において、政府側（安倍《あべ》総理及び当時の加藤《かとう》厚労大臣）は、裁量労働制の労働者の方が、一般の労働者よりも労働時間が短いというデータがあると主張したのであった。具体的には、厚労省の「２０１３年度労働時間等総合実態調査」を基に、平均的な一般労働者の労働時間は9時間37分、裁量労働者の労働時間は9時間16分とのデータがある、と主張したのである。

だが、これはウソであった。例えば、一般労働の方は、「もっとも長い1日の残業時間」に、法定労働時間の8時間を付け足して長くなるようにしただけ。他方、裁量労働の方は、実労働時間ですらなく、事業主が申告した時間を基にしていた。このほかにも様々な問題点があり、まともに書くと一冊、本ができるレベルになる。詳細を知りたい方は、このデータねつ造問題追及の第一人者である上西充子《うえにしみつこ》法政大学教授のブログを読んでほしい(https://news.yahoo.co.jp/byline/uenishimitsuko/)。

法案を通したいがために、ウソをついて国民を騙《だま》そうとしたのである。これが見事にばれたので、企画業務型裁量労働制の対象拡大は見送られた。しかし、再度通そうとしてくることは目に見えている。よく国会審議を見守ってほしい。命にかかわる法案をウソをついてまで通そうとしたという事実は絶対に忘れてはならない。

(1) 厳密にいうと、「事業の運営に関する事項についての企画、立案、調査及び分析の業務であって、当該業務の性質上これを適切に遂行するにはその遂行の方法を大幅に労働者の裁量に委ねる必要があるため、当該業務の遂行の手段及び時間配分の決定等に関し使用者が具体的な指示をしないこととする業務」。

場外みなし~もっとも活用されている「みなし」~

労基法には、労働者が事業場外で労働に従事する場合であって、「労働時間が算定し難いとき」に、所定労働時間働いたものと「みなす」制度がある。これを「事業場外労働のみなし労働時間制」という。長いので以下「場外みなし」と略す。なお、私は「専門業務型裁量労働制によるみなし」「企画業務型裁量労働制によるみなし」と、この「場外みなし」を合わせて「みなし3兄弟」と呼んでいる。

場外みなしは、実労働時間に関係なく一定の労働時間働いたと「みなす」という点では、前述の裁量労働制とまったく同じである（休日・深夜労働の割増賃金は発生するという点も同じ）。

その要件は「労働時間が算定し難いとき」であるが、**携帯電話が普及した現在において、この適用要件を満たす場合はほぼ無いと言って良い**。携帯電話があれば、労働者がどこで何をしているのかを容易に把握し、労働時間を算定できるからである。

この制度については最高裁の判例がある（最高裁平成26年1月24日判決。阪急トラベルサポート事件）。最高裁は、募集型企画旅行における添乗員の業務について、概要次のとおり認定して、場外みなしの適用を否定した。

①会社は添乗員にあらかじめ定められた旅行日程に沿った旅程の管理などの業務を行うことを具体的に指示している。

②会社は、添乗員に対し、**携帯電話を所持して**常時電源を入れておき、旅程に変更を生じる事態が生じた場合には会社に報告して個別の指示を求めることとしている。

③会社は、添乗員に対し、旅行日程の終了後は添乗日報によって詳細な報告をするものとし

(%)

企業規模・年	全企業	みなし労働時間制を採用している企業	みなし労働時間制の種類（複数回答）			みなし労働時間制を採用していない企業
			事業場外みなし労働時間制	専門業務型裁量労働制	企画業務型裁量労働制	
2018年調査計	100.0	15.9	14.3	1.8	0.8	84.1
1,000人以上	100.0	25.9	16.5	11.0	4.7	74.1
300～999人	100.0	19.3	16.5	3.7	1.0	80.7
100～299人	100.0	18.2	15.8	2.8	1.0	81.8
30～99人	100.0	14.5	13.5	1.0	0.5	85.5
2017年調査計	100.0	14.0	12.0	2.5	1.0	86.0

図2-7　みなし労働時間制の有無、種類別採用企業割合
（出典）https://www.mhlw.go.jp/toukei/itiran/roudou/jikan/syurou/18/dl/gaiyou01.pdf

ている。

私はこの最高裁判例を、自分の担当する事件で引用したことがある。その会社は場外みなしの適用を主張していたのだが、携帯電話に加えｉＰａｄも持たせて頻繁に連絡を取っていたし、１日のスケジュールも毎日上司に報告させていた。和解で終了したが、判決になっても確実に場外みなしの適用は否定されていたであろう。

このように、場外みなしは、現代において、従業員が携帯電話を持っていないような特殊なケースでもない限り適法とならないと言えるが、活用されてしまっている。厚労省の就労条件総合調査の結果を見てみよう（図２－

(%)

企業規模・年	労働者計	みなし労働時間制の適用を受ける労働者				みなし労働時間制の適用を受けない労働者
			みなし労働時間制の種類			
			事業場外みなし労働時間制	専門業務型裁量労働制	企画業務型裁量労働制	
2018年調査計	100.0	9.5	7.9	1.3	0.3	90.5
1,000人以上	100.0	11.2	8.3	2.2	0.7	88.8
300〜999人	100.0	8.7	7.9	0.7	0.1	91.3
100〜299人	100.0	9.4	8.2	0.9	0.2	90.6
30〜99人	100.0	7.5	7.0	0.4	0.1	92.5
2017年調査計	100.0	8.5	6.7	1.4	0.4	91.5

図2-8　みなし労働時間制の有無、種類別適用労働者割合
（出典）https://www.mhlw.go.jp/toukei/itiran/roudou/jikan/syurou/18/dl/gaiyou01.pdf

7）。

この調査によると、2018年では場外みなしを採用している企業は14・3%もあり、専門業務型裁量労働制（1・8%）、企画業務型裁量労働制（0・8%）を大きく上回る。**「みなし3兄弟」のなかでもっとも活用されているのが場外みなしなのである。**繰り返すが、携帯電話の普及した現代においては、場外みなしの適用はほぼ否定されると言ってよい。つまり、違法な残業代カットが横行していると言うべきである。

これは採用「企業」の割合であるが、適用対象となる「労働者」の割合も見てみよう（図2－8）。

労働者の割合で見ても、場外みなし

は7・9％もいて、専門業務型裁量労働制（1・3％）、企画業務型（0・3％）を大きく上回る。12人に1人近くの割合で、場外みなしの労働者がいるのだ。つまり、「残業代」というブレーキを外され、過酷な長時間労働に従事しているということである。

この場外みなしで想起される有名な事件としては、NHKの記者であった佐戸未和《さどみわ》さんの過労死事件がある。彼女は2013年の参議院選挙の3日後にうっ血性心不全で亡くなった。31歳であった。遺族によれば、労災申請にあたり、未和さんの勤務記録のほか、タクシーの乗り記録、パソコンに残っている受発信記録、携帯電話での交信記録を調べた結果、亡くなる直前の1ヵ月間の時間外労働時間は**209時間**。その前の月は**188時間**にも達したという。

参議院選挙の取材でこれほど異様な長時間労働になった。

まさに悪夢のような長時間労働である。記者が携帯電話を所持していないなどあり得ないので、場外みなしの適用要件は満たしていないと言える。

この悲惨な過労死事件を受けて、NHKがどのような対応をしたか。裁判で争われればほぼ間違いなく適用を否定されるであろう場外みなしから、専門業務型裁量労働制へ、切り替えたのである。

すなわち、**「みなし」制度自体はそのまま継続することにしたのだ。**なお、テレビの記者は専門業務型裁量労働制の対象業務ではある（労働基準法施行規則24条の2の2第2項第3号）。なぜこのようなことをするかといえば、残業代の発生を防ぎ、長時間労働をさせたいからというのが大きな理由であろう。

尊い命が失われたにもかかわらず、これでは何も変わらない。なお、記者について専門業務型裁量労働制を適用しているのは、他のマスコミ各社も同様であると思われる。今でも全国の記者さんたちは過酷な長時間労働にさらされている。

「記者だから裁量労働になるのは仕方がない」と言う人もいるだろう。しかし私は賛同できない。現に人の命が失われているからである。**命より優先すべき利益などない。**

次に、残業代カットの手段として活用されている「管理監督者」について見てみよう。

誤解が蔓延している「管理監督者」

「監督若しくは管理の地位にある者」には、残業代と休日割増賃金が発生しない（労基法41条）。ただし、深夜割増賃金は発生する（きちんと払っている企業はほとんど無いと思うが）。一般的にこれは「管理監督者」と呼ばれている。

「管理監督者」という呼称のせいか、「課長になったから残業代は発生しない」「店長だから残業代は発生しない」など、おおいに誤解されているのがこの制度である。つまり、世間一般でいうところの「管理職」（課長以上）になれば、残業代は発生しない、という勘違いが蔓延《まんえん》している。

「管理監督者」とは、具体的に言うと「労働条件の決定その他労務管理について**経営者と一体**

的立場にある者」であり、名称にとらわれず、実態に即して判断すべきとされている。その具体的な判断要素は、①職務の内容、権限、責任、②出・退社についての自由度、③その地位にふさわしい処遇等とされる。**管理監督者に該当するかどうかは極めて厳しく判断される**ということだけ覚えておいてほしい。例えば、裁判で管理監督者該当性を否定された事例における肩書を並べていくと次のとおりである。

・取締役工場長
・支店長代理
・ホテルの料理長
・マクドナルド直営店店長
・音楽院の教務部長、事業部長
・会社支社長
・プロジェクトリーダー

いずれも肩書だけ見れば「管理監督者」に該当しそうであるが、否定されている。いかに厳しく判断されるものであるか、よくわかるであろう。特にマクドナルド店長の事件は、「名ばかり管理職」という呼称を広く世の中に広めるきっかけとなった。

しかし、一般的には、課長以上の役職者について、残業代が発生しないと勘違いされている状況がまだまだ続いていると思われる。

この課長以上の役職者が、全労働者に占める割合について、厚労省の平成30年就労条件総合調査から算出してみたのが（図2－9）である。サンプル数は1193万8000人。

課長級と部長級を合わせると、その割合はおよそ11%である。**10人に1人以上が「管理職」であるということになる。**このうち、多くの労働者が「管理職は管理監督者に該当するので残業代が出ない」という誤解のもと、残業代をカットされ、長時間労働を強いられているのではないかと思う。

　この管理監督者制というのは、先ほど述べたとおり、裁判でまともに争えば適用を否定される可能性がかなり高い。そこで、それをカバーするため、企画業務型裁量労働制の対象を拡大し、「裁量的にＰＤＣＡを回す業務」を加えようとしたのではないかと思われる。「裁量的に

	人数	割合
部長級	375,680	3.1%
課長級	932,670	7.8%
係長級	794,880	6.7%
非役職	9,834,770	82.4%
合計	11,938,000	

図2-9　課長以上の役職者が全労働者に占める割合（平成30年の厚生労働省、就労条件総合調査から算出）
（出典）https://www.e-stat.go.jp/stat-search/files?page=1&layout=datalist&toukei=00450091&tstat=000001011429&cycle=0&tclass1=000001113395&tclass2=000001113397&tclass300001113410

ＰＤＣＡを回す業務」であれば、管理職はすべて入ってしまいそうに見える。企業は最大限これを悪用して残業代をカットし、長時間労働をさせようとするだろう。さらに、管理職に該当しないような地位の労働者にまで拡大して適用するに違いない。

変形労働時間制

変形労働時間制も、「残業代は発生しない」と誤解されやすい制度である。

まずフレックスタイム制。これは、一定の期間についてあらかじめ定めた総労働時間の範囲内で、労働者が日々の始業・終業時刻、労働時間を自分で決める制度である。例えば、一定の期間を1ヵ月と定めれば、その1ヵ月の実際に働いた合計時間が、あらかじめ決めた時間を超えれば、超えた分だけ残業代が発生する。わかりにくければ結論だけ覚えてほしい。「**フレックスタイム制でも残業代は発生する**」。この制度はただ出退勤時間を自分で決められるというだけのものであり、残業代が発生しないわけではない。

次に、1週間、1ヵ月及び1年単位の3種類がある変形労働時間制。これは、その期間内の労働時間を平均して1週40時間を超えなければ、残業代が発生しない、というものである。つまり、長く働いた日があれば、**その分短く働く日を入れて**、平均値が1週40時間以内に収まるようにしなければならない。したがって、毎日常に残業があるような企業ではまったく意味がないし、平均が週40時間を超えてしまえば、残業代は発生する。

(%)

企業規模・産業・年	全企業	変形労働時間制を採用している企業				変形労働時間制を採用していない企業
			変形労働時間制の種類(複数回答)			
			1年単位の変形労働時間制	1か月単位の変形労働時間制	フレックスタイム制	
2018年調査計	100.0	60.2	35.3	22.3	5.6	39.8
1,000人以上	100.0	74.5	22.0	46.8	24.4	25.5
300〜999人	100.0	68.8	29.9	35.6	10.7	31.2
100〜299人	100.0	62.4	31.8	28.7	7.6	37.6
30〜99人	100.0	58.2	37.4	18.1	3.9	41.8
鉱業、採石業、砂利採取業	100.0	80.2	66.2	16.0	6.3	19.8
建設業	100.0	61.5	56.1	4.9	2.1	38.5
製造業	100.0	63.6	51.2	8.8	7.8	36.4
電気・ガス・熱供給・水道業	100.0	69.1	27.4	46.3	8.7	30.9
情報通信業	100.0	45.3	8.9	13.9	25.3	54.7
運輸業、郵便業	100.0	76.3	50.1	28.4	3.7	23.7
卸売業、小売業	100.0	58.1	34.9	20.2	4.1	41.9
金融業、保険業	100.0	27.6	4.6	18.1	8.7	72.4
不動産業、物品賃貸業	100.0	46.5	21.6	21.2	6.9	53.5
学術研究、専門・技術サービス業	100.0	35.8	14.0	8.9	13.9	64.2
宿泊業、飲食サービス業	100.0	63.4	26.1	37.5	2.3	36.6
生活関連サービス業、娯楽業	100.0	47.4	25.3	22.5	5.3	52.6
教育、学習支援業	100.0	60.5	43.0	17.9	2.0	39.5
医療、福祉	100.0	68.7	21.8	47.3	1.7	31.3
複合サービス事業	100.0	56.2	29.3	27.2	12.3	43.8
サービス業(他に分類されないもの)	100.0	46.5	25.3	16.8	8.5	53.5
2017年調査計	100.0	57.5	33.8	20.9	5.4	42.5

図2-10　変形労働時間制の有無、種類別採用企業割合

(出典) https://www.mhlw.go.jp/toukei/itiran/roudou/jikan/syurou/18/dl/gaiyou01.pdf

この変形労働時間制も、活用されている（図２－10）。

２０１８年で見ると、実に60％を超える企業が変形労働時間制を採用している。１年単位の変形労働時間制がもっとも多く35・３％。次が１ヵ月単位の変形労働時間制で22・３％。フレックスタイム制はこれに比べると少なく、５・６％である。

このうち、本当に適法に変形労働時間制を運用している企業はどれくらいあるだろうか。「変形労働時間制だから残業代は発生しない」という労働者の勘違いを利用して、残業代を支払っていない企業は相当あるのではないだろうか。

というのは、この変形労働時間制、本当に真面目に運用すると実にめんどくさいからである。先ほど述べたとおり、フレックスタイム制を除く変形労働時間制の場合、長く働いた日があれば、その分短く働く日を入れて、平均値が週40時間を超えないようにしなければならない。そのため、あらかじめ単位期間内の各週・各日の労働時間を特定することが要求されており、それをしないと適用を否定される。そんなめんどくさいことをすべての企業がやっているとは到底思えない。私が対峙《たいじ》した相手方企業の中にも変形労働時間制を採用しているところが複数あったが、いずれも事前の特定などしておらず、適用要件を満たしていなかった。労働者が「変形労働時間制だから残業代は発生しない」と勘違いしてくれればそれで良いのだろう。

年俸制

これは別に労基法上にある制度ではないが、年俸制も「残業代は発生しない」という誤解が多く発生しているものである。年俸制というのは、単に給料を年単位で見せているだけのもの。年俸制であっても、賃金毎月1回以上払いの原則（労基法24条2項）により、毎月給料を支払わなければならない。そして、その毎月支払われる給料を算定基礎として、残業代は発生する。「年俸制だから残業代は発生しない」というのはウソである。

では次に、悪名高い高プロ制について見てみよう。

高度プロフェッショナル制度

２０１９年4月から新設された制度が、高度プロフェッショナル制度（高プロ制）というものである。これは、高度の専門的知識を有する一定の年収以上（最初は１０７５万円）の労働者について、労働時間、休憩、休日及び深夜の割増賃金に関する規定を適用しないというものである。

つまり、労働時間に関する規制がすべて外れるということである。24時間休憩無しで働かせることも可能になる。しかも、**裁量労働制と異なり、出退勤に関する裁量は一切ない**。例えば、会社が「午前9時～翌日午前3時まで勤務しろ」と言えばそれに従わなければならない。また、「時間ではなく成果で評価する制度」などと盛んに報道されているが、大ウソである。なぜなら、この制度には、「成果で評価すること」は義務付けられていないからだ。単なる残業代カットの制度である。マスコミ各社は厚労省の大ウソを垂れ流すのをいい加減に止めてほしい。何度も何度も何度も労働分野の専門家が同じ指摘をしているのに、一向にウソの報道が無くならない。例えば、２０１９年7月26日付の日経新聞の記事においても「働いた時間ではなく成果で仕事を評価する脱時間給（高度プロフェッショナル）制度」と書かれている。

この制度において、一応使用者には、健康確保措置をとることが要求されている。それは、年間１０４日の休日を与えることに加え、次のいずれかの措置をとることである。

①勤務間インターバル措置
②1月又は3月の在社時間等の上限措置
③２週間連続の休日確保措置
④臨時の健康診断

あくまで、「いずれか」なので、一番簡単な④の健康診断が選ばれるのは間違いない。そして、年間１０４日は、週休2日のペースで休日を与えるとそうなる。盆も正月も無く、**週休２日のペースで休日を与えて、定期的に健康診断をしていれば健康を確保したことになる。休日以外の労働時間を全部24時間にしても合法だ。**もはや殺人的と言ってもよい凄《すさ》まじい制度である。

一応労働者の同意が必要となっているが、会社から「同意しろ」と言われて断ることができる労働者がどれほどいるだろうか。**そもそも高プロ制は、労働者にとって一切メリットが無いので、合理的に考えれば同意するはずがない。**それでも同意を要件にしているのは「どうせ労働者は断れない」という考えが背景にあるからだ。

そして、高プロ制の対象者は、法律上、「平均年収の3倍を相当程度上回る人」となっており、この条件を満たす具体的な金額が省令で定められる。それが現在は１０７５万円なのである。

倍数で決められていることがポイントである。3倍⇓2倍⇓1倍と法改正を重ね、対象者を拡大していくことが可能。つまり、改正によって対象拡大していくことが容易な条文になっている。

なお、この平均年収というのは、厚労省「毎月勤労統計調査」におけるボーナスを除いた給料を基に算出される。計算するとだいたい３１０万円になる。3倍なら９３０万円。2倍なら６２０万円。

ところで、かつて経団連は、年収４００万円以上の労働者の残業代をゼロにするよう提言している。法改正を重ねていき、現在「平均年収の3倍を相当程度上回る」とされている条文を、「平均年収を相当程度上回る」にしてしまえば、この経団連の提言は実現可能になる。最終的にはここを目指しているのだろう。

しかし、あまりにも過激な制度であることに加え、法案を通す際にも猛反発があった影響で、採用している企業は今のところ非常に少ないようである。しかし、油断はできない。今後採用企業が増えていく可能性はある。このような殺人的な制度は撤廃すべきである。

ところが、この高プロ制よりも過酷なことが既に実行されてしまっている。「雇用ではない」という詭弁《きべん》の使用である。次はそれについて見てみよう。

「雇用ではない」という詭弁

雇用契約の場合、会社側には、労基法をはじめとする労働関連法令の規制がある上、雇用保険、労災保険、健康保険、介護保険、厚生年金保険等の保険料も負担しなければならない。

これらの負担を免れるため、「雇用ではない」という詭弁が使われる。例えば、「これは雇用契約ではなく業務委託契約（又は請負）である」と主張される場合がある。この主張が通れば、労基法をはじめとする労働関連法規の規制が及ばない。したがって会社側としては、完全歩合給にして最低賃金以下の給料で働かせることも可能になるし、残業代も発生しないから長時間労働もさせ放題となる。社会保険料の負担も無い。何より、いらなくなれば容易に切ることができてしまう。

しかし、法律はそんなに甘くない。労基法上の労働者というのは、「職業の種類を問わず、事業又は事務所に使用される者で、賃金を支払われる者」である（労基法9条）。

[1]この労働者に該当するかどうかは、次のような判断要素に基づき、実態を見て判断される。**ただ名前だけで決まるわけではない。**ややこしいのでざっと目を通していただく程度で結構である。

（1）主たる判断基準
ア　仕事の依頼への諾否の自由の有無
イ　業務遂行上の指揮監督の有無
ウ　時間的・場所的拘束性の有無
エ　代替性の有無
オ　報酬の労務対償性
（2）前記判断基準を補強する要素
ア　事業者性の有無
（ア）機械、器具の負担関係
（イ）報酬の額（正規従業員と比較して著しく高額か否か）
イ　専属性の程度
（ア）他社の業務に従事することの制約性、困難性
（イ）報酬の生活保障的要素の有無（固定給部分の有無等）

これらの要素を総合考慮して、労働者に該当するかどうかが判断される。普通のサラリーマンと同様に会社からの拘束が強い働き方をしていれば、まずこの「業務委託である」という屁《へ》理屈《りくつ》は通用しないと考えてよい。

この「業務委託である」という理屈が大企業でも使用されている例として、「タニタ」が挙げられる。２０１９年７月18日付の日経ビジネスの記事を読み、私は非常に驚いた。重要部分を引用する。

体脂肪計で国内シェア首位の健康機器メーカー、タニタ（東京・板橋）は２０１７年に新しい働き方の制度を導入した。**タニタの社員が「個人事業主」として独立するのを支援するというものだ。独立した人には、従来のタニタでの仕事を業務委託し、社員として得ていた収入を確保する。**

（中略）

対象はタニタ本体の社員のうち、希望する人。退職し、会社との雇用関係を終了したうえで、新たにタニタと「業務委託契約」を結ぶ。**独立直前まで社員として取り組んでいた基本的な仕事を「基本業務」としてタニタが委託し、**社員時代の給与・賞与をベースに「基本報酬」を決める。基本報酬には、社員時代に会社が負担していた社会保険料や通勤交通費、福

利厚生費も含む。**社員ではないので就業時間に縛られることはなく、出退勤の時間も自由に決められる。**

基本業務に収まらない仕事は「追加業務」として受注し、成果に応じて別途「成果報酬」を受け取る。**タニタ以外の仕事を請け負うのは自由。**確定申告などを自分で行う必要があるため、税理士法人の支援を用意している。**契約期間は3年で、**毎年契約を結びなおす。

この記事を読む限り、個人事業主になっても従前の働き方と変わらないため、先ほど述べた労基法の「労働者」に該当するのはほぼ間違いないだろう。社長の次の言葉に本音が透けて見える。

働き方改革が残業の削減や有給休暇の取得だけに焦点を当てられてきたことに違和感を持っていました。もちろん、過労死を招くような長時間労働は絶対に無くすべきです。ですが、**全員が1日8時間できっちり仕事を切り上げることが、日本経済にとっていいことなのかという疑問がありました。**

私には、「今までどおり長時間労働をさせたい」と主張しているようにしか見えない。皆さんはいかがだろうか。

会社側から見ると、業務委託契約にすれば、労基法をはじめとする労働関連法令の規制が全部及ばない。残業代はカットできるし、社会保険料の負担も無く、いらなくなれば契約も簡単に切れる等、メリットしかない。しかし、労働者側からすればどうだろうか。残業代は出ないから無限に働かされる可能性があるし、いらなくなれば容易に切られてしまう。給料がいくら大きく上がったとしても、リスクと釣り合っているようには到底思えない。

タニタでは、2017年1月から始めて今26人が「個人事業主」になったそうである。裁判でまともに労働者性が争われれば、タニタは負けると私は思う。このように法的リスクがある制度に法務部がゴーサインを出したというのが驚きである。個人事業主とされた社員側が争ってくることは無いと考えたからかもしれない。いずれにせよ、私はまったく賛同できない。私から見れば単なる脱法行為であり、長時間労働を無くしていこうという社会の流れに逆行している。

しかし、最近の政府の動きは、むしろ前記のタニタのような対応を支持しているかのようにも見える。「雇用によらない働き方」を推進しようとしているからである。政府がそういう姿勢だと、この国の裁判所がそれを忖度《そんたく》する可能性は否定できない（この国の裁判所は、おおいに行政に忖度する）。

なぜ労基法をはじめとする各種労働関連法令があるのか。それは労働者を守り、雇用を安定させなければ、社会が不安定になるからである。そして、この国のＧＤＰの約６割は個人消費であり、消費者はすなわち労働者であるから、労働者の地位が安定しなければ、消費も伸びず、それは最終的には企業の利益に跳ね返ってくる。さらに、労働者の地位が安定しなければ、結婚して子供を産み育てることもままならず、少子化が加速し、さらなる需要の縮小をもたらす。なぜそれがわからないのだろう。

　残業代というブレーキを外し、低賃金・長時間労働を実現すれば、会社の目先の利益は上がるかもしれないが、長期的にみれば、社会全体が沈んでいく羽目になるのである。そして、現になっている。この点については後でまた述べる。

　なお、これは業務委託契約の例だが、社員を全員取締役にして残業代の支払いを免れようとするという荒技を繰り出す会社もある（類設計室事件・京都地裁平成27年7月31日判決）。取締役は、法的には会社と委任契約を締結していることになるので、雇用契約ではない。だから、残業代を払う必要はない、という理屈である。当然、裁判では圧倒的敗北を喫し、不払残業代671万円、これに年率14・6％の遅延損害金、さらに[2]付加金519万円の支払いを命じられた。

　しかし、このような屁理屈も決して侮ってはならない。**結局、労働者が勇気を振り絞って会社と争わなければ、不正が明るみに出ることはないからである**。会社と争うことを選ぶ労働者はごく少数である。だから、多くのブラック企業で、明らかにおかしな理屈がまかりとおってしまい、本来支払われるべき残業代が全然支払われずに長時間労働を強いられ、犠牲者が後を絶たないという現実がある。

(1) 昭和60年12月19日付労働基準法研究会報告。
(2) 罰金みたいなもの。最大で法定の残業代と同額の支払いを命じられる。

残業代の時効はたったの2年

様々な策を弄《ろう》して不払いになっている残業代であるが、時効はたったの2年である（労基法115条）。最大でも2年分しか請求できないということである。**「逃げ得」を法律が認めてしまっている。**なお、民法の一般債権の時効は現状だと10年、企業間の取引に適用される商法の商事債権の消滅時効は5年である。それに比べると2年というのは極めて短い。

請求しないで放っておくと、1ヵ月ずつ、支払日から2年が経過した月の給料が消滅していく。だから残業代を請求しようと思ったら、とにかく真っ先に催告をして時効の進行を止めなければならない。催告をすれば時効の進行は6ヵ月の間暫定的に止まる（相手が支払わなければ、この間に訴訟や労働審判を提起する必要がある）。正確な金額がわからなくても良い。「○年○月から○年○月までの残業代の支払いを求める」という程度の特定で足りる。メール、FAX、内容証明等、証拠が残る形であれば何でもよい。内容証明が一番確実ではある（郵便局が内容を証明してくれるので）。

この点について、民法が改正されて債権の時効が一律5年になることに伴い、賃金債権の時効も5年に延ばすかどうかが議論されており、本稿執筆時点で結論はまだ出ていない。なお、改正民法の施行日は2020年4月1日である。

議論がある時点でおかしいと思わないだろうか。そもそも現行民法では、一般債権は先ほど述べたとおり10年だが、労働債権については1年の短期消滅時効とされている（民法174条）。それではあまりに短く、労働者の保護に欠けるので、労基法で期間を倍に延ばしたという経緯がある。**民法よりも保護を厚くするという趣旨で2年なのである。**そして、民法改正により消滅時効が一律5年になる以上、単に労働債権も5年にすればよいだけである。民法よりも保護を薄くする理由はまったくない。

5年に延ばすことに抵抗しているのはもちろん企業側である。なぜ抵抗するのか。**残業代を払っていないからである。払っていないという自覚があるからこそ抵抗するのだ。**このように企業が抵抗している事実自体、残業代不払いが横行していることを推認させる一事情と言える。

たった2年でも残業代は通常数百万円になり、500万円を超えることも珍しくない。それが5年に延びれば1000万円を超えることもザラになるだろう。不当に不払いをしてきた企業からすれば脅威に違いない。

求人詐欺

求人詐欺というのは、求人票に実際とは異なる労働条件を書いて労働者を騙し、労働契約を締結させるものである。例えば次のような具合である。

・「基本給30万円」と書いてあったが、入社してみたら「固定残業代10万円、基本給20万円」だった（いわゆる固定残業代。第3章で詳しく説明する）。
・求人票より低い給料で契約を締結された。
・正社員かと思ったら契約社員だった。
・実は裁量労働制が採用されていた。

ブラック企業は契約書すら交付しない会社が多いし、交付するとしても入社直前か、又は入社後である。労働者の方は、当然ほかの会社を断って入社しているので、もうほかに逃げ道が無く、会社の条件をどうしても受け入れざるを得なくなる。これがおおいに労働市場を歪《ゆが》め、本来あるべき賃金の上昇を抑え込んでいる。**「人手不足だからブラック企業も淘汰《とうた》されていくだろう」という考え方は甘い。こうやってウソをついて入社させるからだ。**そしてまんまとブラック企業は生き残る。

職業安定法65条は、ウソの条件提示をして労働者を募集した者について6月以下の懲役又は30万円以下の罰金に処するとしている。この罰則自体恐ろしく軽い上、求人詐欺にこれが適用された例は無い。なぜなら、入社後に求人情報と違う労働契約書にサインしてしまった場合、

	日本	アメリカ	イギリス	フランス	ドイツ	スウェーデン
監督する者の数	3,241人 労働基準監督官 3,241人 （2016年度）	3,878人 労働基準監督官 894人 （2009年度） 労働安全衛生監督官 1,740人 （2010年度） 安全衛生法について労働長官の承認を受けて州で監督を行う者 1,244人 （2009年度）	2,742人 最低賃金監督官 153人 （2008年） 衛生安全監督官 1,439人 （2007年） 安全衛生法令について雇用担当大臣の委任を受け地方政府で監督を行う者 1,150人 （2003年）	1,706人 労働監督官 535人 （2008年） 労働監督員（補助者） 1,171人	6,336人 営業監督官 3,340人 労災保険組合の監督官 2,996人 （2007年）	262人 労働環境庁地方支部の職員約500人うち、262人が監督業務に従事 （2009年度）
雇用者1万人当たりの監督官の数	0.62	0.28	0.93	0.74	1.89	0.64

図2-11　労働基準監督官の諸外国との比較

（出典）https://www8.cao.go.jp/kisei-kaikaku/suishin/meeting/wg/roudou/20170316/170316roudou02.pdf

この条文は適用されないと解釈されているからである。**つまり、「野放し」なのだ。**

なお、民事的に争うことは可能である。

少ない労働基準監督官

見てきたとおり労働法制は穴だらけなのだが、それを守らせる立場にある労働基準監督官の数が非常に少ない。平成29（2017）年3月16日付厚労省の資料からまず諸外国との比較を引用する（図2－11）。

雇用者1万人当たりの監督官の数で、日本はアメリカよりは多いが、欧州の諸外国よりは少ない。特に、雇用者の保護が厚いドイツとの差が顕著である。約3倍も違う。

そして、平成28（2016）年度で見てみると、対象となる事業場が428万もあるが、労働基準監督官は3241人しかいない。**1人当たり約1320事業場であり、毎日休まず1事業場ずつ見ても3年半以上かかる計算になる。**これでは十分に監督機能が果たせない。この少ない人的リソースの中では、生命・身体の安全に直接影響するような重大事案を優先させざるを得ない。したがって、無数に存在し、かつ証拠も乏しいことが多い残業代不払い事案にはどうしても手が回らなくなるのだと思う。また、今まで述べた残業代支払い逃れのテクニックを駆使されると、はっきり違法と断定できない。そうすると、民事事件よりも立証のハードルが格段に高い刑事事件として立件することは難しい。

前掲平成30年6月1日~令和元年5月31日の労働基準関係法令違反に係る公表事案を見ても、一番多いのは労働安全性衛生法違反であり、407件中実に314件を占める。これは要するに作業現場での安全確保措置を怠った事案等である。他方、前述のとおり、残業代不払いは407件中7件である。繰り返すが、これは労働時間を記録しないことに対するペナルティが存在しないため、会社側が労働時間をきちんと記録していないことが大きく影響している。

まとめ

ここでいったんここまでの話を振り返る。要約すると次のとおりである。

・残業代の基本割増率は25%であり、諸外国と比べて低い。

・残業時間の上限規制は、かつて青天井であり、法改正はしたものの、例外が設けられてしまい、例外の上限は過労死ライン。
・残業代不払い等に対する罰則はたったの30万円である上にめったに立件されない。
・労働時間を記録しないことに対しては罰則すらない。
・「みなし3兄弟」により、残業代をカットする抜け道が用意されている。
・「管理監督者」「変形労働時間制」「年俸制」等に対する誤解を利用して残業代がカットされている。
・高プロ制によって残業代カットは可能だし、「業務委託」等と名称を変えることで高プロ以上に過酷な労働をさせている実態がある。
・残業代の時効はたった2年であり、「逃げ得」が認められている。
・求人詐欺は事実上野放し。
・労基法違反等を取り締まる労働基準監督官の数が少ない。

端的に言うと、**法律自体緩すぎる上に、その緩すぎる法律すら無視されている**という状況であり、これでは長時間労働が無くならないのも当然である。さらに、ここまで統計を数多く引用したが、**実態はこれよりひどいと考えるべきである。なぜなら、ブラック企業がこのような調査に真面目に回答するとは思えないからである。**例えば、裁量労働制の箇所で引用したＪＩ

LPTの調査だと、厚労省抽出分事業場で働く労働者の有効回収率は18・5%、事業所データベース抽出分事業場で働く労働者の有効回収率は17・1%である。きちんと回答したのは比較的優良な企業なのではないだろうか。ブラック企業だと調査用紙を労働者に渡すことすらしないのではないかと思う。

企業としては、厳密に言って適法なのかどうかはどうでもいいのだろう。**労働者を騙すことができればそれで足りてしまうからである。**残念ながら我々弁護士など専門家に相談する人は、割合で言えば極めて少ない。多くの人が騙されていることに気付かないまま長時間労働を強いられている。「残業代」というブレーキが全然利いていないのである。これで過労死・過労うつを防ぐというのは不可能だ。

そして、膨大な金額の賃金が払われていないことも見落としてはならない。1年間の不払い額の総額はいったいいくらになるだろう。数兆円はあるのではないか。これは賃金がなかなか上がらない大きな要因の1つである。また、総実労働時間で給料を割れば、最低賃金を下回るケースもかなりあるだろう。**残業代不払いを放置するというのは、実質的に最低賃金以下で働かせることにつながるのである。**

しかし、話はここで終わらない。残業代ごまかしの「真打」と言える「固定残業代制」というものがある。これがブラック企業の間で大流行しており、長時間労働を助長させている。次章でそれについて述べる。

第3章　固定残業代　―ただ、名前を変えているだけのインチキ

固定残業代とは

固定残業代とは、一定の決まった金額を、**残業の有無にかかわらず**、残業代として支払うというもの。大きく分けて次の２種類があると言われている。しかし、これに当てはまらないものも最近出てきている。

①組込型
　基本給や歩合給の中に残業代を組み入れてしまうというもの。「歩合給に残業代が含まれる」「基本給30万円、50時間分の残業代を含む」「基本給30万円、そのうち３割は残業代」等。

②手当型

基本給とは別に、例えば「営業手当」等の名目で一定額を支払うというもの。

固定残業代についてのリーディングケースは、タクシー運転手の残業代について争われた高知県観光事件（最高裁平成6年6月13日判決）である。この事件において、会社側は「歩合給の中に残業代が含まれている」と主張した。しかし、歩合給のうち、残業代とそうでない部分の区別が全然つかないため、残業代が本当に払われているかどうかわからなかった。また、歩合給は残業や深夜労働時間に応じて増えるものでもなかった。だから、最高裁は会社側の主張を退け、残業代は払われていない、と判断した。

ざっくり言えば、「残業代とそうでない部分が明確に分かれてないとダメ」という判断を示したのである。これは「明確区分性」などと呼ばれている。

ところが、これがきっかけで「**明確に分かれてさえいればＯＫ**」という考えが広まってしまったのである。

例えば、私が勤務していた会社では、「基本給○○円、そのうち30％が残業代」と定められていた。30％の部分は計算すれば出るので、一応明確区分性はあると言い得る（裁判で争ってみないと結論はわからないが）。

はっきりとこの明確区分性が認められやすいのは、「手当型」の残業代の方である。基本給と完全に分けて「固定残業手当」といった形で表示されるので、明確区分性はある。

だが、ここでちょっと立ち止まって考えてほしい。いかにこの制度がおかしいものであるかを。

第2章で見た通り、残業代について、法律上もたくさんの抜け道が用意されているのは、それだけ会社が残業代を払いたくないからだ。だから自民党に圧力をかけ、抜け道を用意させてきたのである。民法改正に伴う時効期間5年への延長に会社側が反対するのも、残業代を払っていない実態があるからである。つまり、会社というのは、残業代を払いたくないと思うものなのだ。コストがかさむからである。理想は残業ゼロで長時間労働させ放題にしたいと思っているのが会社である。

ところが、固定残業代というのは、仮に全く残業をしなかったとしても、払うことが約束されている。また、固定分を超えた場合、当然その分は払わなければならないので、労働時間を把握しなくてよいわけではない。つまり、余計な給料を払うはめになる上に、労働時間把握の負担が減るわけではない。建前通りに受け取れば、企業にとってまったくメリットはない。

しかし、考え方を変えてみよう。もし会社が「残業代」と言い張っているものが、残業代ではなかったとしたら。ただ単に、**基本給の一部を切り取って、残業代に名前を変えているだけだとしたら。**こう考えると、会社側にはメリットしかない。**本当は基本給しか払っていないのに、残業代を払ったことにできてしまうからである。**しかも、**見かけの給料を大きく見せることができる。**これは求人詐欺の主要な手法の1つである。例えば、求人票に「基本給30万円」

と書いてあったが、入社してみたら「実は基本給20万円、固定残業代10万円でした」と言われてしまうのである。そして残業代は一切出ない。

次の具体例で考えてみよう。

A社　基本給30万円
B社　基本給20万円　固定残業代10万円

どちらも、**「毎月固定で最低でも30万円を払う」という点ではまったく同じ**である。

ところが、残業代については違う。A社では、基本給30万円に「加えて」残業代を払わなければならない。他方、B社では**既に残業代を10万円払ったことにできてしまうのである。**

A社とB社で何が違うだろう。**「名前が違う」だけである。**それ以外に何も違いは無い。B社では、会社が恣意《しい》的に基本給30万円のうち10万円を切り取って「固定残業代」に名前を変えているだけなのである。こんな単純な子供だましが、多くのブラック企業で横行している。固定残業代に関する統計が無いので、あくまで私の主観ではあるが、ブラック企業の半分以上は固定残業代を採用しているような気がする。

現実に私が担当した事案でも、私の仮説を裏付ける出来事があった。相手方企業は、別の名称の手当として支給していたものを、途中で変更して「残業代」に名前を変えていたことを認めたのである。変更の前後で総支給額にほぼ違いは無く、まさに「名前を変えただけ」であった。

凄まじいコストカット効果

では、前述のB社における固定残業代10万円は、いったい何時間分の固定残業代に当たるのか。B社の残業代算定の基礎となる基本給は20万円。これを前提に、月の所定労働時間を、ざっくり160時間（所定労働時間が1日8時間で土日祝日年末年始休みの場合、1年間における1か月の平均労働時間は160〜164時間になる）として計算すると、**10万円は64時間分の残業代になる**。(1)

他方、A社の場合、単純に30万円全額が残業代算定の基礎時給になるので、64時間残業させた場合の残業代は15万円だ。(2) A社はこれを基本給30万円に「プラスして」支払うことになる。**つまり、基本給と残業代合わせて総額45万円**。他方、B社は固定残業代で64時間を既に払ったことにできてしまうので、30万円だけ。

A社とB社が同じ64時間残業させた場合、A社の方が**1・5倍**のコストになるということである。**ただ名前が違うだけなのに**。これを1年単位で考えると180万円も違う。**社員10人なら1800万円、100人なら1億8000万円も残業代をカットできる**計算になる。

そして、現実はもっとひどい。固定残業代制を採用する企業は、残業が固定残業代分を超えたとしても、超えた分を払わないことがほとんどである。本来は超えた分を払わないといけないので、当然違法だ。そのようなブラック企業は、１００時間以上残業させることなどザラである。

このように、「実際はどんなに残業させても固定分を超えた分は払わない」という実態を考慮すると、もっとひどいことになる。単に基本給30万円とした場合、仮に１００時間も残業させると、残業代は**１ヵ月で23万４３７５円、１年間で２８１万２５００円だ。**固定残業代を採用する企業はこれを払わないのだ。およそ１人分の賃金を丸ごと削ったのと同じだ。社員10人なら２８１２万５０００円、１００人なら２億８１２５万円も削ることになる。**こうやってコストカットをするから、異常に安い値段で商品やサービスを提供することが可能になっている。**

仮に訴訟で争ったとしても、固定残業代について有効と認められてしまえば、大幅に残業代を減額できてしまう。そして、訴訟までする労働者は極めて少数派であるから、結局ブラック企業の「やり得」になる。

なぜブラック企業において固定残業代が大流行しているのか、具体的な数字をもって考えるとよくおわかりいただけただろう。**ただ単に名前を変えるだけで、これほど凄《すさ》まじいコストカットが可能になるからである。**

なお、わかりやすいように１００時間で計算したが、実際の事件はさらにもっとひどい。例えば現在私が係争中の事件では、固定残業代は90時間分を超えている上、もっとも長い労働者では月平均残業時間約150時間、最長で200時間超という信じられない長時間労働を強いられていた。

（1）10万円÷（20万円÷160時間×1・25）
（2）30万円÷160時間×1・25×64

日本海庄や事件

この固定残業代制度が悪用され、過労死が発生した事件が、日本海庄や事件である（2007年発生）。この事件では、新卒者の基本給は19万4500円、うち7万1300円が「80時間分の」固定残業代とされていた。しかも、労働時間が80時間に満たない場合は不足分が差し引かれていた。こういった異常な労働条件のもと、新卒正社員の方（当時24歳）が、入社後わずか4ヵ月にして心機能不全で死亡したのである。

この方の労働時間は、「死亡前の1か月間では、総労働時間約245時間、**時間外労働時間数約103時間**、2か月目では、総労働時間約284時間、**時間外労働時間数約116時間**、3か月目では、総労働時間約314時間、**時間外労働時間数約141時間**、4か月日では、総労働時間約261時間、**時間外労働時間数約88時間**となっており、恒常的な長時間労働となっていた」と裁判において認定された。

あまりにもひどい。固定残業代という屁理屈《へりくつ》を活用して残業代というブレーキを外し、異常な長時間労働を可能にしたことが、こうした悲劇につながったのである。

思考停止する裁判官

先ほど述べたように、「明確に区分されていればとりあえずＯＫ」という考え方が蔓延《まんえん》してしまっているため、裁判官も思考停止している。特に、残業代とそうでない部分が明確に分かれている「手当型」においてそれが顕著である。

例えば、日本海庄や事件と同じく、月80時間相当の固定残業代を設定していたという事案において、これを有効と認めてしまった裁判例がある（東京地裁平成29年10月16日判決）。**裁判所が過労死ラインの固定残業代を認めてしまったという恐ろしい事案である。**この裁判例の重要部分を引用する。

「原告は、被告が主張する固定残業代の対象となる時間外労働時間数は、本件告示第3条本文が定める限度時間（1か月45時間）を大幅に超えるとともに、いわゆる過労死ラインとされる時間外労働時間数（1か月80時間）に匹敵するものであるから、かかる固定残業代の定めは公序良俗に反し無効であると主張するが、1か月80時間の時間外労働が上記限度時間を大幅に超えるものであり、労働者の健康上の問題があるとしても、固定残業代の対象となる時間外労働時間数の定めと実際の時間外労働時間数とは**常に一致するものではなく**、固定残業代における時間外労働時間数の定めが1か月80時間であることから、直ちに当該固定残業代の定めが公序良俗に反すると解することもできない」

要するに「**固定残業代80時間分と定めたからと言って、常に80時間残業させるわけではないから、有効**」と言ったのである。

この判決に対しては、原告が控訴し、逆転判決が出た（東京高裁平成30年10月4日判決）。当然の判断である。重要部分を引用する。

「（中略）1か月当たり80時間程度の時間外労働が継続することは、脳血管疾患及び虚血性心疾患等の疾病を労働者に発症させる恐れがあるものというべきであり、このような長時間の時間外労働を恒常的に労働者に行わせることを予定して、基本給のうちの一定額をその対価として定めることは、**労働者の健康を損なう危険のあるものであって、大きな問題があるといわざるを得ない**。そうすると、実際には、長時間の時間外労働を恒常的に労働者に行わせることを予定していたわけではないことを示す特段の事情が認められる場合はさておき、通常は、基本給のうちの一定額を月間80時間分相当の時間外労働に対する割増賃金とすることは、**公序良俗に違反するものとして無効とすることが相当である**。

これを本件について見るに、前記（1）アにおいて認定したとおり、本件賃金規程は、基本給のうちの一定額（時間外月額）につき、これが所定労働時間を超えて勤務する見込時間に対する賃金である旨を定めているのであり、**この規定ぶりからして、本件固定残業代の定めは、控訴人につき少なくとも月間80時間に近い時間外勤務を恒常的に行わせることを予定したものということができる。**そればかりでなく、実際にも、前記（1）カにおいて認定したとおり、本件雇用契約に係る14か月半の期間中に、控訴人の時間外労働時間数が80時間を超えた月は5か月、うち１００時間を超える月が2か月あり、また、時間外労働時間数が1か月に１００時間を超えるか、2か月ないし6か月間のいずれかの期間にわたって、1か月当たり80時間を超える状況も少なからず生じていたことが認められるのであって、このような現実の勤務状況は、控訴人につき上記のとおり月間70時間に近い長時間労働を恒常的に行わせることが予定されていたことを裏付けるものである。

　以上によれば、本件固定残業代の定めは、労働者の健康を損なう危険のあるものであり、公序良俗に違反するものとして無効とすることが相当であり、この結論を左右するに足りる特段の事情は見当たらない」

　常識的な判断だと思う。固定残業代80時間と定めたら、通常はそれぐらい残業させることを予定しているし、**現にそれ以上の労働をさせていたのである。**「80時間と定めたからといって、現実にそれぐらい残業させるとは限らない」と言った一審判決とは大違いである。

　なぜ一審判決がこんな危険な定めを有効としてしまったのか。「明確に区分されているからＯＫ」という猛烈な思い込みがあったからだと思う。それは、後述する最高裁判例の存在も影響している。一度相場ができると多くの裁判官は思考停止してしまう。相場にあてはめて判断すべきではない事案であっても、無理やり相場にあてはめ、一審判決のような明らかにおかしい判断が出てしまうのである。なお、この事件は上告・上告受理申立がされたので、まだ確定はしていない。最高裁がどのような判断をするのか。今の最高裁の傾向からすると、有効にしてしまう可能性も否定できないので、まったく油断できない。この理由は後で述べる。

私もこの「手当型」については何度か争った経験がある。そのうちのある事件で裁判官に、「名前を変えているだけですよ」と主張して激論になったのだが、「それを言うなら今までの裁判例が全部間違ってることになるじゃないですか」等と言い返された。確かに、今までの判断が全部間違っているとこちらは言いたいのだが、裁判官は前例をひっくり返すような勇気ある判断は通常しない。そんな思い切ったことをしても何も利益は無いからである。むしろそういう判断をして変に目立ってしまい、評価が下がることの方を気にする。

就業規則の不利益変更

しかし、明確に区分されている場合でも、争いようはある。例えば、「就業規則の不利益変更」という法理を使うことである。

契約というのは、普通は契約当事者が一対一で合意して内容を決めるものである。ところが、労働契約の場合、就業規則の内容が合理的であり、それがきちんと周知されていれば、労働契約の内容になるというルールがある（労働契約法7条）。

就業規則を労働者にとって不利益な内容に変更し、労働条件を変更することは原則としてできない（同法9条）。しかし、変更を労働者にきちんと知らせた上、[1]諸事情を考慮し、その変更が合理的であると認められれば、変更が有効になる（きちんと周知していない会社がわりとあるので、周知しているかどうかをチェックすることは重要）。結局、「合理的」であれば良いということである。

では、労働者にとってもっとも大事な「賃金」も、就業規則変更で一方的に減額することはできるのか。結論から言うと、賃金減額について非常に厳しく判断した最高判例（最高裁平成28年2月19日判決）があるので、事実上不可能と言ってよい。

この判例の事案では、退職金の減額について、就業規則ではなく、**労働者一人一人と、個別に書面による同意を交わしていた**。しかし、それでも、減額幅があまりにも大きすぎることや、説明が足りなかった等、諸事情を考慮して、退職金の減額が否定されたのである。この判例は、「就業規則に定められた賃金や退職金に関する労働条件の変更に対する労働者の同意の有無については」と最初に断りを入れた上で判断を示しているので、退職金だけではなく、[2]賃金一般にもその射程が及ぶ。

私はとある整理解雇事件において、会社から一方的に減額された賃金の差額を請求していたのだが、ちょうどこの判例が出たので、引用した。そうしたところ、以前はほとんどこちらの主張を受け入れる気配が無かった裁判官の態度が急変し、全額認容された。おそらくこの判例が無ければ、「異議を述べていない以上、黙示の同意がある」等と言って減額の有効性を認めていたに違いない。この判例の影響力は極めて大きい。

話を元に戻す。個別に同意を得ていた最高裁の事案ですら減額の有効性が否定されている。だから、就業規則の変更で一方的に減額した場合の有効性が認められることはほぼあり得ないと思う。

では、固定残業代について具体的に考えてみる。固定残業代を採用する企業は、**どこかの時点で、基本給の一部を切り取り、「残業代」に名前を変える、ということをやっている**（会社の設立当初から固定残業代を採用していた場合は別だが）。これは就業規則の変更によって行われるのであろう。そうすると、それ以前に比べて基本給も残業代も削られることになるので、労働者にとっては明白な不利益変更である。

そして、この変更にあたって、賃金が実質的に減るというような説明を会社が懇切丁寧にすることはまず無いと思う。ただ、周知をしないと有効にならないので、変更したことだけは労働者に知らせるだろう（これをしない企業も中にはあるが）。しかし、固定残業代を採用するような企業は、それ以前からも残業代など払っていないであろうから、結局、就業規則変更前後で、「残業代が払われない」という状況は何も変わらない。だから、労働者の方も、自分の給料が減らされたとは思わないだろう。

私が対峙《たいじ》したある会社はまさにこのパターンであった。ただ就業規則の文言が変わり、ほかの名称の手当てとされていたものが、「固定残業代」に変わっただけ。以前から残業代は払われておらず、変更前後で支払い総額に変化は無かった。労働者側も意味が全然わかっていなかった。

これでは不利益変更が有効になる要件を満たしていない。私は勝利を確信していたのだが、肝心の裁判官が「就業規則の不利益変更」という論点を理解していなかった。おそらく、「本件は明確に残業代が区分されているから、有効に決まっている」という猛烈な思い込みが先にあり、私の主張書面をよく読んでいなかったのであろう（裁判官が書面をきちんと読んでいないということは結構ある）。私が争点について改めて指摘すると、裁判官が慌てていたのが印象に残っている。あんなに繰り返し主張したのにまったく読んでいなかったのかと思うと強い怒りを感じた。その件は結局和解で終わったので、最終的な判断がどうなっていたかはわからない。

これはたまたま残念な裁判官に当たってしまったケースではあるが、普通は認められる主張ではないかと思う。この「就業規則の不利益変更の法理」が使えるケースは、固定残業代の導入より前に入社していた場合である。導入後に入社していると、最初からその条件だから、「不利益に変更された」ことにならない。

ただし、結局のところ就業規則は、その内容が合理的でないと、労働契約の内容にならない。だから、導入後に入社した、という場合でも、どういう経緯で固定残業代制を導入したのか、導入前の就業規則を会社から開示させてみる価値はあると思う。きっと「単に名前を変えているだけ」という実態が明らかになるはずである。そうすると、「内容が合理的でない」ということになり、無効とされる余地があるのではないか、と思う。

このほか、そもそも契約書にも就業規則にも、固定残業代のことについて何も書かれていないことがあり、その場合は当然無効である。争いようはあるので、固定残業代制が採用されているからと言って「私には残業代は出ない」と思い込まず、労働時間を記録しておこう。

（1）条文の表現は「使用者が就業規則の変更により労働条件を変更する場合において、変更後の就業規則を労働者に周知させ、かつ、就業規則の変更が、労働者の受ける不利益の程度、労働条件の変更の必要性、変更後の就業規則の内容の相当性、労働組合等との交渉の状況その他の就業規則の変更に係る事情に照らして合理的なものであるときは、労働契約の内容である労働条件は、当該変更後の就業規則に定めるところによるものとする」。

（2）「就業規則に定められた賃金や退職金に関する労働条件の変更に対する労働者の同意の有無については、当該変更を受け入れる旨の労働者の行為の有無だけでなく、当該変更により労働者にもたらされる不利益の内容及び程度、労働者により当該行為がされるに至った経緯及びその態様、当該行為に先立つ労働者への情報提供又は説明の内容等に照らして、当該行為が労働者の自由な意思に基づいてされたものと認めるに足りる合理的な理由が客観的に存在するか否かという観点からも、判断されるべき」であるという判断基準が示された。

「手当型」に関する最近の最高裁判例

この「手当型」の固定残業代については、最高裁判例が最近出ている（最高裁平成30年7月19日判決。日本ケミカル事件）。重要部分を引用する。この事案では、「業務手当」が、月30時間分の固定残業代として支給されていた。

「雇用契約においてある手当が時間外労働等に対する対価として支払われるものとされているか否かは、雇用契約に係る契約書等の記載内容のほか、具体的事案に応じ、使用者の労働者に対する当該手当や割増賃金に関する説明の内容、労働者の実際の労働時間等の勤務状況などの事情を考慮して判断すべきである」

わかりやすく要素を抜き出すと次のとおり。

①雇用契約に係る契約書等の記載内容
②使用者の労働者に対する当該手当や割増賃金に関する説明の内容
③労働者の実際の労働時間等の勤務状況など

この①~③を考慮せよと言っている。①は「きちんと契約書や就業規則に書いてあるか」②

は「きちんと説明しているか」ということ。また、③は、固定残業代が、「実際の残業時間と整合が取れているか」ということであろう。

この事件では、一応契約書に業務手当が残業代であることは書かれていた。ただ、それが何時間分に該当するのかについての説明について、原告側はなかったと主張している。しかし、会社側が、他の従業員と、「業務手当が30時間分の固定残業代である」という内容で交わした確認書を証拠として出していた。最高裁はこれを見て、きっと原告にも30時間分であることは説明しただろう、と認定したようである（そんな確認書は、社員に協力させて後からでも作れてしまうのだが）。

そして、おそらくもっとも重視されたのが、実際の残業時間がおおむね30時間程度であり、固定残業代分の30時間と一致していた、という事実である。だから有効と判断したのではないかと思う。

現在継続中の私が担当している訴訟でもこの最高判例を引用して主張している。私の担当事案の場合、固定残業代は約90時間分であるが、実際の労働時間はもっとも多い労働者で平均約１５０時間、最長で２００時間を超えており、固定残業代とまったく実態が合っていない。また、契約書はそもそもないし、説明もしていない。だから、この最高裁判例に照らせば、有効になる余地は無いと思っている。

しかし、この最高裁判例については非常に疑問がある。例えば、固定残業代80時間分と設定されていた場合、実際の残業時間もおおむね80時間であれば、有効とされてしまいかねないとも読めてしまう。明らかにおかしいだろう。

この最高裁判例に照らすと、先ほど引用した、80時間分の固定残業代を公序良俗違反として無効にした東京高裁の判例の判断は維持されるのか、非常に不安である。後述のとおり、今の最高裁だとひっくり返してしまう恐れがある。

ただ、少なくとも法改正後の事案については、前述のとおり、原則として月45時間、年360時間という上限が設けられた上、例外についても上限が設定されたので、それを上回るような固定残業代はさすがに無効とされるのではないかと思う。

残業代「実質ゼロ型」という新技

固定残業代には、①組込型、②手当型の大きく分けて2種類があり、特に②の手当型が厄介であることを今まで説明してきたが、これに当てはまらない新しい類型もある。私はこれを「実質ゼロ型」と呼んでいる。

これは、国際自動車という会社のタクシー運転手の残業代について使用されていた手法である。ざっくり言うと、**残業代が増えれば増えるほどその額を歩合給から差し引くので、結局残業代が実質ゼロになる**というものだ。

本来であれば「基本給＋歩合給＋残業代」を払う必要がある。しかし、国際自動車は、残業代は支払うものの、それを歩合給から引いてしまうのである。なお、歩合給部分にも残業代は発生する。

単純化するとこういうことである。

本来あるべき払い方：基本給＋歩合給＋残業代
実質ゼロ型　　　　：基本給＋（歩合給－残業代）＋残業代

見てのとおり、計算式の中に「－残業代」と「＋残業代」があるので、実質的に見ると常に残業代がゼロになる。だから「実質ゼロ型」と私は呼んでいる。

なお、国際自動車は、業績によって変動する賃金、すなわち本来は単に歩合給と呼ぶべきものについて、「対象額Ａ」と名付けている。そして、「対象額Ａ」から、残業代を引いた額を「歩合給」としたのである（対象額Ａ－残業代＝歩合給ということ）。

給与明細には、「残業代」と、この「歩合給」が記載される。それだけ見ると、あたかも残業代がきちんと払われているかのように錯覚する。

これも、実は普通の固定残業代と発想は変わらない。**歩合給の一部を切り取って「残業代」に名前を変えているだけである。**残業代が増えれば増えるほど、歩合給から切り取られる部分が増えていき、その分歩合給が減る。わかりづらいかもしれないので、結論だけ覚えてほしい。

「**計算結果は、残業代がまったく払われない場合と同じになる**」ということ。

東京高裁は、「歩合給の計算にあたり、対象額Aから割増金に相当する額を控除している部分は、労基法37条の趣旨を潜脱するものであって、同条の趣旨に反し、ひいては公序良俗に反するものとして無効である」と判断した。当たり前の判断だと思う。**ただ単に計算式をいじって実質的に残業代が発生しないようにしているだけだからである。**こんな子供だましを裁判所が認めるようなことがあってはならない。

ところが、最高裁判例（最高裁平成29年2月28日判決。国際自動車事件）は、この高裁判決を破棄して差し戻すという判断をした。理由は次のとおりである。

「使用者が、労働者に対し、時間外労働等の対価として労働基準法37条の定める割増賃金を支払ったとすることができるか否かを判断するには、労働契約における賃金の定めにつき、**それが通常の労働時間の賃金に当たる部分と同条の定める割増賃金に当たる部分とに判別することができるか否かを検討した上で、**そのような判別をすることができる場合に、**割増賃金として支払われた金額が、通常の労働時間の賃金に相当する部分の金額を基礎として、労働基準法37条等に定められた方法により算定した割増賃金の額を下回らないか否か**を検討すべきであり（中略）上記割増賃金として支払われた金額が労働基準法37条等に定められた方法により算定した割増賃金の額を下回るときは、使用者がその差額を労働者に支払う義務を負うというべきである」

「通常の労働時間の賃金」というのは、要するに基本給や歩合給のことだと思えばよい。最高裁の言っていることを短くまとめるとこうなる。

①通常の労働時間の賃金と、残業代とに分けることができるか検討する。
②その上で、会社が残業代として払った賃金が、法律で定める方法で算出した残業代を下回っているかどうかを検討する。

つまり、「**まずは明確区分性を検討しろ**」と言っている。その上で、本当に残業代を払ったと言えるのか判断しろというのである。高裁の判断は、単に「公序良俗に反する」と言っているだけなので、この最高裁の考え方に沿わない。だから差し戻して、もう一回最高裁の考えに従い考え直せと言っている。

こんな回りくどいことをする必要があるのか、とは思う。さっきも指摘したとおり、単に計算式をいじくって残業代をゼロにしているだけなのだから。今までの最高裁の考え方を貫徹しようとしたのかもしれないが、単に影響力の大きさに怖気《おじけ》づいたという側面もあるかもしれない。高裁判決を最高裁が支持すれば、タクシー業界に大きな影響が出ると思われるからである。

そして、差し戻された東京高裁では、今度は労働者側が敗訴してしまった。もちろん労働者側は上告・上告受理申立を行ったため、最高裁の判断が待たれている。

このように、最高裁が「明確区分性」を強調する判断を示していることもあり、「明確に区分さえされていればOK」という考えが蔓延することになる。固定残業代80時間分を有効と判断してしまった東京地裁判例は、この最高裁判例よりも後に出た判決であり、最高裁判例の影響を大きく受けたのではないかと思う。

そして、先ほど紹介した「手当型」に関する最高裁の判断は、この「実質ゼロ型」に関する最高裁判例よりも後に出たものである。手当型について、具体的な判断要素を示すことにより、「明確に区分さえされていればOK」という流れに歯止めをかけようとしたのかもしれない。しかし、さっきも指摘したとおり、「実際の労働時間と固定残業代分の労働時間がだいたい一致していればOK」とされかねないので、問題はある。

「家族手当」や「住宅手当」は実態を重視されるのに

残業代は、通常の労働時間の賃金、要するに基本給や歩合給を算定基礎賃金として、算出する。

この「通常の労働時間の賃金」には、家族手当や通勤手当、住宅手当等は含まれない（労基法37条5項、同法施行規則21条）。しかし、単にこれらの名称を付けさえすれば、算定基礎賃金から除外できるわけではない。実質を見て判断される。

例えば、「家族手当」と称していても、家族数と全然関係なく一律に2万円が支給されていたような場合は、実態がないと判断され、除外できない。

また、「住宅手当」と称していても、家賃やローン月額にまったく関係なく一律2万円が支給されているような場合は、やはり除外できない。

つまり、一番重要なのは「実態」なのである。私が実際手掛けた事件でも、住宅手当が一律に支給されていたため、基礎賃金に含めて算出したものが複数ある。なぜ実態が重視されるかと言えば、基本給の一部を切り取り、「家族手当」や「住宅手当」に**名前を変えること**により、残業代算定の基礎賃金を低くして、残業代支払い額を抑えようとする会社があるからである。

ところが、肝心の残業代については、今のところ「明確に区分されていればだいたいＯＫ」という考えが蔓延し、実態が軽視される状況になっている。明らかにおかしい。

どういう固定残業代ならばＯＫか

私見を述べると、ただ単に「名前を変えているだけ」ではない固定残業代であれば、有効とする余地がある、とは思っている。具体的には次のような場合である（所定労働時間を計算しやすいように160時間とする）。

「ある会社では基本給が30万円であり、毎月30時間ほどの残業が恒常的に発生していて、その残業代は約7万円であった。会社は残業を抑制するため、社員に定時で帰るよう指導したが、残業代が無くなると困るという社員の声があった。そこで、残業があってもなくても30万円に**プラスして**7万円を固定残業代として支給することにした」

これならば労働者にとって何の不利益も無い。**今まで残業代が実態としてきちんと払われており、それを固定残業代として制度化しただけ**だからである。ポイントは、基本給30万円に「プラスして」払われるという点。だから実態があると言える。

ところが、多くのブラック企業で行われている手法はこうではない。例えば次のとおりである。

「ある会社では基本給30万円であるが、**残業代は一切払っていなかった**。社員から残業代を請求されると、多額のお金を支払う羽目になる。そこで、30万円のうち、10万円を固定残業代とし、残る20万円を基本給として支給することにした。これによって、64時間分の残業代を払ったことにできる」

このように、基本給に「プラスして」払った形になっていない。ただ単に、基本給の一部を切り取って残業代に名前を変えただけである。**残業代を一切支払っていない、という実態には何の変化も無い**。そして、先ほども指摘したとおり、固定分を超えた残業代は払わないことがほとんどである。

まとめ

第2章では法律自体に抜け道があることをたくさん指摘したが、それに加え、この「固定残業代」という大きな抜け道が作られてしまっている。コストカット効果が絶大な上、対象業務にも限定が無いので、多くのブラック企業が採用し、残業代の支払いを逃れている。そして、労働者は、残業代という「ブレーキ」を外され、命の危険のある長時間労働を強いられている。

さらに、固定残業代については、裁判に持ち込んでも「明確に区分されていればOK」という相場が出来上がっているため、有効になる可能性もかなりあるという状況である。「名前を変えているだけ」という非常に単純で幼稚とすら思える手口について、最高裁を含め、なぜ裁判官たちがこれほど思考停止するのか、私は理解できない。**本来法律が用意していない残業代支払い逃れの抜け道を会社側が作り上げ、それを裁判所が追認してしまうというあり得ない状況が発生している。**

単に名前を変えているだけなのだから、「固定残業代は残業代ではなく、通常の労働時間の賃金である」と判断すればよいだけなのである。つまり、「基本給20万円、固定残業代10万円」と会社が言い張っても、単に「基本給30万円」と認定すればよいだけ。

労基署が残業代不払いをなかなか取り締まることができないのは、会社がきちんと労働時間を記録していないことに加え、こういった残業代支払い逃れのテクニックがたくさんあることも影響している。

第2章で述べた裁量労働制や、本章で紹介した固定残業代制を整え、「合法です」と主張されれば、労基署も容易に違法と断定できない。本当に合法かどうかは、裁判所で争わないと判明しないからである。そうすると、立件はできない（刑事の方が民事よりも立証のハードルは高い）。

さらに、会社からすれば、本当に合法であるかどうかではなく、「労働者を騙《だま》せるか」という点が重要になる。労働者が「自分は残業代が発生しない」と勘違いしてくれれば、それで用は足りてしまう。仮に訴えられたとしても、訴えてくる労働者は極めて少数なので、会社側が得をする状況に変わりは無い。億単位の人件費を不当にカットできてしまう。

この固定残業代は国会でも議論されるべき大問題である。実情を見ている私からすると、本当に信じられないぐらい大流行していて、本来払われるべき残業代が全然払われておらず、多くの労働者が異常な長時間労働に苦しめられている。

ここまでは一般の民間企業に勤める労働者に適用される法律について述べてきた。しかし、働き方がほとんど普通の会社員と変わらないのに、「個人事業主」であるため、労基法をはじめとする労働関連法の保護を受けられず、地獄のような長時間労働を強いられている方々が、我々の身近にいる。コンビニオーナーの皆さんである。次章ではその点について述べる。

第４章　コンビニ　―現代の小作農

オーナーの異常な死亡率

社会保険労務士の飯塚盛康氏によると、セブン-イレブンオーナーのあまりに悲惨な実態は、次のとおりである（２０１９年３月５日付ビジネスジャーナル「セブンの店舗オーナー、死亡率が官僚の６倍？オーナーが不眠で50時間連続勤務の例も」を引用）。

セブン-イレブン加盟店共済会（以下、セブン共済会）の資料によると、２０１２年７月１日から13年６月30日の**１年間に、一般の死亡保険金に該当する弔慰金を支払った人数は43人**（計９億１１００万円）です。

中央省庁の労働者が組織している霞が関国家公務員労働組合のアンケート調査で長時間労働のワースト３に入り、約４割の人が「過労死の危険を感じたことがある」と答えた某省庁にある**グループ保険**の16年度の資料によると、加入者数約6600人で死亡保険金を支払った人数は6人です。死亡保険事故発生率は0・09%です。

仮に、セブン共済会が某省庁のグループ保険と同じ死亡保険事故率だとすると、加入者は約4万7800人（43人÷0・0009）となりますが、12年度のセブンの店舗数は1万5072店なので、全オーナーが加入したとしても約1万5000人です。仮に加入率が50%とすると死亡保険事故率は0・57%となり、**4割の人が過労死の危険を感じている某省庁の約6倍の確率で亡くなっている**ことになります。

また、厚生労働省の「人口動態統計年報」（16年）を見ると、一般男性の40〜44歳の死亡率は0・097%なので、**これと比較してもセブン共済会は約6倍程度の死亡率**になります。さらに、厚労省の「人口動態職業・産業別統計の概況」（12年）を見ると、男性有職者の40〜44歳の死亡率は0・08%となっており、**同様にセブン共済会の死亡率は約7倍となります**。以上のことから、**セブンオーナーの死亡率は一般的なケースよりも6〜7倍程度高い**といえるでしょう。もちろん、すべてが過労死かどうかはわかりませんが、それだけ健康リスクが高いということはいえそうです。

また、セブン共済会には就業不能見舞金というものがあります。これは一般的に病気やケガで仕事ができなくなったときに支払われるものですが、**セブン共済会は12年に490件を給付しています**。

国家公務員労働組合連合会が設立した国公共済会やコープ共済の生命共済は、障害等級１級（脳・心臓疾患で常に介護が必要な状態）、２級（脳・心臓疾患で随時に介護が必要な状態）、３級で死亡保険金の１００％が支払われ、以下、４級から14級まで率が漸減して14級で２％支払われます。セブン共済会の就業不能見舞金は１件当たりの平均給付額が約32万円なので、国公共済会と同じように、障害等級４級から14級に該当する人に給付している可能性が高いと思います。

前述のように、セブン共済会が就業不能見舞金を給付したのは４９０件です。一方、国公共済会の16年の資料を見ると、障害等級４級から14級に該当して共済金を給付したのは48件（14年57件、15年52件）で、14～16年の３年間の平均を取ると52件となります。**つまり、セブンのオーナーは国家公務員の９倍以上の確率で病気やケガをしていることになるのです。**

以上のことから、セブンのオーナーは過労死ラインの危険を感じる中央省庁の人の６倍も命の危険があり、国家公務員の９倍以上も病気やケガをしていることになります。昨今伝えられる、コンビニオーナーの過酷な労働実態を裏付ける数字のひとつといえるのではないでしょうか。

たったの１年で43人死亡。さらに就業不能見舞金の支給もたった１年で４９０件。あまりの数字に絶句する。この大きな要因は異常な長時間労働であると思われる。

コンビニオーナーは、フランチャイズ本部と契約する個人事業主であり、労働者ではないと扱われている。当然、労基法の保護の範囲外にあるため、労働時間の規制は一切及ばない。だから、無限の長時間労働を強いられる。

コンビニ本部の異常な利益率

コンビニは驚異の高収益を上げている。『コンビニオーナーになってはいけない』（旬報社）第5章において、その仕組みが詳しく解説されているので要約して紹介する。

同書では、コンビニ業界トップのセブン-イレブン・ジャパンの平成30（2018）年2月期決算と、「ユニクロ」を展開するファーストリテイリングの平成29（2017）年8月期決算を比較し、その異様さを際立たせている（図4-1）。

ファーストリテイリングは、売上1兆8619億円、粗利9092億円、営業利益1764億円、当期純利益1289億円である。

売上高営業利益率（営業利益÷売上高）は、約9・5%。卸売・小売業の売上高営業利益率の平均は約4・2%（平成28年度財務省「法人企業統計」）なので、**ファーストリテイリングの売上高営業利益率は平均の倍以上**ということになる。よく意味がわからなければ結論だけ覚えてほしい。「ファーストリテイリングは凄《すご》く儲《もう》けている」。

ところが、セブン-イレブンはこの凄く儲けているファーストリテイリングすら比較になら

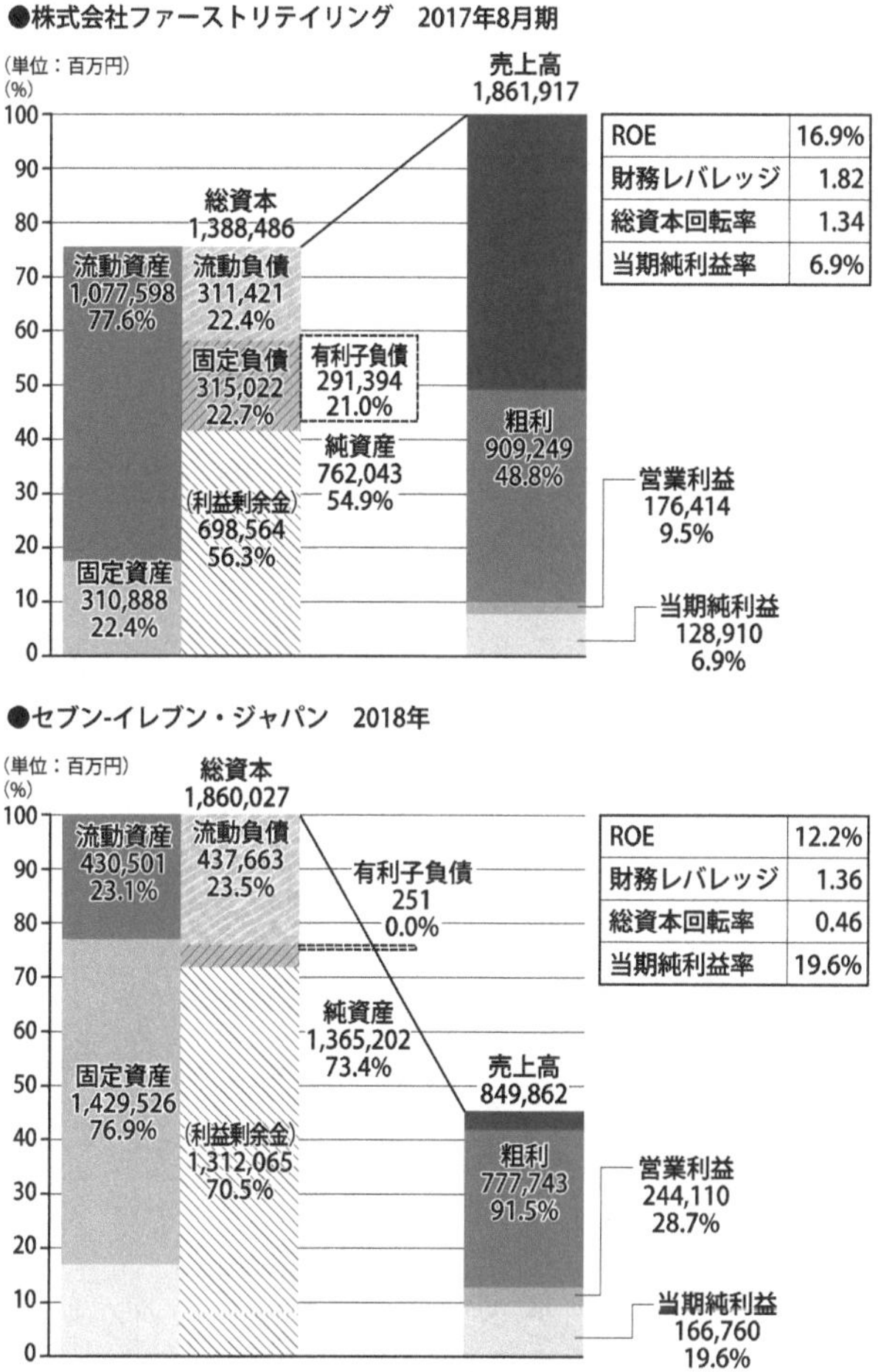

図4-1　セブン-イレブン・ジャパン平成30年2月期決算とファーストリテイリング平成29年8月期決算の比較
(出典)旬報社『コンビニオーナーになってはいけない』

ない。売上高は**ファーストリテイリングの半分以下である8498億円**。しかし、粗利は777億円、**営業利益はファーストリテイリングを超える2441億円**。当期純利益も1667億円なので勝っている。**ファーストリテイリングの半分以下しか売り上げていないのに、営業利益も当期純利益も勝っている**のである。

売上高営業利益率は驚異の28・7%。ファーストリテイリングの3倍。業界平均と比べると7倍。**粗利率に至っては、91・5%**であり、**ほとんど原価がかからない**ことになっている。

なんでこんな異常なことになるのか。セブン-イレブンの売上のほとんど（約87%）を占めるのは、コンビニオーナーたちから搾り取ったロイヤリティである。**だから、原価がかからないのだ**。

なお、セブン-イレブン直営店の売上高は1005億円、原価が721億円なので、粗利率は約28%。まともに直営店だけで経営すると、こうなるのである。ところが、**大半がフランチャイズであり、そこから原価のかからないロイヤリティを搾り取るので、全体だと91%というあり得ない粗利率になるのである**。

また、セブン-イレブン本体の売上に含まれるのは、ロイヤリティと直営店の売上。フランチャイズ店の売上は含まれない。だから、ユニクロよりはるかに店舗数が多いのに、売上高だけ見ると、ファーストリテイリングより下なのだ。

搾取の極み～コンビニ会計～

異常に効率的に儲けているセブン-イレブンであるが、それは「コンビニ会計」と呼ばれる特殊な会計手法が大きく影響している。

オーナーがセブン-イレブン本部に支払うロイヤリティは、売上から商品原価を差し引いた「粗利」にチャージ率をかけて算出される。チャージ率は契約タイプによって異なり、おおむね6割～7割程度と、極めて高い。

そして、セブン-イレブンの場合、この「原価」には、**「実際に売れた商品」の原価のみが含まれる。つまり、売れなかった商品**（廃棄商品）**や、万引きされた商品の原価は除外されてしまう。そうすると、粗利は通常より水増しされ、当然ロイヤリティもその分増える。**原価に含まれない商品はオーナー側の負担となってしまい、オーナーの収入は減る。これはセブン-イレブンだけではなく、他のコンビニも同様である。

こういう仕組みなので、廃棄商品が増えるほど、売上原価が減り、粗利が増え、本部は儲かる。そして、値引きをすると売れてしまい、その分が売上原価に含まれ、粗利が減るため、本部の儲けが減る。そこで、本部が値引き販売を妨害するという実態があった。これについては、値引き妨害が独占禁止法の優越的地位の濫用にあたるとして、２００９年6月22日に、公正取引委員会からセブン-イレブンに対し排除措置命令が出ている[1]。しかし、値引きをすると本部に嫌われ、契約更新を拒否されるリスク等があるため、この命令以後もオーナーによって値引きへの対応はまちまちである。
具体的数字で考えると、コンビニ会計の凄《すさ》まじさがわかる。
例えば、定価100円、原価70円のおにぎりを10個仕入れ、8個売れたとしよう。チャージ率を60%とし、「普通の会計」で計算するとこうなる。

売上800円（100円×8個）－原価700円（70円×10個）＝粗利100円
粗利が100円なので、そこにチャージ率60%をかけると、ロイヤリティは60円。

他方、原価に「売れた商品」しか含まない「コンビニ会計」で計算するとこうなる。

売上800円（100円×8個）－原価560円（70円×8個）＝粗利240円

なんと、粗利が、**普通の会計に比べて2・4倍になる**。ここにチャージ率60%をかけると、本部が取るロイヤリティは144円。**ロイヤリティも当然2・4倍**。普通の会計に比べると、ロイヤリティが84円も増える。この84円は、オーナー側が本来得るべき利益を削られたことになる。ここからさらに人件費等が引かれるので、オーナーの報酬は大幅に削られる。
この「普通の会計」と比べて増えた84円は、売れなかった商品の原価×チャージ率と等しくなる（70円×２×０・６＝84）。**つまり、廃棄商品分だけロイヤリティが増えるという恐ろしい仕組みなのである**。これは商品を万引きされた場合も同じ。万引きされるほど本部が儲かるなんてどう考えてもおかしい。

１つのコンビニ店舗で廃棄分は年間５００万円であり、ここにチャージ率60％をかけると、３００万円。年間３００万円も、本部から余計にロイヤリティを搾り取られていることになるのである。この余計に搾り取られる分は、廃棄商品にチャージ率をかけた数字に等しいので、「ロスチャージ」と呼ばれている。

もっと極端な計算例で言うと、ひどさがより鮮明になる。原価70円のおにぎりを10個仕入れて１００円で売ったが、１個しか売れなかった場合を想定してみよう。

普通の会計だとこうなる。

売上１００円（１００円×１個）－原価７００円（70円×10個）＝粗利マイナス６００円

このように、普通の会計なら、粗利は大きくマイナスになるのでロイヤリティは発生しないはず。ところが、コンビニ会計だと違う。

売上１００円（１００円×１個）－原価70円（70円×１個）＝粗利30円

ここにチャージ率60%をかけると、18円のロイヤリティが発生する。つまり、**売上がゼロにならない限り、絶対にロイヤリティは発生する**のである。

なお、現在では、セブン-イレブンは廃棄ロスの15%を本部が負担する方式に切り替えている。だが、「普通の会計」なら100%なのだから、100%にすべきである。

（1）違反行為をした企業やお店に、速やかにその行為をやめ、市場における競争を回復させるのに必要な措置を命じるもの。命令に従わないと刑事罰を受ける。

最高裁も認めてしまった

このコンビニ会計の有効性について、最高裁まで争われたことがある。要するに「ロスチャージについて合意ができていない」とオーナー側が争ったのである。原審の東京高裁ではオーナー側の言い分を認め、ロスチャージが不当利得であると判断した。重要部分を引用する。

「企業会計原則では、**売上総利益は売上高から売上原価を控除したものをいう**ところ、本件契約においても、売上総利益は売上高から売上商品原価を差し引いたものとされているから、本件条項所定の『売上商品原価』の文言は、**企業会計原則にいう売上原価と同義のものと解するのが合理的である**。また、廃棄ロス原価及び棚卸ロス原価を売上原価に含めないという上告人方式による会計処理は、企業会計原則上認められている会計処理ではあっても、**企業会計上一般に採られている原価方式とは異なる**ものであるから、**契約の条項において上告人方式によることが明記されていない**以上、『売上商品原価』は、一般に理解されているとおり、**廃棄ロス原価及び棚卸ロス原価を含む『売上原価』を意味するものと解するのが相当**である。そうすると、**廃棄ロス原価及び棚卸ロス原価をチャージ算定の基礎に含める契約文言上の根拠はない。**

また、契約締結の経緯等に照らし、被上告人が上告人方式による会計処理及びこれに基づくチャージの算定方法を理解していたとは認められない。

以上によれば、被上告人と上告人との間で、**チャージの算定を上告人方式によるとの意思の合致があったものとは認められない**から、上告人が被上告人から徴収したチャージのうち、廃棄ロス原価及び棚卸ロス原価に相当する金額をチャージ算定の基礎とした部分は、法律上の原因がなく、上告人は、被上告人に対し、これを不当利得として返還すべきである」

要約すると次のとおり。

①コンビニ会計は普通の会計とは違うが、**それが契約書にははっきり書いていない**。
②だから、売上商品原価には、普通の会計と同じく、廃棄ロス等も含めるべき。
③したがって、コンビニ会計でチャージ算定する合意があったとは言えない。
④よって、ロスチャージ分をオーナーに返せ。

まっとうな判断だと思う。私が計算例で示したとおり、コンビニ会計は恐ろしい結果になるので、**これを本当に理解していたらオーナーになろうとは思わないだろう**。よくわかっていないからオーナーになってしまう。

ところが、この東京高裁の判断は最高裁によって覆されてしまった（最高裁平成19年6月11日判決）。重要部分を引用する。

「（1）本件で問題となるのは、本件条項がチャージ算定の基礎として規定する『売上総利益〈売上高から売上商品原価を差し引いたもの〉』という文言のうち、『売上商品原価』の中に**廃棄ロス原価及び棚卸ロス原価が含まれるか否か**という点である。上告人方式によれば、売上商品原価とは、被上告人が実際に売り上げた商品の原価のことであるから、廃棄ロス原価及び棚卸ロス原価が売上商品原価の中に含まれることはなく、その結果、**廃棄ロス原価及び棚卸ロス原価に相当する額がチャージ率を乗じる基礎となる売上総利益の中に含まれることになる。**

（2）ア　まず、契約書の文言についてみると、『売上商品原価』という本件条項の文言は、**実際に売り上げた商品の原価を意味するものと解される余地が十分にあり、企業会計上一般に言われている売上原価を意味するものと即断することはできない**」

疑問である。通常は商品原価と言えば、売れなかった商品も含めた原価全部を示すだろう。それ以外に解釈する合理的な理由があるとは到底思えない。売れた商品だけを原価とする必要性は、普通であれば無いからである。

さらに引用する。

「次に、前記確定事実によれば、本件契約書18条1項において引用されている**付属明細書（ホ）2項には廃棄ロス原価及び棚卸ロス原価が営業費となることが定められている**上、上告人の担当者は、本件契約が締結される前に、被上告人に対し、廃棄ロス原価及び棚卸ロス原価をそれぞれ営業費として会計処理すべきこと、それらは加盟店経営者の負担であることを**説明していた**というのであり、上記定めや上記説明は、本件契約に基づくチャージの算定方式が上告人方式によるものであるということと整合する。

また、前記確定事実によれば、被上告人が本件契約締結前に店舗の経営委託を受けていた期間中、当該店舗に備え付けられていた**システムマニュアルの損益計算書についての項目には、『売上総利益』は売上高から『純売上原価』を差し引いたものであること、『純売上原価』は『総売上原価』から『仕入値引高』、『商品廃棄等』及び『棚卸増減』を差し引いて計算されることなどが記載されていた**ことも明らかである。

（3）契約書の特定の条項の意味内容を解釈する場合、その条項中の文言の文理、他の条項との整合性、当該契約の締結に至る経緯等の事情を総合的に考慮して判断すべきところ、前記（2）の諸事情によれば、**本件条項所定の『売上商品原価』は、実際に売り上げた商品の原価を意味し、廃棄ロス原価及び棚卸ロス原価を含まないものと解するのが相当**である。そうすると、本件条項は上告人方式によってチャージを算定することを定めたものとみられる」

要約するとこうなる。

①売上原価はコンビニ会計による売上原価と読める余地がある。
②付属明細書にコンビニ会計のことが書いてある。
③本部の担当者が説明したと言っている。
④マニュアルにもコンビニ会計のことが書いてある。

「書類に書いてあるし、説明したと言っているし、契約書の文言もコンビニ会計と読める余地があるから、有効」と言っている。皆さんはどう思うか。会計によほど詳しい人でなければ、コンビニ会計の罠《わな》に気付くことはできないだろう。最高裁の判断は、「オーナーになったあなたの自己責任」と冷たく突き放しているように見える。

オーナーたちも、まさかセブン-イレブンのような大企業が、こんな異常な会計を採用しているなんて夢にも思わないだろう。だから気付かないのだ。そして気付いたときにはもう引き返せなくなっている。

仕入れはブラックボックス

セブン-イレブンでは、基本的に本部の推薦する仕入先から商品を仕入れるが、それは本部の発注システムを通じて行われる。仕入先への伝票の送付や代金の支払い等、仕入先とのやり取りは本部が行っている。そのため、オーナー側は、本部と推薦仕入先との取引内容を知ることができない。つまり、**商品の原価が本当はいくらなのかがわからない**。

オーナー側が本部から知らされる仕入原価は、本部と仕入先との「本当の原価」とは異なる。そして、オーナー側が知る原価は、近所のスーパーや量販店の小売価格よりも高いことがある。日本全国津々浦々に展開しているコンビニの仕入れ値が、近所のスーパーの小売価格よりも高いというのは不自然である。すなわち、本部が、本当はもっと安く仕入れているのに、その原価をオーナーには高く見せ、差額をピンハネしている疑いがある。

そこで、オーナー側がセブン-イレブンに対し、仕入れの詳細の報告を求める裁判を提起した。一審、二審ではオーナー側が敗訴したものの、最高裁（平成20年7月4日判決）は、本部が開示するべきと判断し、東京高裁に差し戻した。当然の判断であろう。

しかしながら、差戻審において、仕入れ資料を出すための費用は加盟店持ちとされてしまった。開示のために1枚何万円もの費用がかかるので、実際にはほとんど使えないそうである。

結局、ブラックボックスのまま、ということである。なぜ1枚何万円もかかるのか。デジタルデータで開示すればそんな費用はかからないだろう。本部と仕入先はすべて紙でやり取りしているのであろうか。オーナーは自分の店の仕入れの詳細すら知ることができないのである。

実態は労働者

セブン-イレブンオーナーにはほとんど自由が無く、実態は労働者と変わらない。そこで、オーナーがセブン-イレブンに対し、労基法第9条の「労働者」及び労働契約法第2条第1項の「労働者」に該当するとして、未払いの賃金等の支払いを求めた事件がある（東京地裁平成30年11月21日判決）。

要するに、「実態は労働者なのだから未払賃金等を払え」と訴えたのである。残業代も含まれるので、請求は億単位である。オーナーの実態について、この判決からわかりやすい部分を抜き出して要約すると次のとおり。

①情報システムにより仕入商品及び販売商品の種類・数量まで把握されていた。
②商品についても被告の推薦仕入先から被告を通じて仕入れることが事実上強制されていた。
③被告の方針と違うことをすると、すぐに被告の社員が来て監督され、店舗運営の細部に至るまで被告の指示通り行動することを義務付けられていた。
④オーナーはコンビニで生計を維持していたので、本部の依頼を断れなかった。
⑤オーナーは年中無休で24時間店舗の運営をするよう強制されており、時間も場所も拘束されていた。
⑥オーナーは毎日売上金の全額を本部に送っていた。オーナーとしての報酬も本部から払わ

れていた。オーナー報酬は最低額が保証されていた。

⑦店舗の人件費も、オーナーではなく、本部が払っていた（バイト代も本部が払うということ）。

これで「個人事業主」と言えるだろうか。仕入れる商品も自分で選べず、売上すら全部本部に送金しており、オーナーの報酬もバイト代も本部から出る。本当に個人事業主ならオーナー報酬について最低保証などはないはずなのに、それがある。普通の会社員と何が違うのだ。実態は完全に「労働者」である。

ところが、東京地裁は労働者性を否定して原告の請求を退けてしまった。「原告はフランチャイズ契約を締結して独立した事業者として店舗経営をしていたのであり、それは原告が労働者であることと本質的に相容れない。また、原告の就労実態は、この原告の事業者性を減殺して労働者性を積極的に肯定できるまでの事情とは言えない」などと言うのである。

また、要約すると「原告が主張するような事情は、契約書に書いてあるものばかりであり、それを前提に合意したのだから、労働者性を肯定する理由にならない」と言っている。

皆さんはどう思うか。きっと、オーナーは勧誘時に甘い言葉をたくさんかけられ、明るい未来を夢見て契約している。しかし、これは詐欺事件などの消費者被害でも共通することだが、多くの人は契約書をろくに読まない。だから後になって異様に不利なことに気付く。しかし、

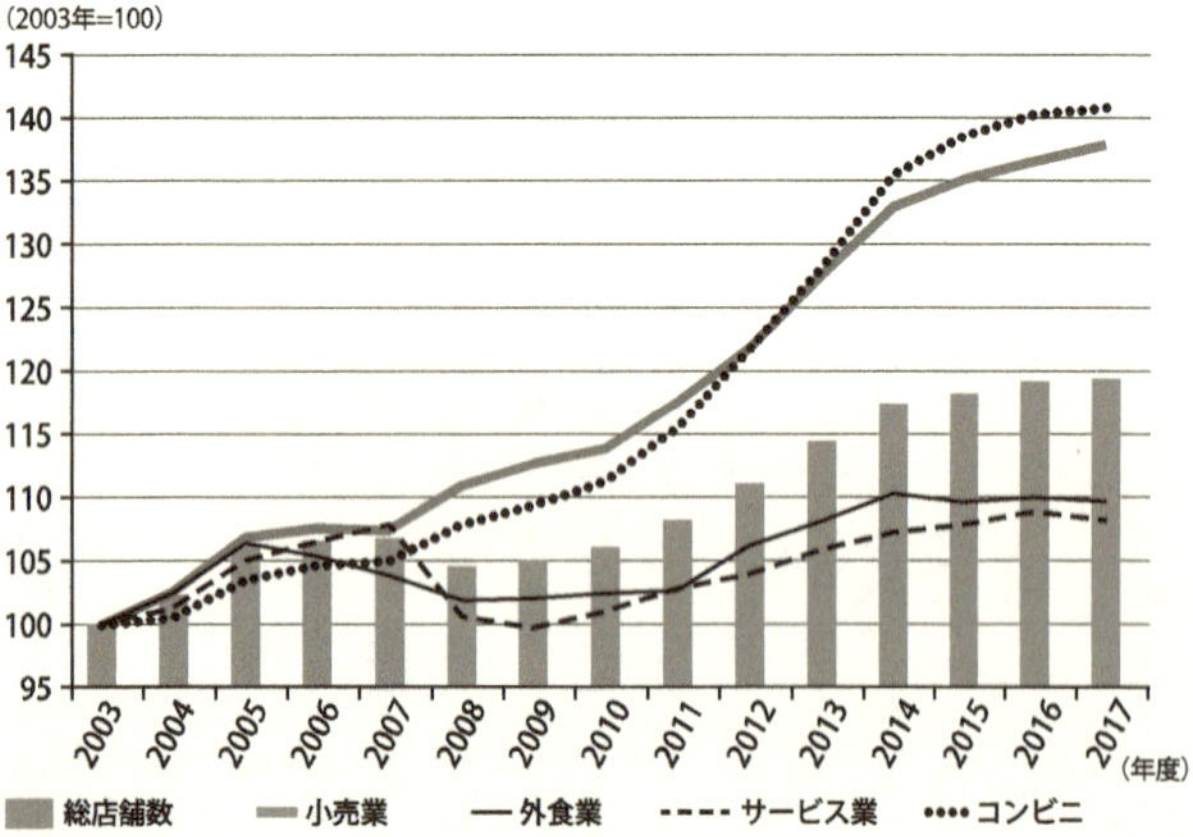

図4-2　フランチャイズ店舗数の推移

（出典）日本フランチャイズチェーン協会（https://www.jfa-fc.or.jp/particle/29.html）

それを「自己責任」と切り捨てて良いのだろうか。「自己責任」は、一般人の無知につけこみ、異常なまでの搾取をすることを正当化するだろうか。私はそうは思わない。

私から見れば、コンビニがやっていることは脱法行為である。実態は労働者なのに、形式的に「個人事業主」とすることで、莫《ばく》大《だい》な人件費を削っている。それが異常に高い利益率をもたらしている。

増えまくるコンビニ

コンビニ会計や不透明な仕入れが大きく影響し、本部にとっては「出せば出すほど儲かる」という仕組みになっている。ここで、コンビニをはじめとするフランチャイズの店舗数について、２００３年＝１００として指数化したものの推移を見てみよう

（図4－2）。

見てのとおり、他のフランチャイズと比べてコンビニ店舗数の増加が著しい。2003年と17年を比較すると約1・4倍に増えている。このコンビニの増加は、小売分野の労働者数増加に大きく影響している。業種別雇用者数について、2012年から2018年の増加数を見てみよう（図4－3）。

医療、福祉がダントツの1位で、これは明らかに高齢化の影響と言えるが、2位につけているのが卸売業・小売業である。これはコンビニの増加が大きく影響しているだろう。平成28（2016）年経済センサスによれば、コンビニの就業者数は65万0578人。そして、コンビニの数は4万9463。すなわち、1店舗当たり約13人。店舗が1つ増えると、オーナーを除けば12人も雇用者が増える計算となる。コンビニが全国の至るところで増えていることが大きく影響し、卸売・小売が雇用者数増加で2位になっていると言える。なお、3位に飲食サービス業も入っているが、これもフランチャイズが多い分野である。

私はとある飲食チェーンのフランチャイズオーナーの個人破産事件を担当した際、その現実を見た。多額のロイヤリティを取られる上、食材も本部が提供するものを買わされる。オーナーの手元には非常に少額の金しか残らない。結局閉店することになったが、開業資金はオーナー自身が借金して用意したし、不払いとなっていたロイヤリティは保証人が払ったので、閉店に伴う本部の損失はゼロであった。聞けば、その飲食チェーンは8割がフランチャイズであり、

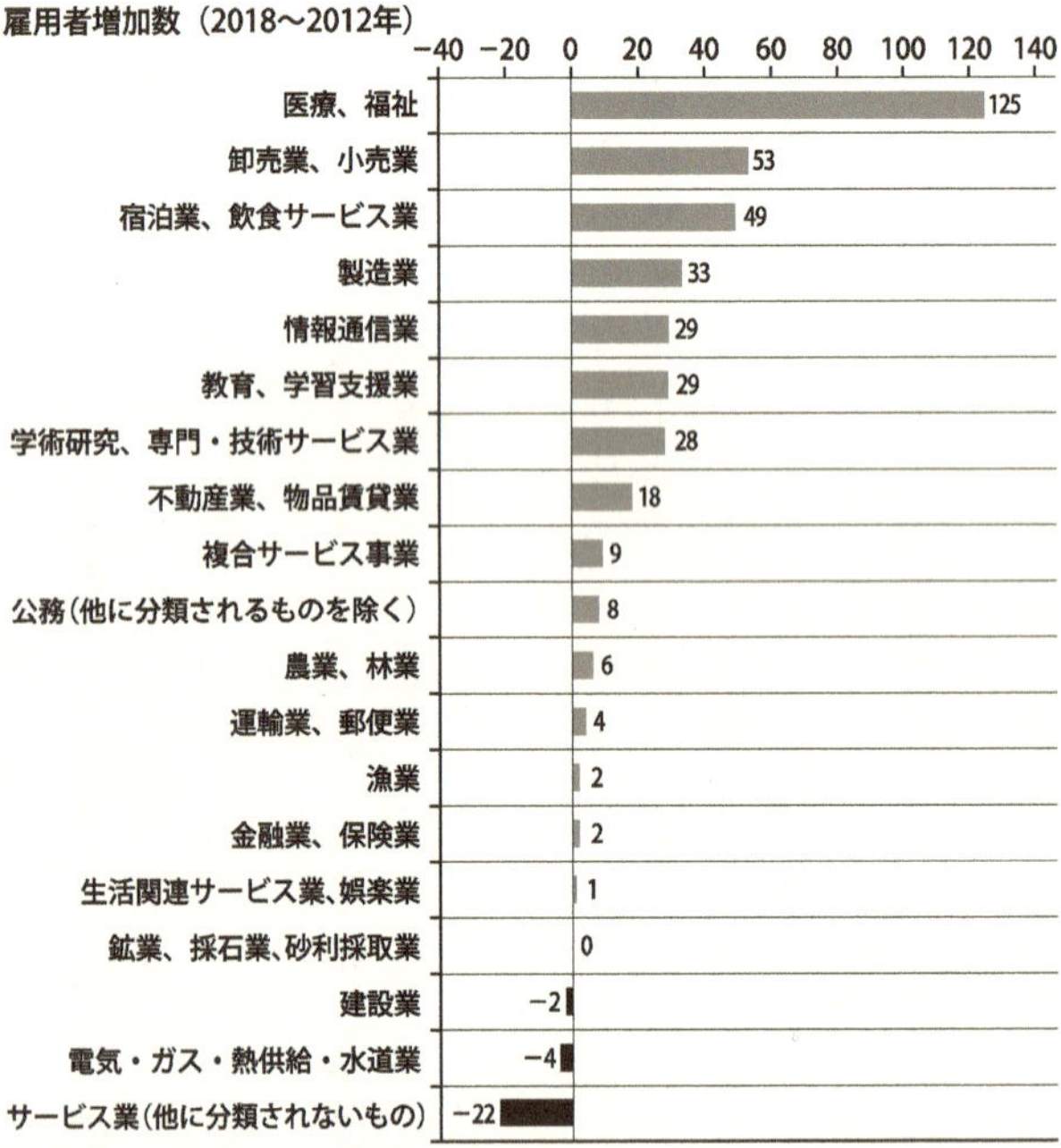

図4-3　小売分野の雇用者数の増加率（2012年、2018年）
（出典）総務省「労働力調査」（https://www.stat.go.jp/data/roudou/longtime/03roudou.html）

直営店は2割しかないという。凄まじい搾取が可能だからこそ、店を出せば出すほど儲かり、多店舗展開が可能になるのである。

コンビニに破壊された家族

オーナーは多額の借金をして開店資金を捻出《ねんしゅつ》している場合がほとんどである。だから、途中で辞めると借金が返せなくなってしまう。また、契約書に高額の違約金条項があるので、途中で辞めるとその違約金も発生してしまう（あまりに高額なので争う余地があるとは思うが）。そして、辞めたら生活の糧を失う。

つまり、辞めたくても辞められない。その上、コンビニ会計によって本部に多額のロイヤリティを搾り取られてしまい、高い給料も出せないので、アルバイトもなかなか集まらない。そこでどうするのかというと、ひたすら自らシフトに入る羽目になる。オーナーが自らシフトに入れば入るほど、その分人件費は削減できる。だが、1人では限界があるので、家族に手伝ってもらう。家族総出でずっとコンビニのレジに立ち続けるという状態に追い込まれていく。

このようにして追い込まれたオーナーが失踪《しっそう》した事件がある。2019年3月31日で閉店した「セブン‐イレブン東日本橋1丁目店」（東京都中央区）のオーナー齋藤敏雄さん（60歳）は、本部から2月末に閉店の通知を受けた後に失踪した。

閉店に追い込まれた原因は、地域に集中して出店する「ドミナント戦略」というものである。

特定の地域に集中出店することで、ライバルチェーンを追い出し、地域での優位性を確保することが狙いである。すべてが直営店だったら、店同士が共食いを起こしてしまうので、採算が合わない。ところが、「コンビニ会計」等のおかげで、本部は店を出せば出すほど儲かる仕組みになっているため、こんな戦略が可能になるのである。オーナーたちは近隣店舗と共食いを強いられ、売上はどんどん落ちていく。

敏雄さんの店舗もドミナント戦略の実施前は好調な売上を記録していたが、ドミナント戦略実施後はみるみる売上が落ちていった。敏雄さんの妻の政代さんは、アルバイトの給料を払うため、コンビニのシフトに入る傍ら、別のドラッグストアで働いていたという。近隣店舗が時給を上げたため、アルバイトの獲得競争にも敗れ、シフトは家族で埋めるしかなくなっていった。齋藤夫妻の2人の息子たちも学業の傍らコンビニを手伝った。長男の栄治さんは、大学に行く資金が無いため、進学を諦《あきら》めた。将来を悲観したのか、栄治さんは2014年9月、コンビニの夜勤後に自ら命を絶った。

まさに地獄のような状況である。その後、耐え切れなくなった妻と次男はコンビニから手を引き、敏雄さんと別居した。それでも敏雄さんは営業を続けたが、突然、2019年2月28日になって本部から閉店通知を受けた。敏雄さんは翌日失踪。約1ヵ月後の3月26日夜に北海道旭川《あさひかわ》市内で警察に保護された。敏雄さんは「寒いところに行けば、持病の心筋梗塞《こうそく》で死ねるかもしれないと思い向かった」と言ったそうである。

現在、敏雄さんの店があった場所の半径200メートル以内に、セブン-イレブンの店舗が4つもあるという。異常な「ドミナント戦略」が、家族を破壊したのである。

政代さんは言う。

「長男まで亡くしながら必死で働いたにも関わらず、結局店も取り上げられ、夫も追い込まれた。本部はまったく血も涙もない、とんでもない会社だとわかった。本当に許せない。少しでも加盟店の働きに報いる気持ちがあるなら、その行動を取って欲しい」

なお、敏雄さんは、同年7月11日、遺体で発見された。死後数日が経過しており、死因は不明である。

皆さんはどう思うか。これを「自己責任」と切り捨てられるだろうか。「ドミナント戦略」で地獄に追いやられたことは、自己責任の範疇《はんちゅう》に入るだろうか。私はそうは思わない。ドミナント戦略自体、コンビニ会計をはじめとする異常な搾取構造があるからこそ成り立つものである。コンビニ本部の利益は、オーナーとその家族の命を削って生み出されていると言うべきである。こんな状況を、許しておいて良いだろうか。

ブラックバイト問題

フランチャイズの中ではコンビニが代表格であるが、フランチャイズを利用した多店舗展開は、小売、飲食、介護、学習塾等、あらゆる業界に見られる。いずれも本部が多額のロイヤリテイをオーナーたちから搾り取る仕組みがあることは共通している。この過剰な搾取のしわ寄せを受けるのがアルバイトであり、いわゆる「ブラックバイト問題」が発生している。

ブラックバイトとは、ブラックバイト問題を専門に扱う労働組合であるブラックバイトユニオンの定義（広義）によると「学生の無知や立場の弱さにつけこむような形での違法行為が当たり前となっているアルバイト」のことである。残業代不払い、パワハラ・セクハラ、退職妨害等が横行する点は今までのブラック企業問題と共通する。

私が実際に担当したある飲食店の事件では、休みなしでの4ヵ月連続勤務の強制や、残業代不払い・暴行・脅迫が発生していた。条件が悪く、みな辞めていってしまうので、おとなしく従順なアルバイトに狙いを定め、暴行・脅迫で縛り付け、辞められないようにしていたのである。被害者は毎日のように暴行や暴言を吐かれ、「辞めたら家族に数千万円の損害賠償請求をする」等と言われていた。その被害者の前にも、似たような立場に追いやられたアルバイトがいたが、結局もたなくなり、店を辞め、大学も辞めてしまったという。被害者は社外労働組合に駆け込み、店を辞めることができたが、そうしていなければ、どうなっていたかわからない。アルバイトのせいで授業に出ることもできず、単位が取れていなかったからである。助けを求めなければ、大学を辞める羽目になっていたかもしれない。

「嫌なら辞めればいい」という考えは、被害の当事者ではないから言えることである。暴行・脅迫で正常な思考力を奪われる場合はもちろん、「お前が辞めたら店が潰《つぶ》れる。それでもいいのか」等と言われたら、心情的になかなか辞めることはできない。現在「退職代行」業者が流行しているのも、そういう心理を持つ労働者がたくさんいることを示している。

なお、法律的には、無期契約の場合、原則として2週間前に言えば辞めることはできる（民法627条1項）。有期雇用契約であっても、「やむを得ない事由」がある場合は、同様に辞めることができる（同法628条）。残業代が支払われず、長時間労働を強いられている場合や、パワハラ・セクハラの被害を受けている場合は「やむを得ない事由」があると言ってよい。また、「辞めたら損害賠償請求してやる」という脅し文句は非常にポピュラーなものだが、損害賠償責任が認められる場合はまずないと言ってよい。辞めるだけで何か会社に損害が発生するなら、そのような脆弱《ぜいじゃく》な体制にした経営者に責任があるのであり、労働者側には何の落ち度も無いからである。

このブラックバイト問題であるが、私が直接見聞きした事案は、飲食店、コンビニ、学習塾等である。すべてに共通しているのが「フランチャイズチェーン」であること。本部にロイヤリティを搾り取られるので、利益を確保するため、アルバイトの人件費を無理やり抑え込むという構造になっている。フランチャイズのいびつな構造が是正されない限り、ブラックバイト問題が無くなることは無いであろう。

とはいえ、アルバイトから搾取していることを繰り返していると、さすがに人が集まらなくなってくる。そこで、人手をたくさん必要とする労働集約型産業（介護、飲食、小売、製造等）

が触手を伸ばしているのが、外国人労働者である。みなさんも特にコンビニや飲食店で外国人労働者をよく見かけるであろう。

低賃金で使い潰せる日本人労働者が足りないので、外国人労働者にも手を伸ばしたのである。その凄まじい現実について、次章で詳しく述べる。

第５章　外国人労働者　―現代の奴隷労働

在留外国人の内訳

外国人が日本に在留するためには、在留資格が必要である。まずはその内訳を見てみよう（平成30年６月末。図５－１）。

永住者、特別永住者の次に多いのが、留学、そして技能実習である。２つ合わせると23・1％、約60万人に上り、在留外国人全体の約４分の１を占める。皆さんが町で目にする外国人の４人に１人は留学生か技能実習生ということである。彼らが、介護、小売、飲食、製造等、人手不足が深刻化する労働集約型産業の担い手となっている。

激増する留学生と、日本語学校

２０１２年12月末時点での外国人留学生数は、18万９０１９人であった。18年６月末時点で

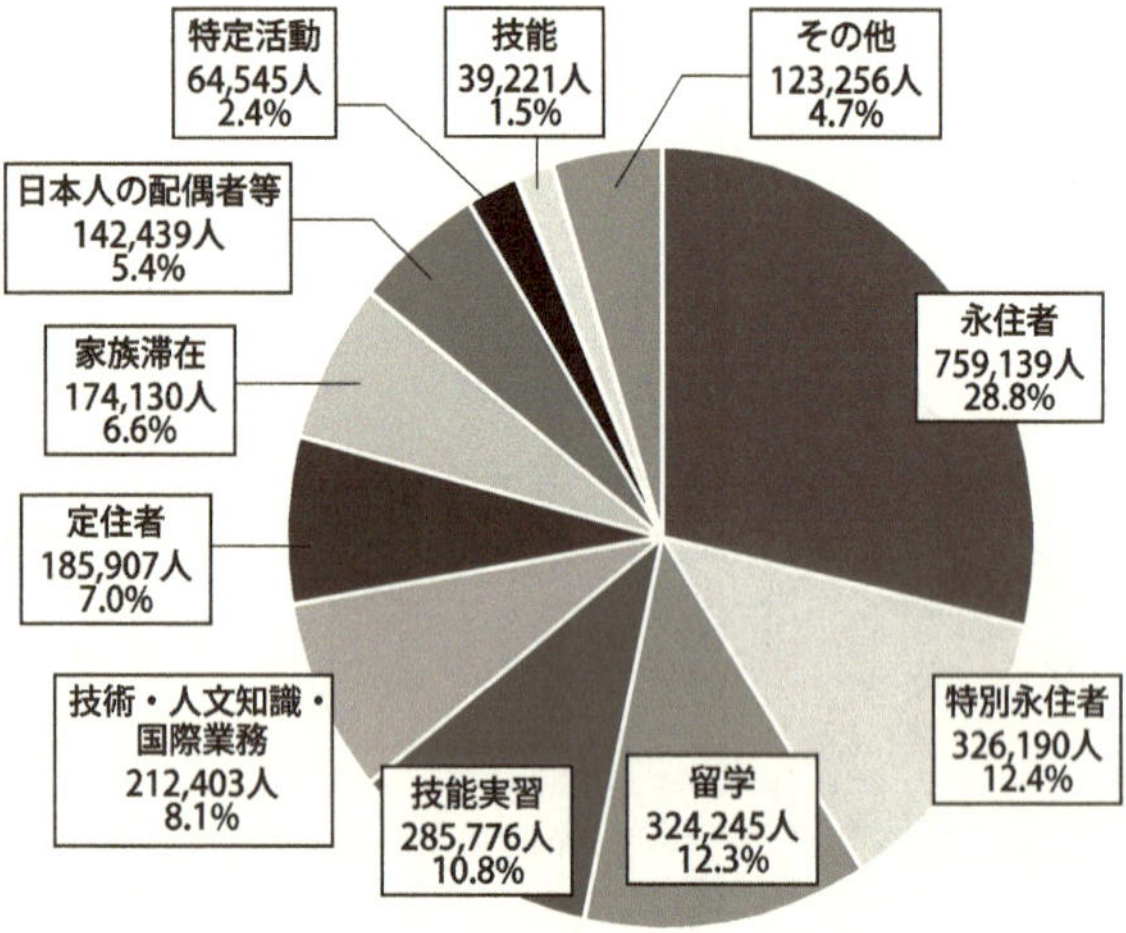

図5-1　在留外国人の構成比（在留資格別）（平成30年6月末）
（出典）法務省「平成30年6月末現在における在留外国人数について（速報値）」
(http://www.moj.go.jp/content/001269620.pdf)

の留学生数は32万4245人であるから、**わずか5年半の間に1・7倍に増加したことになる。**

　外国人留学生は、出入国在留管理庁長官から許可を受ければ、**1週間に28時間**を上限として、風俗営業を除き、働いて報酬を得ることができる（出入国管理及び難民認定法「以下（入管法）」、19条2項、同法施行規則19条5項1号）。留学生と言っても学費や生活費を稼ぐ必要がある人もいるので、このようなルールがある。

　この「1週28時間以内なら外国人留学生でも日本で働ける」というルールを利用し、人手不足に悩む業界が、「留学生」のアルバイトを多用している。高度な専門的知識・技術を要しな

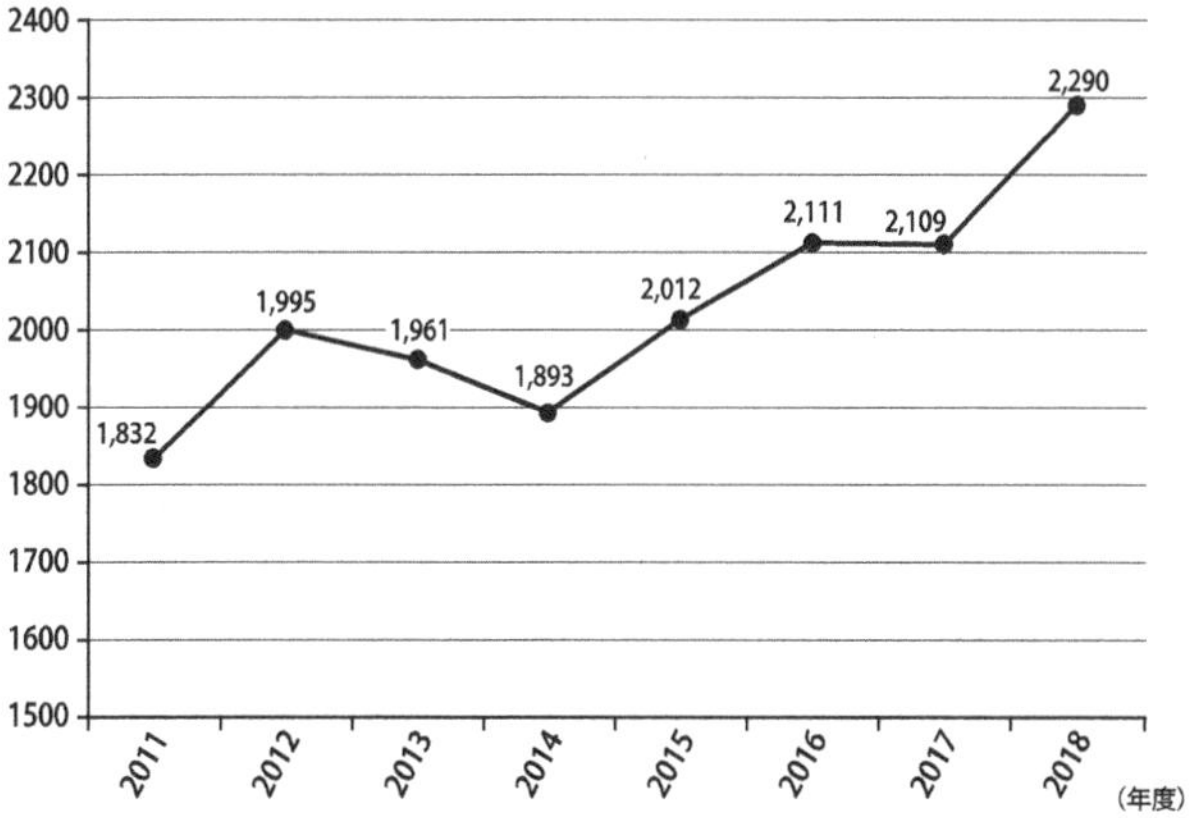

図5-2　日本語教育実施機関・施設等数

(出典)文化庁国語課「平成30年度国内の日本語教育の概要」

い単純労働をするためだけだと在留資格が得られないため、「留学生」ということで在留資格を得るのだ。この留学生は多くの場合「日本語学校」の留学生である。日本学生支援機構の調査によると、日本語教育機関の在籍留学生数は11年から同機構の調査対象になったが、その年の在籍者数は２万５６２２人。そして、直近18年は９万79人となっており、**わずか７年間で３・５倍に増えている**。そして、同機構の調査における日本語教育機関における出身国の割合を見てみると、平成30（２０１８）年５月現在で、**ベトナムが33・６%（３万２７１１人）**、中国が31・７%（２万８５１１人）、ネパールが10%（９００２人）となっている。かつては中国がもっとも大きかったが、経済成長して自国の賃金が上がり、日本に出稼ぎにくる必要性が下がってきたため、代わりにベトナムが台頭している。

文化庁国語課による日本語教育実施機関・施設数の推移を見ると（図5－2）、日本語教育実施機関・施設数は、２０１１年度は１８３２であったが、直近18年度は２２９０であり、わずか7年間で４５８も増えている。

留学生の搾取構造

日本語学校を利用した留学生受け入れの仕組みは次のとおりである。まず、送り出し国の側に、留学生と日本語学校の仲介をするブローカーがいる。ブローカーは「日本に行けば毎月20万円～30万円は稼げる」等とウソをついて留学生の募集をする。日本円でそれぐらい稼げば、発展途上国の人々にとっては大金であり、家族の暮らしを少しでも楽にしたいと切実に願う人々が留学生募集に応じることになる。しかし、留学には、初年度の日本語学校の学費、ブローカーへの仲介手数料、渡航費などを含めて大金が必要になる。１５０万円～２００万円要求されることもあるという。これは発展途上国の年収の数年分に相当する。当然そのような大金は用意できないので、家族は家や土地を担保に入れて借金をし、お金を工面する。こうやって大変な思いをして、やっと日本への留学が叶《かな》う。

ところが、日本に来てみると、話が違う。まず、「週28時間」という上限について説明されていない場合がほとんどである。週28時間では、学費も借金返済もままならないので、やむを得ず上限を破り、入管法違反で摘発されるリスクを負いながら就労することになる。就労先も見て見ぬふりをする。給料からは、借金や寮費等が天引きされ、手元にはわずかしか残らない。そこで帰ろうと思っても、莫大《ばくだい》な借金があり、帰国するとその返済ができなくなることから、帰れない、という状態に追い込まれる。

ブローカーは留学生からも日本語学校からも手数料を取得でき、借金の利息も手にする。就業先は人手不足を解消できる。日本語学校は留学生の学費で儲《もう》かる上、就業先からリベートを得ることもある。**ブローカー、就業先、日本語学校の３者が潤う一方、騙《だま》された留学生は借金返済のため日本で働き続けるしかなくなるのである。**日本語学校の授業もあるが、毎日睡眠時間も確保できずに長時間労働にさらされているため、寝ている留学生がほとんどだという。留学生たちは言葉もよくわからず、非常に弱い立場にあるので、労基法をはじめとする労働関連の法規制の無視が横行し、過酷な労働環境にさらされる。

そして、日本語学校を卒業すると、「留学生」という在留資格を維持するため、今度は専門学校や大学に進学する。日本語学校での在学期間では到底借金を返済しきれないからである。少子化で収入確保に悩む専門学校や大学は、留学生を喜んで受け入れる。

東京福祉大で留学生が７００人失踪《しっそう》した事件が話題になったが、その背景にはこういった事情がある。同大学では、学部の正規課程に入る準備のためと称して留学生を1年間研究生として受け入れていた。それは3年間で５７００人にも上ったが、そのうち１４００人が所在不明になってしまったという。学費欲しさに留学生を大量に受け入れたものの、卒業しても良い就職先がない、睡眠不足で勉強についていけない、学費を払えない等といった理由で留学生たちは失踪していく。失踪して退学となれば在留資格を失うので、不法滞在者ということになってしまう。

それでも、母国には帰れない。膨大な借金があるからだ。最近では、こういう実態について、留学生のもっとも多いベトナムでもかなり広まっているようだが、それでも、日本で稼ぐために留学の道を選ぶ人たちがいるという。

日本語学校と就業先が結託

私はフィリピンの留学生が日本語学校に損害賠償を求める事案について担当している。彼女は、今まで一生懸命貯めたお金と、借金で費用をなんとか工面し、日本語学校に留学した。彼女はフィリピンで介護士と看護助手の資格を持っていた。ブローカーは「日本に行けば勉強しながら介護のアルバイトで生計を立てられる。稼げるし、寮はホテルのよう。家賃も食費も無料。パソコンもタダで貸してくれる」等と言っていた。就業先はブローカーから斡旋《あっせん》されて渡航前から決まっており、介護施設であった。彼女の通っていた日本語学校の生徒はみなそこの従業員となっていた。日本語学校と就業先が結託しているのである。このようなケースは珍しくない。

就業先の介護施設では、「週28時間労働」というのを形式的に守るため、**28時間を超えた分**

は「ボランティア」として扱っていた。給料からは、強制的に会社から貸し付けられた借金の返済金が一方的に天引きされた。夜勤は12時間労働＋4時間の休憩時間となっていたが、介護施設の各フロアに1人しか配置されていないため、実際はまったく休憩を取ることはできなかった。日本語がわからないのに、1人で夜勤を担当させられた上、入居者の病名の共有も行われておらず、通訳もいなかった。就業先からあてがわれた寮も非常に狭く、他の留学生も含め1部屋に5人で生活させられていた。留学前にブローカーが言っていたことはウソであった。

その上、肝心の日本語学校での授業も、講師が英語を話せず、留学生とコミュニケーションが取れないため、まともなものではなかった。これでは大金を払って留学した意味が無い。きちんとした教育をしてくれれば、そのまま（まともな）専門学校や大学へ進学し、日本で働き続ける道も開けるかもしれないが、それは考えられていない。質の高い教育を施しても日本語学校の利益につながるわけではないからであろう。

彼女は28時間を超える部分について無賃労働を強制されることについて、就業先に不満を述べた。そうしたところ、就業先の寮を追い出され、日本語学校の寮に移された。そして、日本語学校の代表者と担任から、退学して帰国することを迫られたのである。要するに、会社に逆らって邪魔になったので、帰国を強要されたのだ。このように帰国を強要されたのは彼女だけではない。

その後、外国人労働者の問題を専門的に扱う「外国人労働サポートセンター」の助けも借り、就業先とは未払賃金の支払い等で和解ができた。そして日本語学校に対しては帰国を強制した行為に対する損害賠償を求めて提訴している。

彼女はたまたま支援者につながることができたが、その他多くの外国人留学生は、違法な搾取にさらされ、泣き寝入りを強いられている。まさしく奴隷労働である。

なぜか大きく報道されない留学生問題

留学生問題については、後述する技能実習生問題と比較すると、なぜか大きく報道されない。留学生の方が技能実習生より数が多く、技能実習生とは違って就労できる業務にも限定がないため、多くの労働集約型産業で働かされているにもかかわらずである。これは、新聞販売店が外国人留学生を活用していることが大きく影響している。新聞各社には、大学等の学費を援助し、住居も提供する代わりに、新聞配達等をしてもらう「新聞奨学生」という制度がある。外国人に対してもこの新聞奨学生という制度を利用して日本に留学してもらい、新聞配達等をさせているのである。少子化の進行に加え、新聞配達業務は過酷なので、日本の若者は集まらない。だから外国人留学生をターゲットにしている。

留学生たちは朝刊に加え、夕刊も配達するので、どう頑張ってもその労働時間は週28時間には収まらない。では28時間を超える部分についてはどうするのかというと、払わないのである。払ってしまうと28時間超の労働をさせていることがはっきりしてしまい、入管法違反となるからである。先ほどのフィリピン人留学生の事案とやっていることは同じだ。留学生たちは過酷な長時間労働に加え、時に販売店の日本人従業員から暴力を振るわれることもあるという。学費の援助や寮の提供がある分、ブローカーへの借金を抱えて来日する他の留学生よりはまだましかもしれないが、違法な状況で働かされていることに変わりは無い。

ジャーナリストの出井《いでい》康博《やすひろ》氏は、このような実態を報道しない新聞、特に朝日新聞を厳しく批判している。それは、現在外国人留学生で最大多数を占めるベトナム人留学生について、１９９０年代に朝日奨学会が受け入れを開始し、それが日本への留学ブームを起こすきっかけとなったからだという。

新聞奨学生に頼るのは朝日新聞だけではない。したがって、新聞は留学生問題について報道すると「あなたたちも新聞奨学生で利益を得ているではないか」と批判されてしまう。したがって、新聞は批判がしづらいのである。出井氏によれば、外国人留学生についてまともに報道したのは西日本新聞だけだという。同紙は販売所において外国人留学生を雇用していないため、報道できたというのである。

出井氏によれば、28時間以内に収めるために必要なのは夕刊の配達を止めることである。そうすれば、労働時間は格段に減り、１週28時間以内に収まる。私は出井氏の意見に賛成である。法を破らなければ維持できないような営業活動は許されない。何より、１週28時間以内に収めなければ、本来留学のために来日した留学生たちの勉強・睡眠時間を大きく削ることになり、

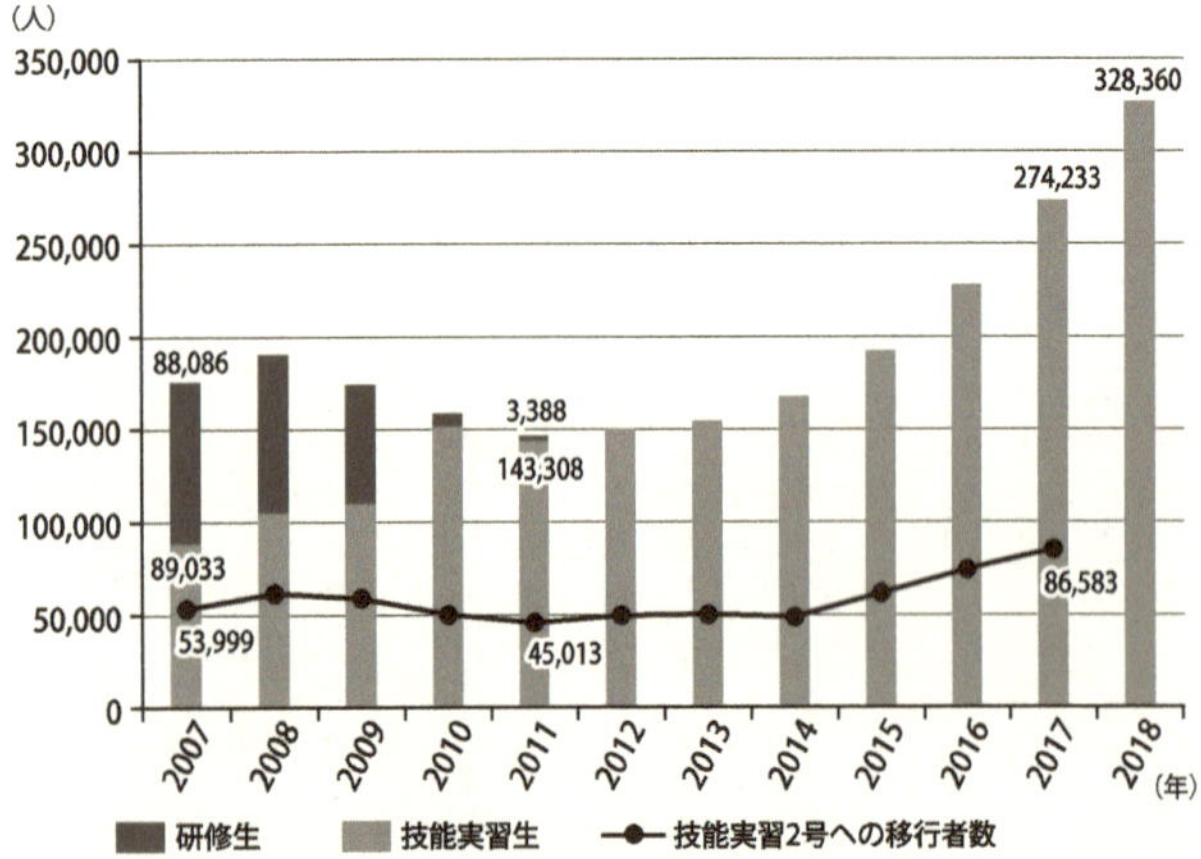

図5-3　研修生・技能実習生の在留状況及び「技能実習2号」への移行状況

（出典）法務省、厚生労働省「外国人技能実習制度について」(https://www.mhlw.go.jp/content/000525604.pdf)

留学した意味が無くなってしまう。

技能実習生

外国人技能実習制度は、1960年代後半ごろから海外の現地法人などの社員教育として行われていた研修制度を原型として、93年に制度化されたものである。

その目的・趣旨は、表向き、国際貢献のため、開発途上国等の外国人を日本で一定期間（最長5年間）に限り受け入れ、OJTを通じて技能を移転することにあるとされている。以前は受入期間が最長3年だったが、5年に延びた。

技能実習制度の真の目的は、不足する労働力を外国人で補うことにほかならない。留学生と違うのは、受入先も対象業務も決まっており、1企業当たりの受入人数も決

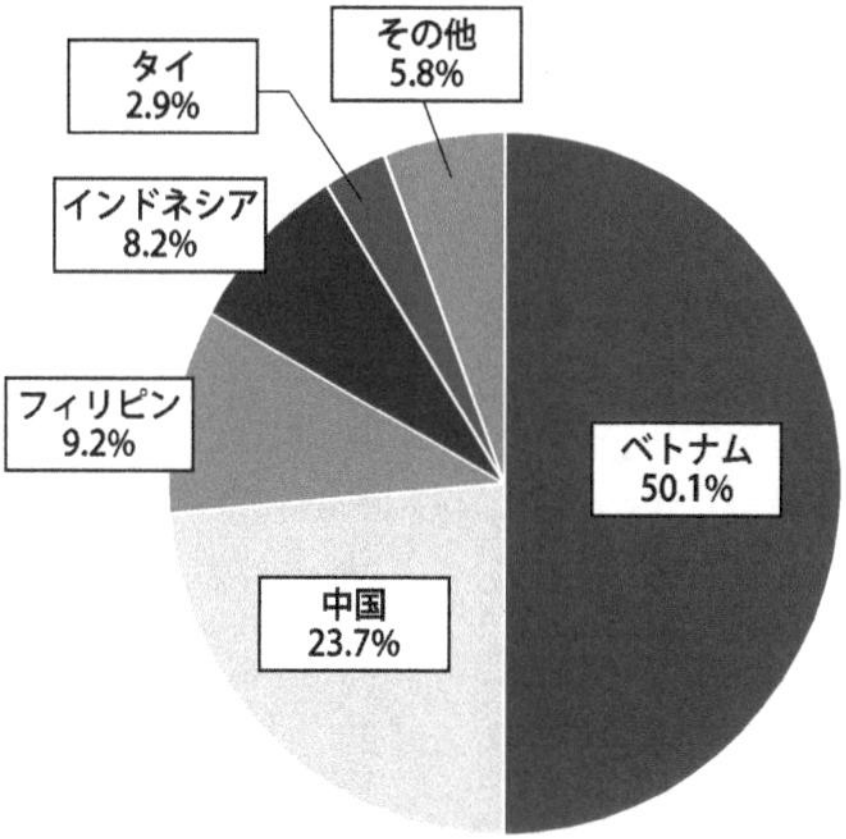

図5-4　平成30年末、在留資格「技能実習」総在留外国人国籍別構成比
（出典）図5-3と同

まっていることである。実習生は実習の途中で受入先を変えることはできない。したがって、受入先が良心的な経営者であれば、制度の本来的目的が達成されるかもしれないが、悪鬼のような経営者にあたってしまった場合、まさしく奴隷労働を強いられることになる。

技能実習の対象業務は、大きく分けると農業、漁業、建設、食品製造、繊維・衣服、機械・金属、その他があり、それをさらに細かく分類すると80職種144作業ある。人手不足を反映して、年々実習生の受け入れは増えており、2018年末時点で約33万人。11年は約14万人だったので、7年で倍増以上だ（図5－3）。

トップは、外国人留学生と同じく、ベトナム。その次が中国である（図5－4）。

技能実習生の受入方法については、企業が

単独で受け入れる企業単独型と、技能実習生の監理団体（事業協同組合、農業協同組合、商工会等）を通じて受け入れる団体監理型があり、17年末の時点で、団体監理型が96・6％を占める。そして実習実施機関の半数以上が、従業員数19人以下の零細企業である。

実際の業務は単純労働ばかりであり、なんら技術移転に役立つものではない。低賃金の外国人労働者を使い捨てにし、コストを抑えたいだけである。

ピンハネピラミッド

実習生を受け入れる会社の金銭的負担は、実は日本人を雇う場合と比べて大きく変わるわけではないという。しかし、実習生と受入企業との間に様々なピンハネが存在するため、結果として実習生の給与は著しく低くなり、中には最低賃金を割ることもある。

受け入れのほとんどは先ほど述べた団体監理型であるが、受入企業は、監理団体に対し、実習生の受け入れについて紹介料を払う。さらに、毎月「監理費」を払わなければならない。監理団体には一応「協同組合」や「事業組合」といったもっともらしい名前がつくが、実際は派遣業者と同じであり、実習生の斡旋を専業とする団体がほとんどである。

そして、監理団体は、受入先企業から徴収した紹介料や監理費を、送り出し国のブローカーと山分けする。送り出し国のブローカーは、実習生を勧誘して監理団体に紹介するのがその役目である。甘い言葉で勧誘するのは留学生の場合と同じ。留学生と実習生のブローカーを兼ねている者も存在する。ブローカーは実習生からも紹介料を取るし、「保証金」と称して実習生から大金を預かることもある。実習生はそんな大金は自分で用意できないので、借金をして工面する。つまり、保証金は実習生が逃げないようにするためにある。逃げると毎月の監理費が入ってこなくなり、ブローカーが困るからである。

受入先企業は監理団体に年10万円程度の「組合費」も支払うことになる。そして、監理団体には「公益財団法人国際研修協力機構」（ＪＩＴＣＯ）という親玉がいて監理団体を統轄している。これは法務、外務、厚生労働、経済産業、国土交通省という5つの中央官庁が所管する法人であり、官僚の天下り先となっている。ＪＩＴＣＯは監理団体や受入先からの会費収入で年13億近くを稼ぎ、この一部が天下り官僚たちの報酬となっている。

ブローカー、ＪＩＴＣＯ、監理団体が、技能実習生たちから搾取をしているという構図がある。そして、実習生の弱い立場につけこむ不正行為が多発している。

多発する不正行為

厚労省は、毎年、技能実習生の実習実施者に対する監督指導・送検等の状況を公表している（図5－5）。

驚くべきことに、監督指導実施事業場数に占める違反事業場数の割合が、**毎年70％を超えており、数も一貫して増え続けている。**直近２０１８年は、対象となった７３３４事業場のうち、

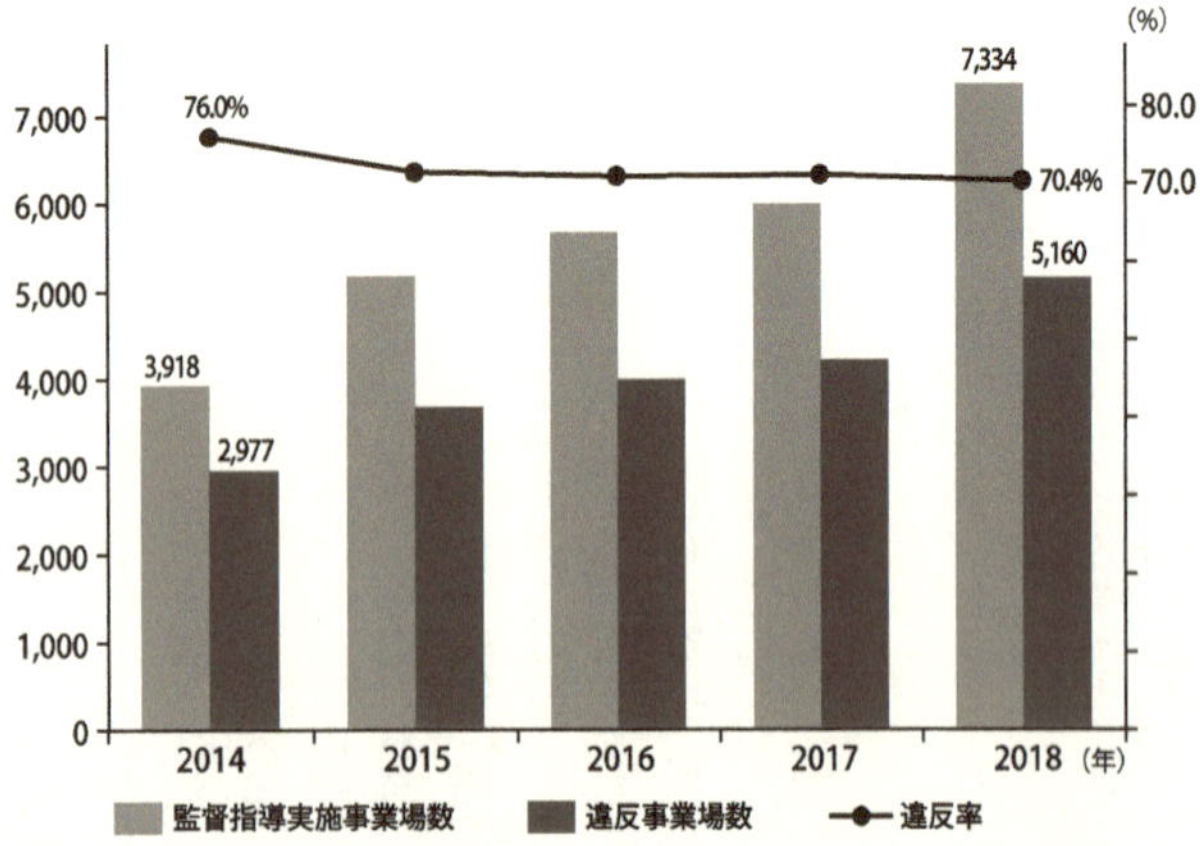

図5-5　監督指導実施事業場数、および違反事業場数（折れ線は違反率）
（出典）https://www.mhlw.go.jp/content/11202000/000536124.pdf

実に５１６０事業場で違反が見つかっている。なお、これは実習実施者について認められた違反であるから、技能実習生だけではなく、日本人労働者に関する違反も含まれている。大半の企業が法律を無視しているのである。直近18年の違反の内訳は図５－６のとおり。

主な違反事項は、①労働時間（23・３％）、②使用する機械に対して講ずべき措置などの安全基準（22・８％）、③割増賃金の支払い（14・８％）の順に多い。この３つを合わせて要約すると、**危険な状況で違法に長時間働かせ、しかも残業代を払っていない**ということである。

なお、この労基署による指導・監督とはまた別に、入国管理局は、研修・技能実習に関して不適正な行為を行った機関に対し、「不正行為」を行ったと認められる旨の通知を出

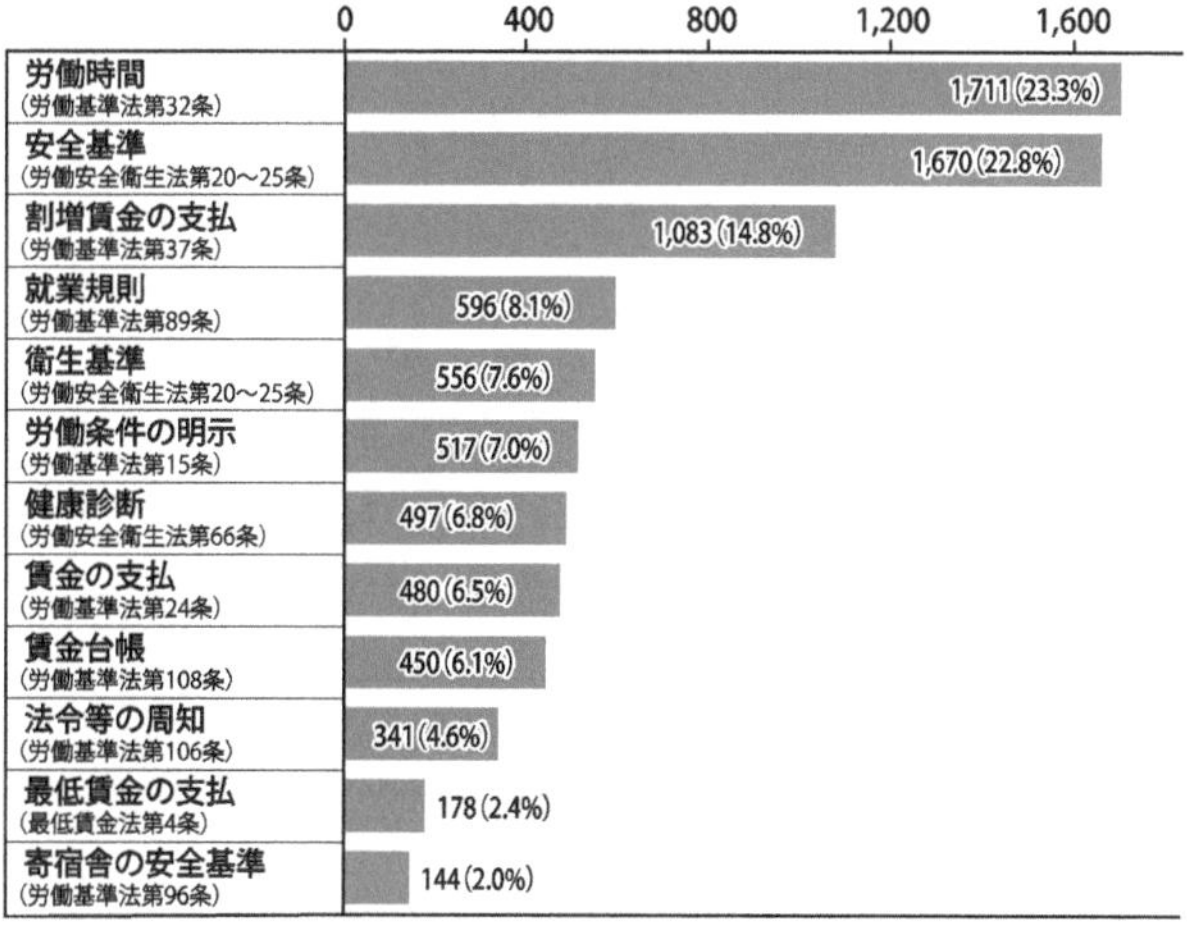

図5-6　違反の内訳　（出典）図5-5と同

し、一定の間、研修生・技能実習生の受け入れを認めないこととしている。受入形態別の通知件数は図５－７のとおり。

これを見ると、11年には１８４件だったものが、15年には**２７３件**にも達し、直近17年は２１３件となっている。もともと先ほど説明したとおり受入タイプの大半を団体監理型が占めるため、不正行為の大半も団体監理型である。そして、受入先の実習実施期間だけではなく、**監理団体自ら不正行為をしており、ピークは16年の35件。そのほぼ全部を事業協同組合型の監理団体が占める。**

そして、この不正について直近3年間の業種別機関数の推移が図５－８である。これを見ると、一番不正行為が多いのは**繊維・衣服**、次いで**農業・漁業**である。

		2011	2012	2013	2014	2015	2016	2017（年）
企業単独型		2	0	0	0	3	2	3
団体監理型	監理団体	14	9	20	23	32	35	27
	実習実施機関	168	188	210	218	238	202	183
計		184	197	230	241	273	239	213

図5-7　受け入れ形態別「不正行為」機関数
（出典）法務省「技能実習制度の現状」（https://www.meti.go.jp/policy/mono_info_service/mono/fiber/ginoujisshukyougikai/180323/4_moj-genjyou.pdf）

これは不正行為をした「機関」の数であるが、不正行為自体の件数を見てみると、直近17年で２９９件（同じ機関が複数不正行為をするため、機関数より多い）。その内訳は図5－9のとおり。

賃金等の不払いが１３９件で圧倒的1位。法務省の報告では次の事例が紹介されている。実に２１００万円も不払いをしていたという事案である。

「**技能実習生からの相談を端緒に**、縫製業を営む実習実施機関が、技能実習生６名に対し、**約２年１月間**にわたり、**最低賃金を下回る基本給**を支払っていたほか、時間外労働に対する賃金を**時給３００円**などに設定していたことが判明し、不払の総額は６名分を合わせて**約２、１００万円**に達した」

次が偽変造文書等の行使・提供である。これは、外国人の研修・技能実習に係る「不正行為」に関する事実を隠蔽《いんぺい》する目的で、偽造・変造された文

	2015年	2016年	2017年
繊維・衣服関係	94	61	94
農業・漁業関係	67	67	39
食品製造関係	19	13	15
建設関係	20	38	14
機械・金属関係	10	14	9
その他	28	9	12
計	238	202	183

図5-8　団体監理型での実習実施機関の業種別「不正行為」機関数
（出典）5 - 7と同

書・図画、虚偽の文書・図画を行使又は提供していた場合を指す。具体的事例は次のとおり。なお、先ほど紹介した事案と同じ機関のもの。

「**技能実習生からの相談を端緒に**賃金の不払が判明した事案において、縫製業を営む実習実施機関が、**技能実習生に対する賃金の不払を隠蔽する目的で、**実際に支給した賃金とは異なる金額を記載した**虚偽の内容の源泉徴収票を地方入国管理局に提出した**」

つまり、２１００万円も不払いをした上に、それを隠すためにウソの源泉徴収票を入国管理局に提出したのである。

このほか、１ヵ月に１６５時間の残業を行わせていた事案や、「日本語を理解しない」等を理由に叩《たた》く、殴る、蹴る等の暴行を恒常的に行っていた事案等が報告されている。

	企業単独型	団体監理型		計
		監理団体	実習実施機関	
暴行・脅迫・監禁	0	0	4	4
旅券・在留カードの取上げ	0	1	1	2
賃金等の不払	0	3	136	139
人権を著しく侵害する行為	0	0	3	3
偽変造文書等の行使・提供	0	22	51	73
保証金の徴収等	0	1	2	3
講習期間中の業務への従事	0	2	1	3
二重契約	0	0	1	1
技能実習計画との齟齬	0	3	7	10
名義貸し	3	1	6	10
実習実施機関における「不正行為の報告不履行」・「実習継続不可能時の報告不履行」	0		0	0
監理団体における「不正行為等の報告不履行」・「監査、相談体制構築等の不履行」		8		8
行方不明者の多発	0	0	0	0
不法就労者の雇用等	0	0	18	18
労働関係法令違反	0	0	24	24
営利目的のあっせん行為	0	0	0	0
再度の不正行為	0	0	1	1
日誌等の作成等不履行	0	0	0	0
帰国時の報告不履行	0	0	0	0
研修生の所定時間外作業	0	0	0	0
計	3	41	255	299

図5-9　不正行為の件数の内訳
（出典）5－7と同

このように、問題が多々発生しているため、２０１７年1月25日に、「外国人技能実習機構」という新たな監視機関が設立された。しかし、統轄団体としてＪＩＴＣＯが存在するのに、さらに新しく監視機関を設立する必要があるとは思えない。結局この機構も官僚の新たな天下り先となるだけではないか。

騙して原発で作業させる

技能実習生が福島原発での作業にも従事させられていたことがある。当然、入国前にはそんな話は聞かされていなかった。２０１９年5月7日付朝日新聞青木美希《あおきみき》記者の記事（現代ビジネス）を引用する。

20代のベトナム人男性が、**「建設機械・解体・土木」を学ぶために**盛岡市の建設会社に技能実習生として来たが、**福島県郡山市で除染と知らずに除染作業につかされた。**２０１５年から２０１６年のことだ。その後、川俣町や飯舘村など住民が立ち入れない線量の高い現場で解体工事に従事し、危険手当1日２０００円が渡されるようになったという。

手当ては何かを尋ねると、「危険手当」と言われ、「自分は危険な仕事をしているんですか」と尋ねたところ、こう言われたという。

「いやなら帰れ」

男性ら実習生を支援してきた全統一労働組合書記長の佐々木史朗さんは、「**危険手当は6000円あったが本人には2000円しか渡らず**、放射線管理手帳も渡されていなかった。実習生たちからは、『**残業代未払い**』『**長時間労働**』『**休憩時間がとれない**』『**暴言暴力**』『**パワハラ**』『**労災隠し**』『**強制帰国の脅かしにあった**』という相談ばかり。人権が守られていない」と訴える。

法務省は、この業者を実習生受け入れ停止5年の処分とした。

ほかにも実態調査の結果、**3社が実習生に除染作業をさせていたことが明らかになり**、福島県内の建設関連会社を受け入れ停止3年とした。鉄筋施工の名目で実習生を受け入れながら除染地域の表土はぎ取りなどをさせていたという。また、福島県の別の会社と千葉県の会社を注意処分とした。

騙して来日させた挙句、危険な作業に従事させ、長時間労働、残業代不払い、パワハラを行い、ピンハネをする。あまりにもひどい。逆らうと帰国させると脅すのは、私が担当している留学生の事案と同じである。

相次ぐ失踪

70％以上の事業場が違法行為をするような異常な労働環境で働かされたら、あなたならどう

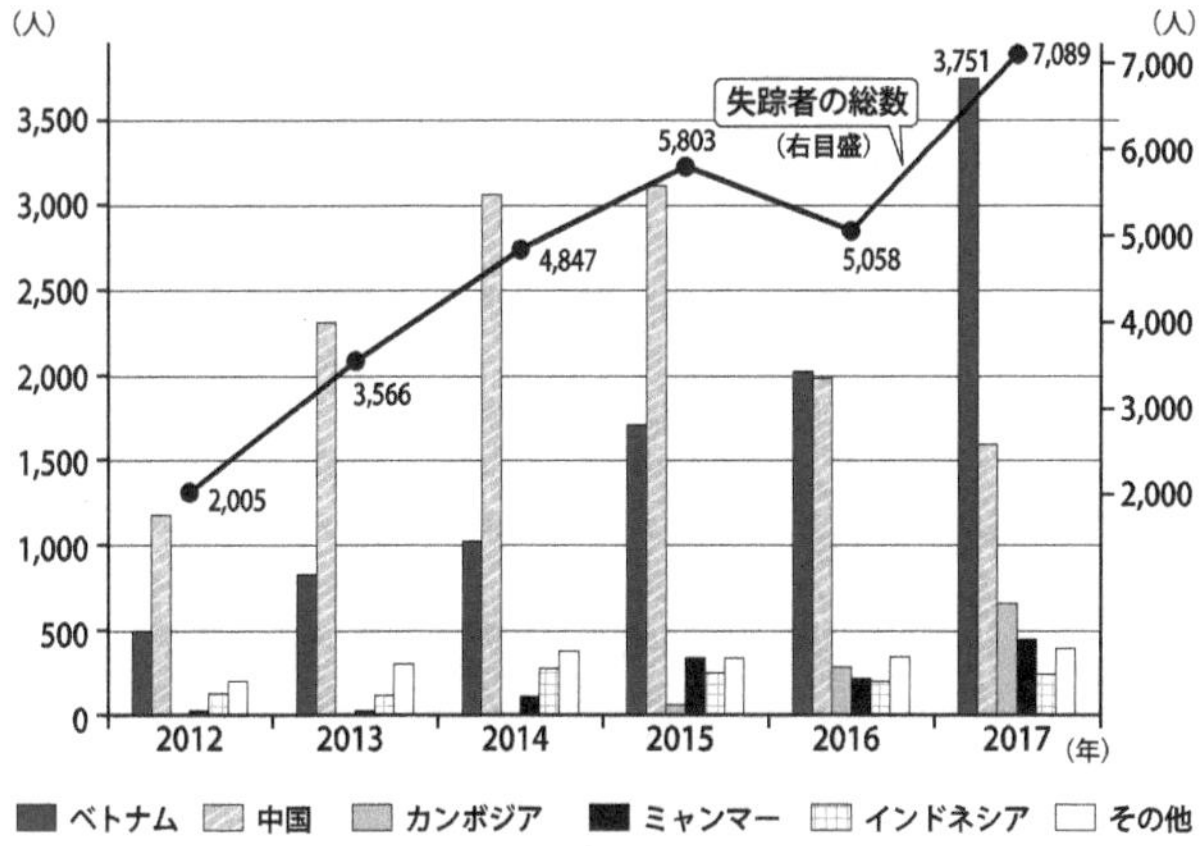

図5-10　技能実習生の失踪者数の推移

（出典）図5-7と同

するだろう。きっと仕事を辞めてほかの会社に移るだろう。しかし、実習生たちは、実習機関を変えることができないため、「仕事を辞める」ことができない。そこで「失踪」という手段が取られる。失踪者数の推移は図5-10のとおりである。

２０１２年には２００５人だったが、毎年増え続け、直近17年ではなんと７０８９人も失踪している。たった5年で3倍以上に増えているのだ。そして、かつては中国人実習生の失踪がもっとも多かったが、16年にベトナム人実習生がそれを追い抜き、直近17年には３７５１人にも達している。実習生たちは、甘い言葉で母国から多額の借金を背負って来日し、地獄のような労働環境にさらされる。その上、多重ピンハネ構造で安い給料しか得られず、借金を返せないため、母国に帰りたくても帰れない。こんな状況では失踪が増え続けるのも当然だろう。

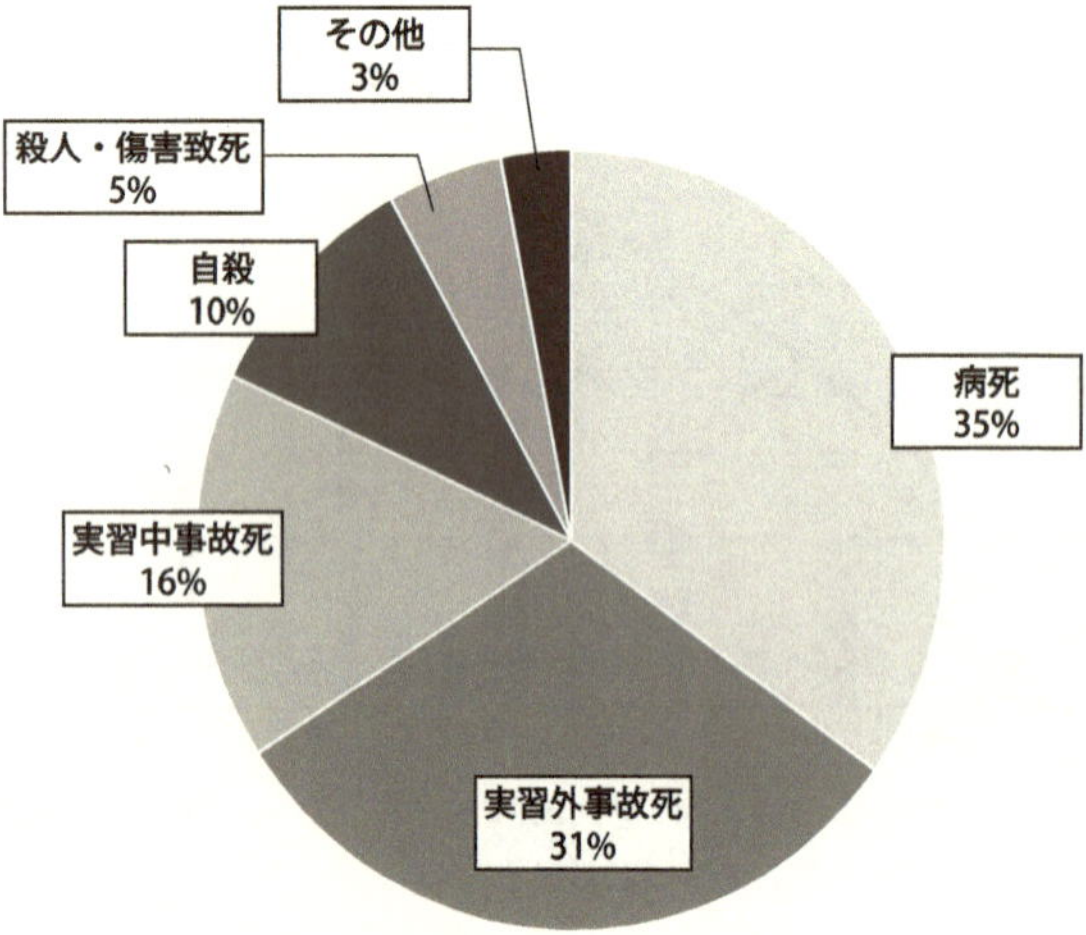

図5-11　技能実習生の死亡原因
（出典）http://www.moj.go.jp/content/001290916.pdf

6年間で171人も死亡

法務省の調査によると、平成24（2012）年から平成29（2017）年までの6年間の技能実習生の死亡事案は、合計171件もある。死亡原因の内訳は次のとおり（図5－11）。

死亡原因の1位は病死である。実習生は若年者が大半であり、これほど病死が多いのは不自然である。法務省の報告書には次の記載がある。

「死亡事案一覧」（平成24年から平成29年までのもの）において、**心筋梗塞、**

致死性不整脈その他心疾患が死亡原因

として記載されているものは18件あり、**比較的若年の者が多い**。

これらのうち、１件は、倒れてきた資材により胸を挟まれて死亡した実習中の事故、他の１件は、一時帰国中に重症心筋炎等により死亡したものである。

それ以外のものの大半は、寮の自室等で意識を失っているのを発見され、救急搬送されるなどしたものの死亡が確認された急死事案であり、**うち１件については、死亡前の時期に過重労働の疑いが認められ**、地方入国管理局から労働基準監督機関への通報が行われた。

また、解剖の結果、先天的な心臓異常が発見された事案もある。

これら急死事案については、病院における診断や警察による取扱いを含む死亡後の関係機関による調査等がなされているものの、事件性はなく、突然死と認められたものが多い。


私はこれらの事案の中に過労死がかなり含まれていると思っている。法務省は過重労働の疑いがあるものは１件としているが、そんなはずはないだろう。若年者がこんなに心疾患で死亡するはずがない。しかし、実態は過労死だとしても、受入先も亡くなった本人も労働時間の証拠を残していないだろうし、亡くなった本人に代わって責任追及をする遺族は母国にいる。立証の困難さ、訴訟にかかる費用を考えると、遺族は泣き寝入りせざるを得ない。

その他、死因として、「溺死《できし》」又は溺死を意味するものが22件もある。そのうち２件は実習中で、それ以外は実習外のもの。３件は自殺で、事故か自殺か判定できないものが２件。こんなに溺死が多いのも不自然である。

過酷な労働の果てに亡くなった実習生がこんなにいる。しかし、これは氷山の一角であり、本当はもっと多いのではないかと思う。

国会審議でウソをついた政府

後述するとおり、2018年に入管法が改正されたが、その国会審議の過程において、実習生のあまりにもひどい労働環境が大問題になった。野党側は、失踪の実態を明らかにするため、法務省入国管理局が17年に失踪した実習生2890人にヒアリングをして作成した聴取票の開示を求めた。しかし、政府・与党はなぜか「閲覧」しか認めず、**コピーを禁止した**。そのため、野党議員が**手分けして聴取票を書き写す作業を強いられる**という、異常な事態になった。その調査結果について、18年12月3日付日経新聞の記事（技能実習生「最賃割れ67％」野党が「聴取票」集計）を引用する。

衆参両院の法務委員会の野党理事は3日、法務省が失踪した外国人技能実習生から個別に月給などの事情を聞き取った「聴取票」約2890人分の書き写しが終わったと発表した。集計によると、**全体の67％に当たる1939人で最低賃金を下回る低賃金で働いていた。月80時間超の時間外労働を記録した実習生が1割に上った**という。

法務省が国会に報告した集計結果では、失踪の理由について「低賃金」「低賃金（契約賃金以下）」「低賃金（最低賃金以下）」を合わせて67％だった。**このうち「低賃金（最低賃金以下）」は全体の０・８％（22人）となっていた。**参院法務委の野党筆頭理事を務める有田芳生氏（立憲民主党）は「**法務省の言っていたことが虚構だと明らかになった**」と批判した。

技能実習生の調査結果をめぐってはミスがみつかり、法務省が訂正した経緯がある。集計のもとになる聴取票を衆参の法務委理事らに開示していた。プライバシーに配慮する必要があるとしてコピーは禁じた。立民や国民民主党などの野党議員が**１週間以上かけて書き写していた。**

コピーして渡せば済むものを、わざわざ手書きをさせる。結局手書きされればこのように公表されてしまうのだから、無意味な時間稼ぎにしかならない。本当に異常なことだと思う。

この記事でも指摘されているが、そもそも政府は最初にウソをついていた。18年11月７日の参院予算員会で、当時の山下貴司《やましたたかし》法務大臣は、「**より高い賃金を求めた**失踪が87％」と答弁したのである。**つまり、「実習生が悪い」という印象操作をしようとした。**しかし、法務省の実際の調査結果は、「低賃金」による失踪が約67％であり、山下大臣の答弁は、項目も数値も違っていた。「より高い賃金を求めて」という項目自体が存在しなかった。

法改正でさらに受け入れ拡大

なぜ政府がこんなウソをついたのか。入管法を改正して在留資格に「特定技能1号・2号」を追加し、外国人労働者の受け入れを拡大するためである。先ほど述べたような悲惨な現状が明らかになると大きく批判され、法案を成立させられなくなる可能性がある。だから、ウソをついて現状を隠そうとしたのだ。

特定技能1号は「特定産業分野に属する**相当程度の知識又は経験**を必要とする技能を要する業務に従事する外国人向けの在留資格」とされている。在留期間の更新上限は通算して5年まで。資格取得にあたっては、技能と日本語能力について試験に合格する必要があるが、技能実習2号修了者はこの試験が免除される。

要するに、**技能実習生は最大5年までしか在留できないが、特定技能1号はその在留を延長する資格として機能する**。外国人労働者を安くこき使いたい経営者にとっては、是が非でも成立させたい法改正であった。なお、特定技能1号の外国人には、家族の帯同が基本的に認められていない。技能実習と特定技能1号を合わせると、最大で10年間在留できることになる。

特定技能の対象となる分野は次のとおりである。

一　介護分野

二　ビルクリーニング分野

三　素形材産業分野
四　産業機械製造業分野
五　電気・電子情報関連産業分野
六　建設分野
七　造船・舶用工業分野
八　自動車整備分野
九　航空分野
十　宿泊分野
十一　農業分野
十二　漁業分野
十三　飲食料品製造業分野
十四　外食業分野

今までは認めていなかった単純労働を目的とする在留資格が創設されたことになる。技能実習生は、建前上、あくまで実習のため来日していることになっており、単純労働が目的ではない。技能実習法３条２項にも、「技能実習は、労働力の需給の調整の手段として行われてはならない」とある。しかし、その建前が無視されてきたことは今まで述べてきたとおりである。

この特定技能の創設は、その現状を追認するものと言える。

特定技能2号は、「特定産業分野に属する**熟練した技能**を要する業務に従事する外国人向けの在留資格」とされている。この技能を有しているかどうかは、試験で確認される。1号と異なり、更新に上限は無く、家族（配偶者、子）の帯同も可能である。特定技能1号の外国人のうち、試験に合格した者がこの資格を得る形になることが多くなるのであろう。

おびただしい失踪者、犠牲者を生み出し、まったくその状況が改善されていないにもかかわらず、人手の確保を優先させ、在留資格を拡大した政府・与党。今後も外国人労働者の犠牲者は確実に増え続ける。

多発する犯罪

警察庁が公表している主な国籍別犯罪検挙件数を見ると、留学生・実習生の多いベトナムが1位で、次点が中国となっている（2017年末時点。図5－12）。

留学生・実習生は莫大な借金を背負わされているため、中には犯罪に手を染める者も出てくるのである。具体例として、2019年3月17日付福井新聞の記事（ベトナム人の大量万引き、九州でも　福井で犯行の女ら8県で1250万円）を引用する。

─　福井県内などのドラッグストアで万引を38件（**被害総額約648万円**）繰り返したとして

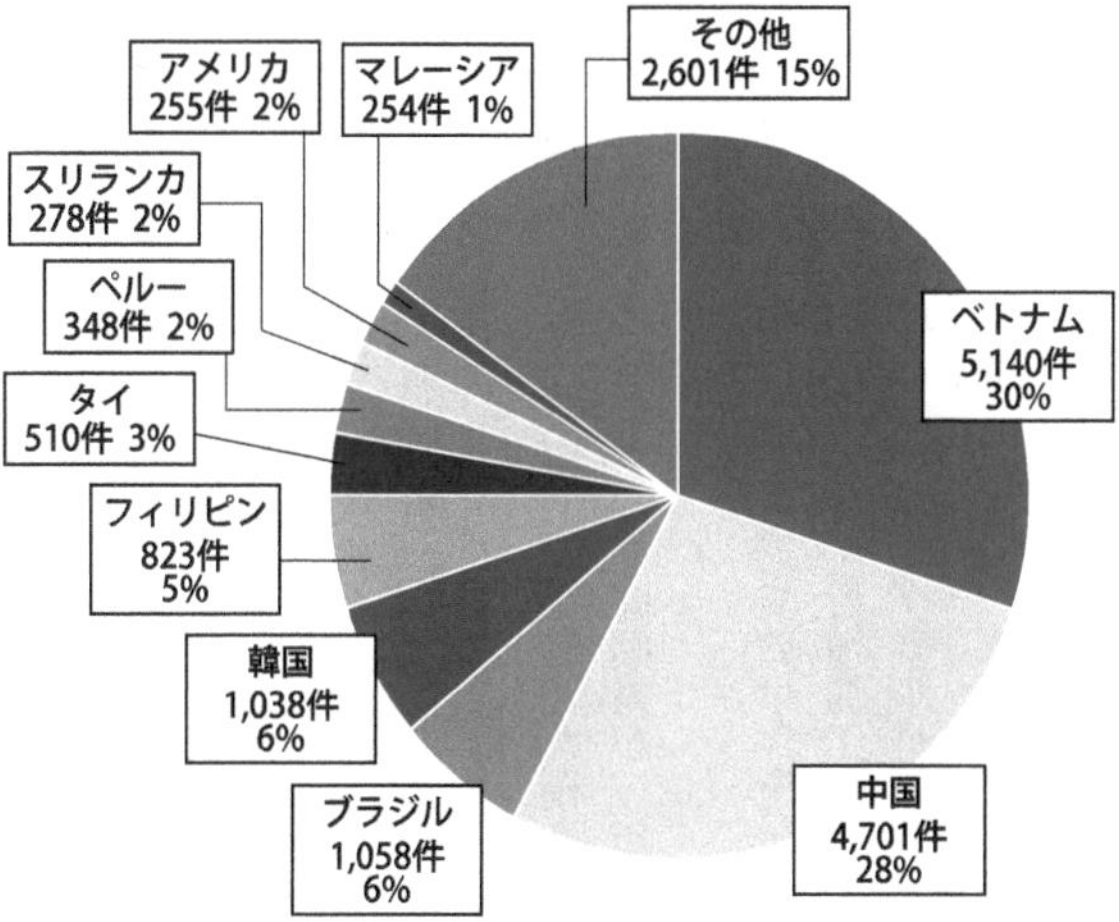

図5-12　国別検挙件数・割合（2017年末）

（出典）http://www.npa.go.jp/hakusyo/h30/data.html

福井県警が２０１８年に送検したベトナム人の女が、これとは別にベトナム人男女計６人で１０９件（同約１２５８万円）の万引を福岡県など福井以外の８県で繰り返していたことが３月15日分かった。**福岡県警によると、会員制交流サイト（ＳＮＳ）を通じてベトナム人向けに販売していた**とみられる。

女は福岡地裁で公判中の住所不定、無職の被告（30）。福井県警は18年、窃盗容疑で３度逮捕し、10月には福井、岐阜、愛知、三重４県で38件（化粧品や医薬品など計２２２８点）の被害が確認されたと発表していた。大きなショルダーバッグを提げ、多いときは一度に約１５０点を入れて盗んでいた。

その後、福岡県警が窃盗容疑などで３

度逮捕し今月、捜査を終結した。

福岡県警によると、**同被告を含む6人は技能実習生**として来日し、同被告以外の5人はいずれも男で24～28歳。**実習先を抜け出すなどした後に知り合い、18年1月から10月にかけて化粧品や衣料品の万引を繰り返した。**被害は福岡、群馬、静岡、愛知、岐阜、三重、佐賀、鹿児島の8県で確認された。

6人の中には、同被告らと共謀し、福井県敦賀市のドラッグストアで万引したとして2月に敦賀署が逮捕した被告（25）も含まれている。福井地検は化粧品など29点（販売価格合計約8万9千円）を盗んだとして今月、窃盗罪で起訴した。

両被告とも、在留期間が過ぎた後も愛知県内に住むなどしていたとして、入管難民法違反（不法残留）の疑いで、福岡県警が今年1月、追送検した。

これは窃盗事件だが、過去には実習生による殺人事件も発生している。例えば、13年3月14日に広島県江田島《えたじま》市のカキ養殖加工会社で、中国人技能実習生が、工場の日本人経営者を含めた社員9人を殺傷したという事件がある。経営者からの叱責《しっせき》や、低賃金に恨みを募らせていたという。この実習生もまた、莫大な借金を背負い、親族を連帯保証人に、家を担保に入れて来日していたようである。

このような留学生・実習生らによる犯罪報道を見て「だから外国人は危険だ」と解釈するの

は明らかに不当である。彼らをここまで追い込んだのはだれなのか。現代の奴隷制度を利用して利益を得ている者たちである。この利益は、我々一般消費者も享受していることをゆめゆめ忘れてはならない。「安くて便利」の背景には、不当に安くこき使われる外国人労働者たちがいる。決して他人ごとではなく、我々も当事者である。

ある風景

深夜のコンビニ。レジに立つのは、コンビニオーナーと外国人留学生。そこへ、夜遅くまでサービス残業をして帰宅する途中のサラリーマンが来店する。彼が手にするのはコンビニ弁当。そこにある野菜は、技能実習生が働く農家で採れたものである。そしてその弁当を作ったのは、弁当製造工場で働く外国人留学生。

彼の自宅にはアマゾンで買った商品がいくつかあるが、その商品を作ったのは技能実習生あるいは外国人留学生、配送センターで仕分けをしたのは外国人留学生。彼の自宅へその製品を届けたのは、残業代ゼロで働かされるドライバー。彼は3〜4時間の睡眠をとった後、また会社へ出勤する。

これがこの国で見られる風景である。なんと不幸であることか。その一方で、彼・彼女らから利益を搾り取った一部の経営者たちは、満ち足りた生活を送っている。ごく一部の者たちの幸福のために、その他大部分の者たちが過酷な労働に駆り立てられている。

第2章~第5章までは、民間企業でのことについて書いたが、公務員も異常な長時間労働を強いられている。次章はそれについて述べる。

第6章　公務員　―公営ブラック企業

公立学校教員の異常な長時間労働

まず最初に、公務員の中でもっとも過酷な長時間労働を強いられている公立学校教員のことについて述べる。公立学校教員の1週当たりの労働時間の状況について、文部科学省「平成28年度教員勤務実態調査」（以下「実態調査」という）から引用する（図6－1）。

なお、この調査は高校教員については対象となっていない。

小学校は55～60時間未満、中学校は60～65時間未満がもっとも多くなっている。1週60時間ということは、所定労働時間を1日8時間とすると、週20時間残業していることになるので、月にすると過労死ラインである80時間を超える。

ここで、このグラフから60時間以上の割合を出してみると、**小学校で33・4％、中学校ではなんと57・7％になる。小学校教諭の約3割、中学校教諭の約6割が過労死ラインで勤務して**

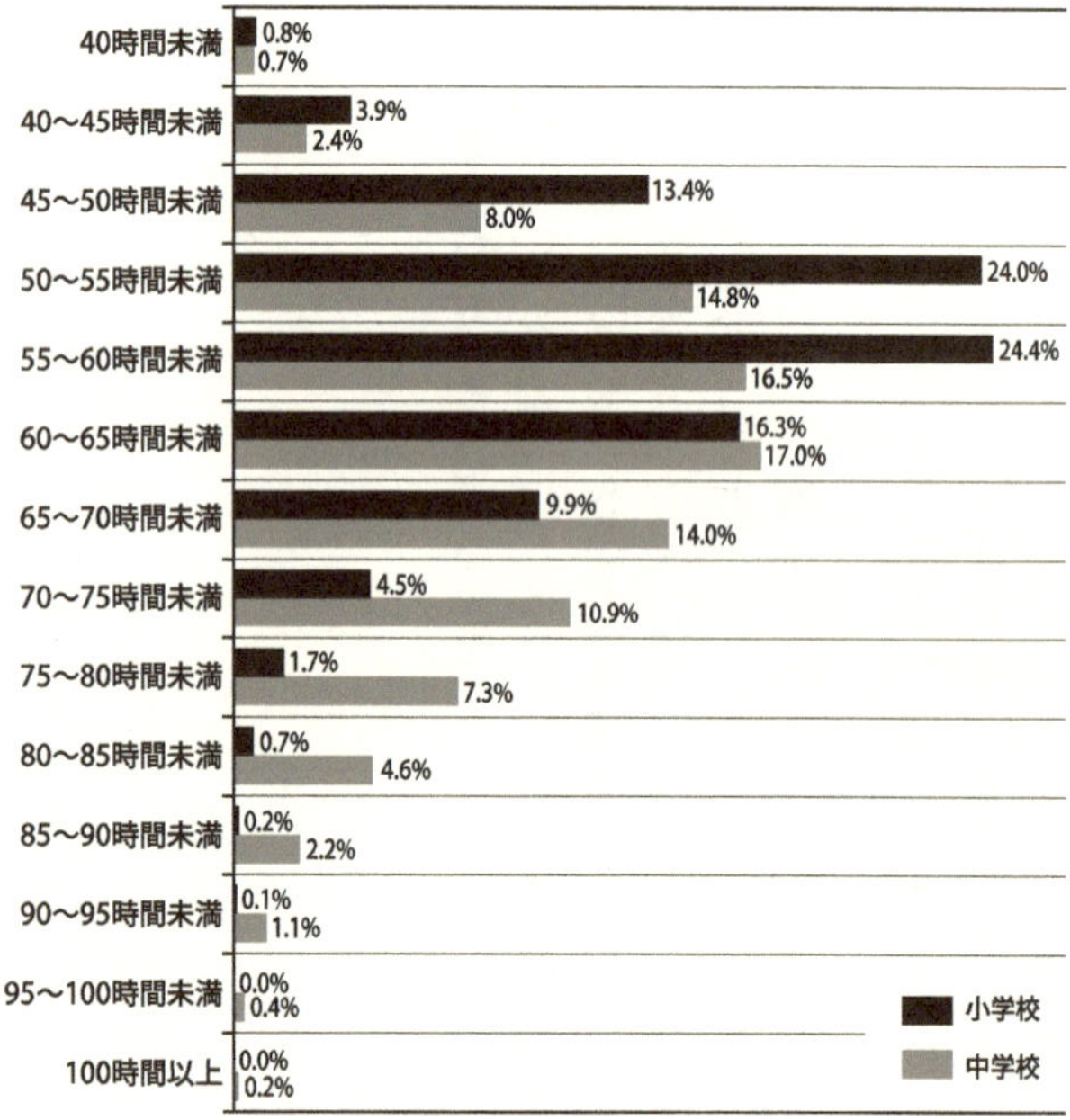

図6-1　公立学校教員の1週当たりの労働時間
（出典）文部科学省「平成28年度教員勤務実態調査」

いるということである。

　Ｋ６という、精神的なストレス反応を評価する簡便な尺度があり、５点以上で高ストレス状態とされる。実態調査によると、このＫ６について、小学校教諭の平均が５・４９、中学校教諭が５・６９となっており、５を大きく上回る。

　なお、２０１８年４月21日付毎日新聞の記事によれば、過労死と認定された公立校の教職員は、**16年度までの10年間で63人にも上る**という。これはあくまで氷山の一角である。なぜなら、まさしくブラック企業と同様、労働時間がきちんと記録されていないため、泣き寝入りを強いられるケースが数多くあると思われるからである。

悪魔の法律「給特法」

どうしてこのような異常な長時間労働が発生するのか。それは、給特法（公立の義務教育諸学校等の教育職員の給与等に関する特別措置法）が原因である。同法3条2項は「**教育職員については、時間外勤務手当及び休日勤務手当は、支給しない**」と定めている。すなわち、公立学校の教員は、法律によって「残業代ゼロ」にされているのである。

法律上、公立学校の教員については、いわゆる超勤4項目（①生徒の実習、②学校行事、③職員会議、④非常災害、児童生徒の指導に関し緊急の措置を必要とする場合等）に該当する場合を除き、残業の命令をすること自体ができないことになっている。そして、給料の4％にあたる「教職調整額」が固定で支払われており、これが残業代の代わりになっている。

簡単に言えば、給料の4％がいわば「固定残業代」であり、残業を命じることができるのはあくまで例外的な場合であって、基本的に残業命令禁止なのである。しかし、これはまったくの建前と化しており、給特法は単に教師のサービス残業を発生させているだけである。

戦後に労働法関連の諸法規が制定された際、公立学校の教師も労基法の適用対象となり、同法に基づき、残業代も当然発生していた。しかし、政府の再三の指導にもかかわらず、残業代不払いが横行し、残業代請求訴訟が相次いでいた。

そこで、当時の教職員の月間平均残業時間である月8時間に相当するものとして、残業代の代わりに基本給の4%を「教職調整額」として支給する給特法が1971年5月に成立し、翌年1月施行されたのである。この法律の制定を受けて、各地で給特法と同じ内容の条例（給特条例）が作られ、「教師の残業代ゼロ」という運用が開始された。

つまり、給特法は全国で相次いだ教員の残業代請求訴訟を鎮めるために制定された法律と言える。建前どおり、超勤4項目に該当しない残業が一切なければ問題なかったのかもしれないが、そうはならなかった。当然だろう。超勤4項目以外にも、残業が必要な場合があるに決まっているからである。

自由意思を極めて強く拘束する残業命令？

では、いかなる場合にも残業代が発生しないのか。この給特法の解釈についてのリーディングケースである、将棋クラブの大会引率指導についての残業代に関わる名古屋地裁昭和63（1988）年1月29日判決を見てみよう（なお、公立学校の職員に直接適用されるのは給特条例なので、条例に対する判断という形式になっている）。重要部分を引用する。

「時間外勤務等が命ぜられるに至った経緯、従事した職務の内容、勤務の実情等に照らして、それが**当該教職員の自由意思を極めて強く拘束するような形態でなされ、しかもそのような勤**

務が常態化しているなど、かかる時間外勤務等の実状を放置することが同条例七条が時間外勤務等を命じ得る場合を限定列挙して制限を加えた趣旨にもとるような事情の認められる場合には、給特条例三条によっても時間外勤務手当等に関する給与条例の規定の適用は排除されないと解するものである」

要約すると次の条件を満たせば残業代が発生すると言っている。

①残業命令が**自由意思を極めて強く拘束**するような形態でなされること

②そのような勤務が常態化していること

③それを放置することが、残業命令できる場合を制限した給特条例の趣旨にもとること

しかし、裁判所は結局この将棋クラブの引率について、次のように認定して残業代の発生を否定してしまった。

「**形式的にはあくまで依頼するとの意思のもとになされたものである**などの前認定の事実並びに**これまでの慣行などから右依頼に応じないと職務命令違反の責任を問われるとか、不利益な取扱いを受ける虞れがあるなどの特別の事情も認められない**ことに照らすと、本件引率指導が原告の自由意思を強く拘束するような形態でなされたことも、また、こうした勤務が日ごろ度々行われ常態化していて、かかる勤務の実情を放置することが、給特条例七条が時間外勤務等を命じ得る場合を限定列挙して制限を加えた趣旨にもとるような事情がある場合に該当すると認めることはできず、他にこのような特別の事情を認めるべき証拠はない」

引率指導を拒否できる教師がどれくらいいるだろうか。自分に置き換えて考えてみてほしい。拒否したら校長はもちろん、生徒からも保護者からも非難されるだろう。自分が拒否しても代わりにだれかが行かされることになり、その教員からも非難されるだろう。拒否できるはずがない。しかし、この裁判例は、「自由意思を極めて強く拘束してはいない」と判断している。給特法に詳しい萬井《よろい》隆令《たかよし》龍谷大学法学部名誉教授によれば、この裁判例の示した判断基準が実務上通説になっているという。

「自由意思を極めて強く拘束するものではない」というのは、よくよく考えると非常にわかりにくい。例えば、「君に部活の引率してほしいんだけど、嫌なら断ってもいいよ。まあ断った人は今までにはいないけど」と言われたらどうであろう。これは自由意思を極めて強く拘束するものだろうか。きっと裁判所はそうではないと判断するのであろう。

結局のところ、よほど明確に無理やり残業させるような場合でもない限り、「自由意思を極めて強く拘束した」という判断にはならないだろう。そしてそんなケースはめったに存在しない。したがって、この裁判例の判断基準に従うと、教員側は常に敗訴することになってしまう。

公立学校の教員にだけこんな特殊な判断基準を立てて残業代の発生を否定する合理的な理由はまったくない。残業代の発生を認めると、わざわざ法律を作って残業代の発生を防ごうとした国の方針に反することになるので、裁判官は及び腰になっているのだろう。もしも残業代請求を認めれば、国の方針に逆らった裁判官として目立ってしまい、出世にも影響するかもしれ

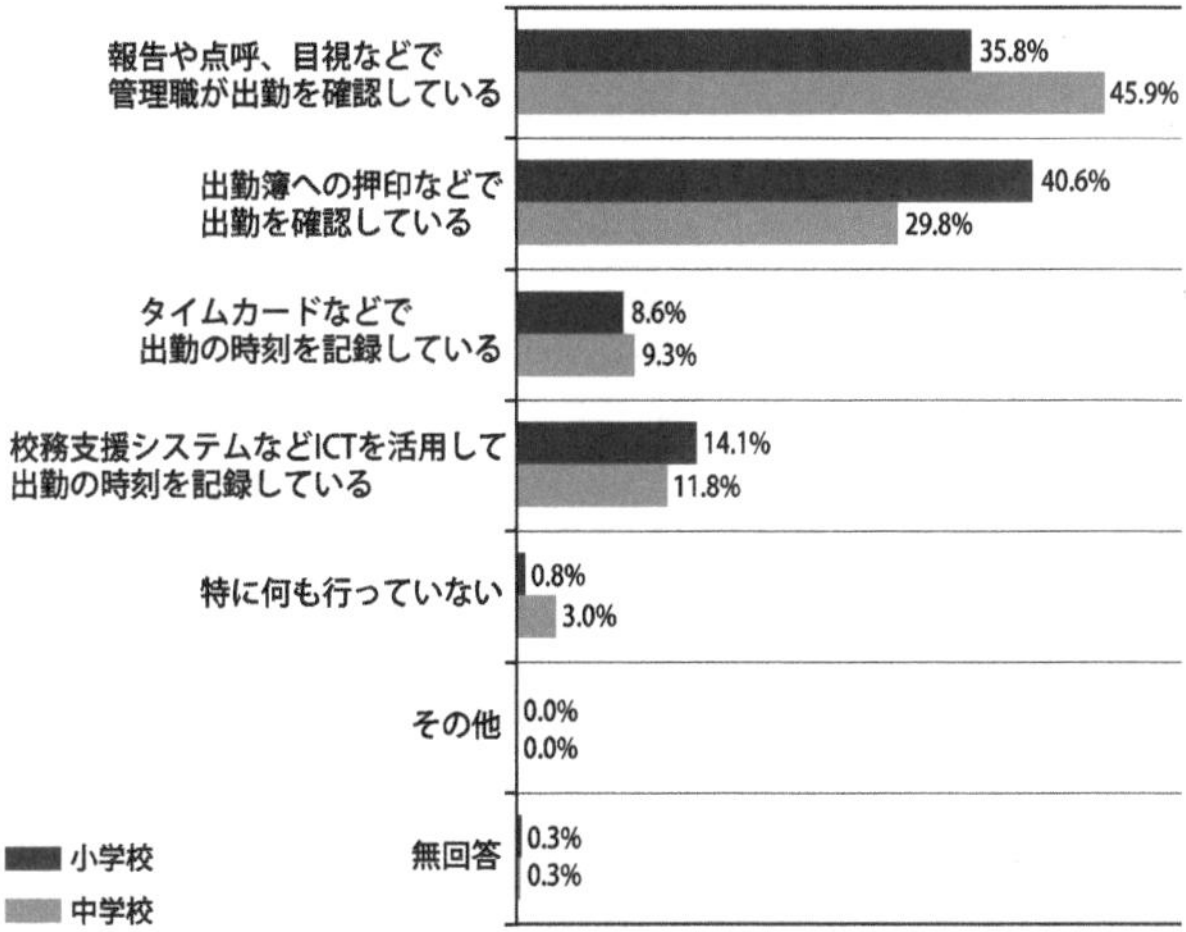

図6-2　教員の毎日の出勤時刻の管理の方法
（出典）http://www.mext.go.jp/b_menu/shingi/chukyo/chukyo3/079/siryo/__icsFiles/afieldfile/2017/07/24/1388265_4.pdf

ない。だからこんな判断基準を立て、悩みを見せるようなふりをしつつ、結局残業代の発生を否定しているのではないかと思う。

この国がやっていることはブラック企業とまったく同じである。タダで長時間労働をさせたいから、残業代というブレーキを外し、教員の命を危険にさらしている。それでも昔は残業が比較的少なかったかもしれないが、先ほど見たとおり、小学校で約3割、中学校で約6割が過労死ラインを超えており、「1ヵ月の残業平均が8時間」というかつての状況とはまったく異なってしまっている。

このように、「残業代ゼロ」の状況なので、労働時間の記録もまともにさ

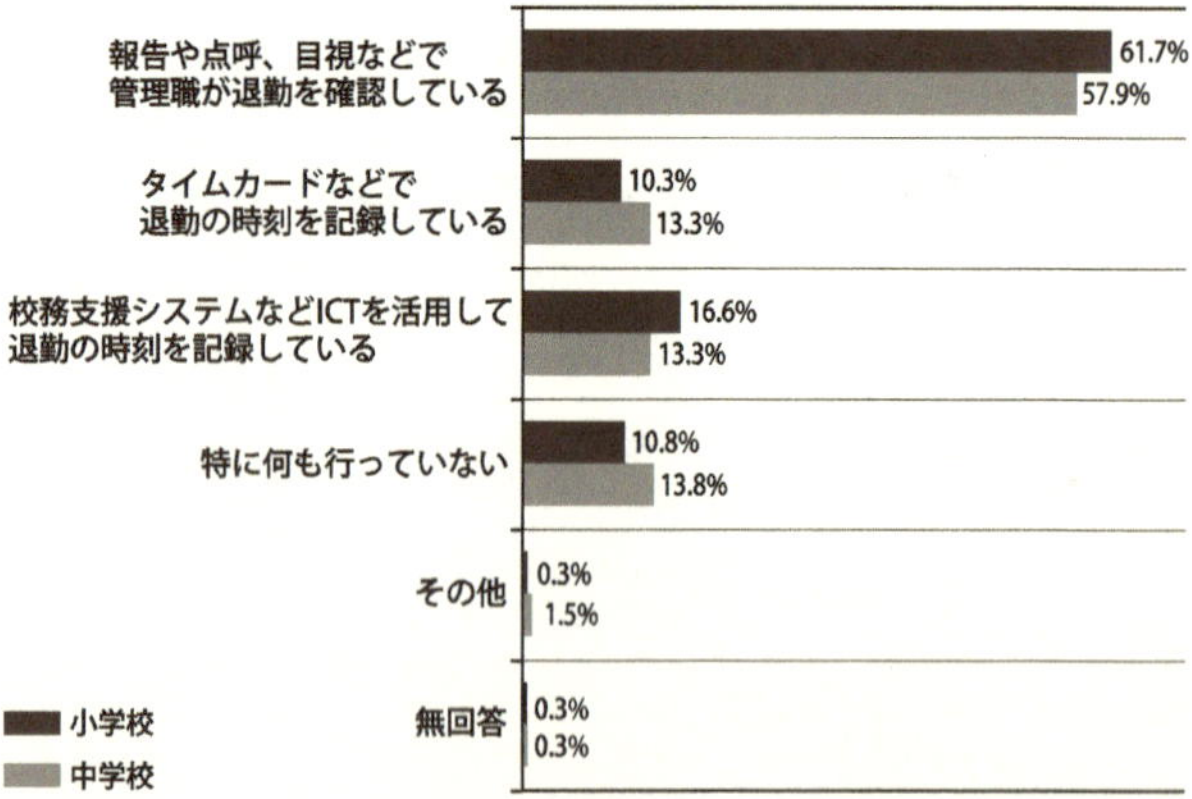

図6-3　教員の毎日の退勤時刻の管理方法　（出典）図6-2と同

れていない。実態調査によれば、出勤時間の記録方法は図6－2のとおりである。

タイムカードによる出勤管理が、小学校で8・6%、中学校で9・3%。ICTを活用した記録方法は小学校で14・1%、中学校で11・8%。これらは客観性の高い記録方法と言えるが、**合計しても小中ともに約20%程度しかない。**もっとも多いのが管理職による出勤確認だが、よくよく見ると、**これは出勤を確認しているだけであり、その時間を記録しているとは書いていない。出勤簿への押印も同様である。**つまり、この調査によると、教員の出勤時間を記録している学校は約20%しかないことになる。

次に、退勤時間について見てみよう（図6－3）。

こちらも傾向は出勤時間の管理とほぼ同じである。タイムカードによる退勤時刻の記録が小学校で10・3％、中学校で13・3％。ICTを活用した記録は小学校で16・6％、中学校で13・3％。これらを合計すると、小中共に約30％となり、出勤時間の管理よりはややマシな数字と言える。そして、こちらももっとも多いのが管理職による確認だが、退勤時間を記録しているとは書いていない。したがって、70％以上の教員の退勤時間が記録されていないことになる。これが過労死遺族に悲劇を生む。労働時間の立証が極めて困難になるからである。

ある熱血教師の過労死

この項の内容は、2019年4月16日付神奈川新聞の記事を参考にしたものである。

07年6月25日、横浜《よこはま》市立あざみ野中学校の教員だった工藤義男さんは、クモ膜下出血でこの世を去った。まだ40歳だった。

前任中学校では学年主任、生徒指導専任を兼任していた。これは激務のため市教育委員会で兼任を避けるように指示していた役職だという。その上、サッカー部の顧問、進路指導も兼任していた。転任先のあざみ野中学でも、生徒指導専任に就任した。

朝7時に出勤。夜10時まで勤務。家でも持ち帰り残業。生徒が校外で問題を起こせば駆けつけ、保護者にも対応し、週末は部活動指導。最終的に、3年生の修学旅行の引率で2泊3日をほぼ不眠のまま働いたことが、クモ膜下出血の引き金となった。

妻の祥子さんは地方公務員災害補償基金（地公災）に対し公務災害の申請をしたものの、2

年も待たされた上、却下された。

祥子さんは過労死弁護団（過労死問題を専門的に扱う弁護士団体）の協力を得ながら、裁判でいう二審にあたる審査請求を行った。最初の却下からさらに2年が経過した12年12月27日、ようやく労災と認定された。義男さんが亡くなってから5年半も経過していた。

義男さんのケースは、これでも幸運な方だったという。校長が協力的だったからである。公務災害にあたっては、所属長すなわち校長による「勤務実態調査書」が申請書類となる。校長は過重労働をさせた張本人に当たるので、保身のため、どうしても協力が後ろ向きになり、遺族が泣き寝入りを強いられる。過労死問題に詳しい松丸正《まつまるただし》弁護士はこう述べる。

「在職中の公立の教員は、年間で約５００人が亡くなります。各種統計や自分の経験則を踏まえると、**少なくともその10分の1、つまり50人近くは過労死と考えられる。現在、実際に認定されるのはさらにその10分の1です**」

そして、祥子さんはこう指摘している。

「過労で苦しむ先生が相談するとしたら、学校内なら教頭や校長、校外なら教育委員会や人事委員会になる。つまりその環境をつくっている側なんです。**責任を負うべき側が積極的に動いてくれるわけがない**。民間の労働基準監督署に当たる**指導権限のある第三者機関がないと、本当に困っている先生たちは救えない**」

労働時間がきちんと記録されていない上、公務災害の申請には過重労働をさせた側である校長が書いた書類が必要という構造になっている。だから、遺族は過労死に加え、公務災害の不認定という二重の悲劇に遭う。**統計に表れない悲惨な過労死がたくさん存在している**。

公立学校の志望者数は６年連続で減少している。当然だろう。公立学校の教員は、比喩《ひゆ》でもなんでもなく、文字通り「命がけ」の仕事になっているのだから。なお、現在、公立学校教員について、１年単位の変形労働時間制が導入されようとしている。これは、夏休み等長期休暇中の所定労働時間を短くする代わりに、ほかの期間の所定労働時間を長くして、単に「見かけの残業時間」を減らすことを狙いにしたものと言える。公立学校教員の残業が社会問題化したのを受けて、こういう姑息な手段を思いついたのであろう。これは長時間労働を助長するだけなので、断じて認めてはならない。

私立学校も実態は残業代ゼロ

給特法の適用対象は公立学校の教員である。だから、私立学校の教員は対象外であり、残業代は発生する。ついでに言えば、国立学校の教員も給特法の対象外なので、残業代は発生する。公立と私立・国立とで業務に違いは無いにもかかわらずこうなっている。公立学校の教員にのみ残業代が発生しないことにされているのはやはり異様である。

しかし、実際はどうなっているかというと、国立学校は不明だが、ほとんどの私立学校は残業代を払っていないと思われる。

私が現在担当している私立高校の事案は、非常勤講師の給料について「コマ給」というものを採用している。コマ給というのは、「1コマ〇〇円」という形で給料を決めるものであり、実施した授業時間についてしか給料を払わないという建前を取っていて、授業準備時間やテスト作成・採点などには給料が発生しないことにしている。しかし、労働時間とは使用者の指揮命令下にある時間を言い、授業の準備時間等、授業以外の時間も当然この指揮命令下にあって労働時間に該当する。「授業時間だけが労働時間」という理屈は通らない。したがって、残業すれば当然残業代は発生する。

公立学校が残業代ゼロなので「教員は残業代ゼロ」という思い込みが、私立学校の教員にもあるのではないかと思う。その勘違いに乗じて、残業代を払わないのである。

私立学校の場合は「求人詐欺」を行う場合もある。私の担当事案においても、実際に入職してみたら、採用内定の際に示された賃金を一方的に下げられてしまっていた。教員の方は生活のために辞めるに辞められないので、仕方なくそのまま勤務せざるを得なくなる。この学校とは別の、ある僻地《へきち》にある私立学校は、採用した教員をその学校の近くに引っ越しさせてから、給料を大幅に下げたという。引っ越しさせてもう逃げられない状態にしてから給料を下げたのである。

私立学校をテーマにしたシンポジウムに参加した際に、様々な私立学校の実態について教員の方々から教えていただいたのだが、まさに無法地帯という印象である。このような残業代不払い、求人詐欺のほか、パワハラも横行しているとのことだった。

国家公務員も追い詰められている

国家公務員も長時間労働を強いられている。霞《かすみ》が関《せき》国家公務員労働組合共闘会議（霞国公）の調査によると、霞が関で働く国家公務員の月平均残業時間は36・9時間であり、過労死ラインを超える80時間超の残業をしているのは9・8％にも上った。この割合を全体の数字に引き直すと３３３２人が過労死ラインで働いている計算になる。さらに、驚くべきことに残業代の不払いがあると回答した人が**41・6％もいる**。

「現在過労死の危険を感じている」の回答は3・8％で「過去に過労死の危険を感じたことがある」26・2％と合わせると、職員の30・0％が現在又は過去に過労死の危険を感じたことがあると回答していることになる。

なお、厚労省のうち、旧労働省系の職員の月平均残業時間が57・1時間で、月80時間以上の残業をしている職員の割合は27・6％である。「**働き方改革」の旗振り役の省庁において過重労働が蔓延《まんえん》しているという恐ろしい事態になっている**。

なお、厚労省は、このように長時間労働を強いられていることから、「強制労働省」等と揶揄《やゆ》されている。２０１８年8月7日付朝日新聞の記事に、その仕事内容の一端が書かれているので引用する。

残業時間が長く「強制労働省」と皮肉られる厚生労働省が、朝方までかかる答弁作成など国会関連の業務見直しを始めた。作業のベースを紙からＩＣＴ（情報通信技術）に置き換え効率化をはかる考えだ。「働き方改革」の旗振り役として、今回こそ見直しが進むのか。本気度が問われる。

厚労省によると２０１５年の通常国会で、衆参厚労委員会の審議時間は３０６時間、国会答弁数は３５８４件。経済産業省（１６３時間１６９４件）や農林水産省（１５０時間１３６２件）は、厚労省の半分程度だ。国土交通省（１０８時間８６４件）は、もっと少ない。７月に公表された国家公務員の各労働組合の調査では、17年の月平均の残業時間は、厚生部門が53時間を超えて１位、労働部門も49時間で２位だった。

長時間労働となる理由の一つが国会対応だ。厚労委員会の開催が決まると、議員から事前に質問を聞き取る。**職員は答弁案を作成して印刷し、上司が手書きで直し、またパソコンで打ち直して再印刷―各上司からＯＫをもらうため、こうした作業を５回ほど繰り返し、並行して関係資料もそろえるという。**

８議員から計１２０問ほど受けると、用意する答弁や資料は合計で約千ページに上る。大臣ら幹部用に最低16部印刷し、朝方までふせん付けやクリップ止めに追われる。多くの場合、資料はその日限りで廃棄される。

この慣習的な作業方法が、省内でＩＣＴ活用を検討するなかで見直しの対象に。答弁作成や上司とのやりとりをパソコンで行う、厚労相や幹部への説明をタブレットで行う、といった方法を、国会閉会中に試すことを検討するという。このほか、議員からの質問通告が遅くなって夜間に待つ際は、省内で待機する職員数を絞り込むことも検討している。

こんな効率の悪い働き方をさせられていたら、長時間労働になるのは当然である。特に国会対応が膨大な長時間労働を生み出している大きな要因であるから、与野党の国会議員が協力して、この悲惨な状況を変えなければならない。

地方公務員も長時間労働

平成30（２０１８）年版過労死白書によると、地方公務員に係る脳・心臓疾患の受理件数は、平成23（２０１１）年に61件でピークを迎えた後、平成25（２０１３）年にかけて下がっていたが、そこから3年連続で増加中であり、平成28（２０１６）年度は49件である（図６－４）。

次に、認定件数を見ると、平成27（２０１５）年度が32件で突出している。そして、死亡件数は毎年度おおむね10件前後である（図６－５）。

次に、精神疾患などの受理件数を見ると、平成26（２０１４）年にいったん49件まで下がったが、そこから急増し、平成28年度には初めて１００件の大台を超え、１１６件となっている

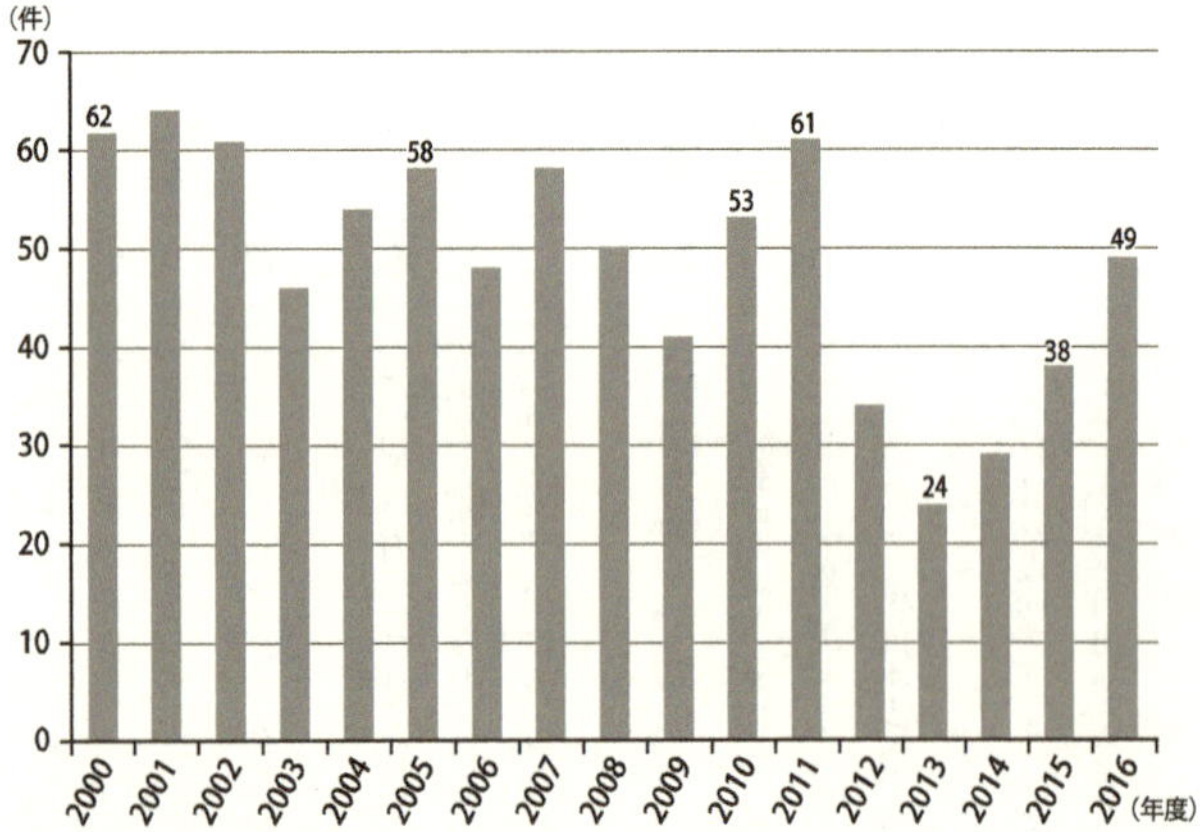

図6-4　地方公務員に係る脳・心臓疾患の受理件数の推移

（出典）地方公務員災害補償基金作成（https://www.mhlw.go.jp/wp/hakusyo/karoushi/18/dl/18-2-3.pdf）

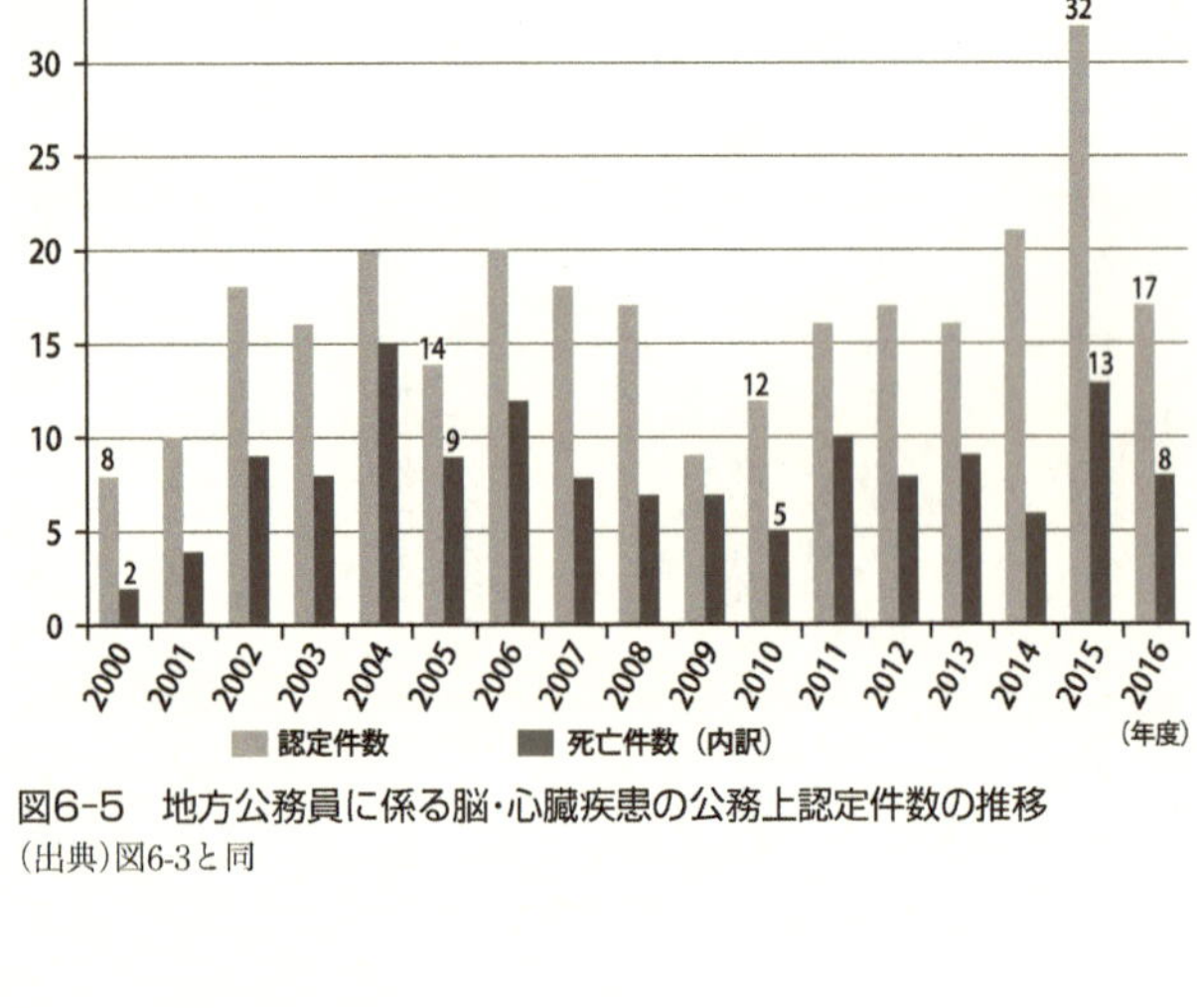

図6-5　地方公務員に係る脳・心臓疾患の公務上認定件数の推移

（出典）図6-3と同

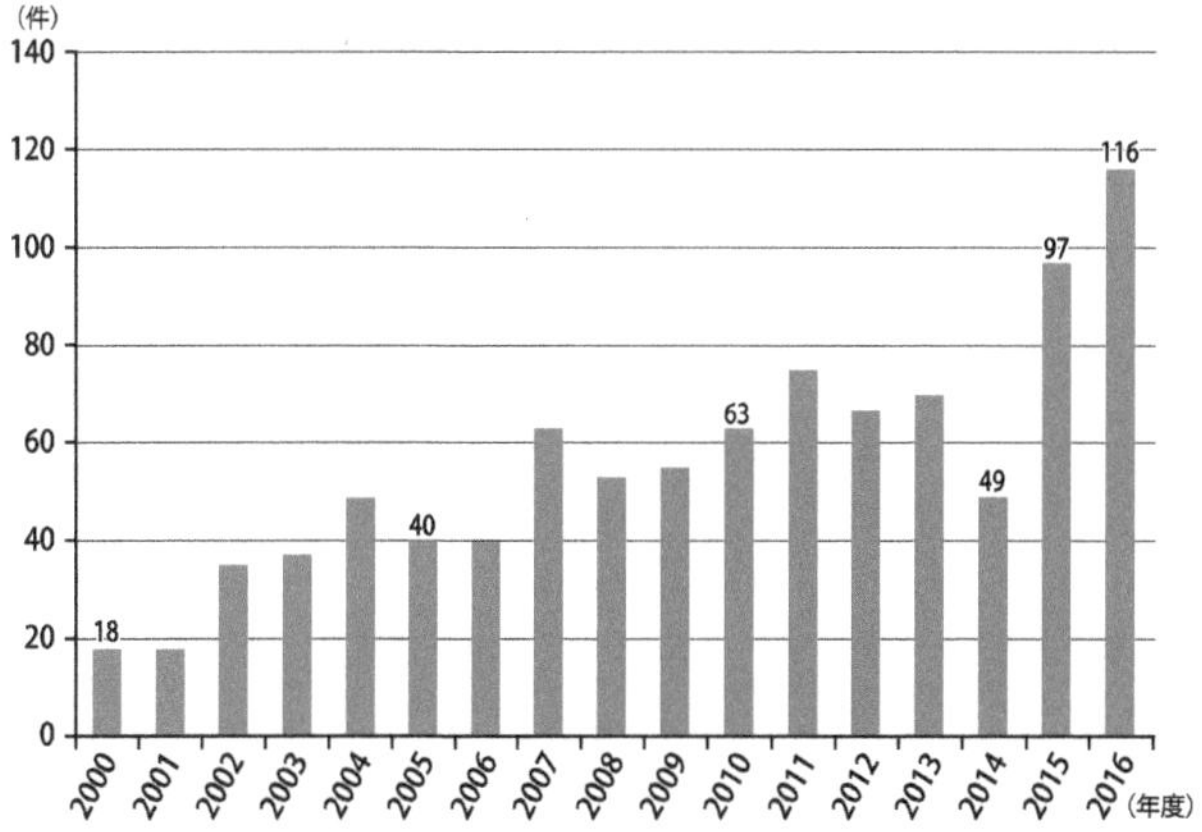

図6-6　地方公務員に係る精神疾患等の受理件数の推移
(出典)図6-3と同

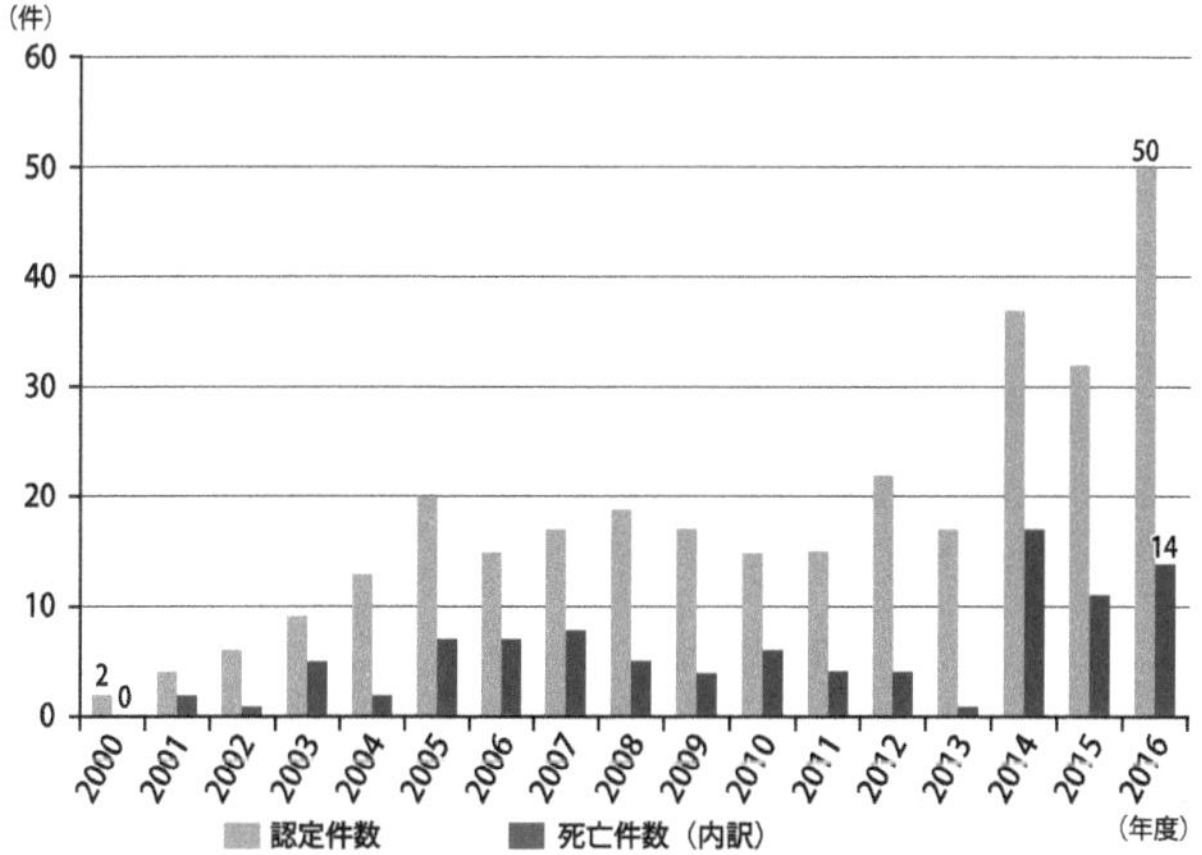

図6-7　地方公務員に係る精神疾患等の公務上認定件数の推移
(出典)図6-3と同

（図6－6）。これに対する認定件数を見ると、平成28年度が50件で突出している。そして、死亡件数は3年連続で10件を超えている（図6－7）。

脳・心疾患と合わせると、毎年20人程度が亡くなっているということである。

ある悲惨な過労死

和歌山県橋本《はしもと》市の総務管理課文書係の専門員（課長補佐級）だったAさんは、2000年3月1日、自殺した。1999年に地方分権一括法や情報公開法といった新しい法律ができ、各自治体ではそれに関わる条例作りが必要になっていた。そこで、文書係だったAさんにそういった条例作成業務が集中したのである。3月議会には地方分権関連だけで16本もの条例案を提出する予定であったが、直前になって、Aさんの部下が担当した条例案の一部にミスがあったことが発覚する。これがAさんをさらに追い詰め、自殺という悲劇的な結末になってしまった。2月の残業は月115時間で、持ち帰り残業も含めると実質194時間にも達していたという。

Aさんの一人息子が作った詩がある。

ぼくの夢
大きくなったら
ぼくは博士になりたい

そしてドラえもんに出てくるような
タイムマシンをつくる
ぼくは
タイムマシンにのって
お父さんの死んでしまう
まえの日に行く
そして
「仕事に行ったらあかん」て
いうんや

私はこの詩を見るたびに、こんな悲劇は二度と繰り返してはならないという思いを強くする。なお、このAさんの公務災害も、いったん2002年7月に公務外と認定された。異常な超過勤務については、本人の精神疾患の影響で人より時間がかかったため、とされてしまった。これに対し、遺族や職場の方々が協力して膨大な資料を集め、審査請求をした結果、03年12月に公務災害であることが認定された。

こうやって遺族は家族を失った上に、公務災害の立証のために過剰な負担を課せられるのである。どう考えてもおかしい。認定のハードルは下げるべきだと思う。

公務員バッシングに思うこと

公務員はバッシングされやすい。給料が高くて定時に帰れる楽な仕事と思われていることが影響しているのではないかと思う。だが、実態は違う。教員はもちろん、その他の地方公務員や国家公務員も、長時間労働を強いられ、時に命を落としている。残業代がきちんと払われておらず、長時間労働のブレーキが利いていないのも影響しているが、人手が足りないのもある。

ここで、教育社会学者の舞田《まいた》敏彦《としひこ》氏による2016年10月5日付ニューズウィーク日本版記事を引用する。

> 社会を成り立たせる事業には、公でしか担えないものもある。どの国でもこういう線引きがされていて、働く人たちの中には公的機関での就業者（公務員）が一定数いる。その割合は国によって大きな差があり、日本はおそらく低いが、旧共産圏の国々ではいまだに高いことが想像される。
>
> そこで、就業者に占める公務員比率の国際比較をやってみた。2010〜14年にかけて、各国の研究者が共同で実施した『第6回世界価値観調査』のデータを用いる。就業者のうち、公的機関で働いていると答えた人の割合を国ごとに計算し、高い順に並べてみた〈図6-8〉。

	(%)		(%)
リビア	78.42	アメリカ	27.15
ベラルーシ	78.29	ニュージーランド	26.49
クウェート	77.99	パキスタン	23.75
カタール	76.39	メキシコ	23.63
アルメニア	63.83	インド	23.02
アゼルバイジャン	61.29	シンガポール	22.98
ウクライナ	58.27	香港	22.92
エジプト	52.18	ジンバブエ	22.78
アルジェリア	48.43	トルコ	21.25
スロベニア	47.61	ドイツ	21.04
イラク	47.45	南アフリカ	20.24
ロシア	47.09	ペルー	19.95
スウェーデン	46.15	キプロス	19.00
中国	44.62	アルゼンチン	18.94
ヨルダン	44.49	ブラジル	17.50
キルギスタン	43.02	ウルグアイ	17.19
バーレーン	41.61	レバノン	16.87
ルーマニア	41.10	韓国	16.54
エストニア	39.82	台湾	16.08
イエメン	39.64	マレーシア	15.79
カザフスタン	36.50	ナイジェリア	15.75
トリニダード・トバゴ	35.03	コロンビア	14.60
オランダ	33.91	ルワンダ	14.60
ポーランド	33.27	スペイン	13.08
パレスチナ	31.68	チリ	12.75
オーストラリア	30.01	ガーナ	12.68
エクアドル	27.87	フィリピン	12.01
チュニジア	27.63	日本	10.73
タイ	27.21	モロッコ	10.35

図6-8　就業者の公務員比率の国際比較

(出典)https://www.newsweekjapan.jp/stories/world/2016/10/post-5959.php

日本は10・7%で、調査対象の58か国の中では下から2番目だ。公務員比率が1割という日本の現状は、国際的に見ると特異だ。先進国の中でも格段に低い。

58カ国の平均値は32・6%で、就業者の3人に1人が公務員というのが国際的な標準のようだ。これより高い国は、北欧のスウェーデンが46・2%、旧共産圏の国々では60〜70%となっている。

何から何まで「私」依存、好んで使われる言葉が「自己責任」の日本だが、そんな風潮が就業者の公務員比率にも反映されている。


このように、日本は公務員の数が極めて少ないのである。その少ない人数で業務を回すことになるので、どうしても過重労働になる。こういう現状を見ると、私は安易な公務員バッシングに賛同することはできない。もっとお金を回して人員を増やさなければ、長時間労働の犠牲者は出続けてしまう。公務員も労働者であり、一人一人に大切な家族がいることを忘れてはならない。

なぜ日本はここまで労働者軽視になるのか。少なくとも民間企業については、自民党が経団連に代表される財界とつながりが深いことが大きく影響しているのではないかと思う。次章ではそれについて述べる。

第7章 自民党と財界

政治献金の歴史

「政治とカネ」。昔からある問題である。人類の永遠のテーマと言えるかもしれない。政治にはカネが必要。それを企業が政治献金という形で供給すると、どうしても、企業の言うことを聞くようになってしまい、「企業のための政治」になってしまう。そこでまずは政治献金の歴史を概観する。

現在の日本経団連（日本経済団体連合会）の前身である旧経団連（経済団体連合会）が誕生したのは、１９４８年8月である。そして、54年に発生した造船疑獄事件をきっかけにして、旧経団連による政治献金の斡旋《あっせん》が始まった。

当時の日本は、戦争で失った船舶の建造を早急に進めるため、復興金融公庫等を通じて船舶の建造にカネを貸す「計画造船」という方式を採用していた。この計画造船の割り当てを受けると、海運会社は自己資金無しで船舶を建造できた。そこで、海運会社と造船会社が結託して、国に対して申請する公表価格より安い秘密の実勢価格を決め、公表価格との差額をリベートとして海運会社が得ていたのである。海運会社は、計画造船の割り当てを受けるため、リベートしたカネを有力国会議員らに贈っていた。これが発覚して、この贈収賄に関係した者たちが、国会議員も含めて71人逮捕されたのである。うち14人に有罪判決が下された。なおこの際、安倍総理の叔父《おじ》である佐藤栄作《さとうえいさく》（当時自由党幹事長）も逮捕されそうになったが、時の犬養健《いぬかいたける》法務大臣の検事総長に対する「指揮権発動」により、逮捕を免れた。

このような「政治とカネ」問題で国民からの経済界に対する批判が強くなり、旧経団連において「見返りを求めないクリーンマネーを経団連で各企業、業界から集めて、それを自由党や民主党など保守政党に提供しよう」ということになった。当時は社会主義の脅威がまだ存在したため、経済界にとって、保守政党を支持することは、資本主義体制を維持するための保険料という意味合いがあった。

そして、企業からの政治献金を集める窓口として55年に「経済再建懇談会」が作られた。旧経団連は、会員の各企業、団体に政治献金を要請し、企業、団体は同懇談会にカネを振り込み、同懇談会から政党本部にカネが流れる仕組みが作られた。

旧経団連が斡旋する具体的な政治献金額は、企業の規模や収益力を測る指標を30~40くらい挙げて比較した結果を基準として各企業に割り振られた。この配分を記したリストは、発案者の花村《はなむら》仁八郎《にはちろう》氏の名前を取って「花村リスト」などと呼ばれた。

同懇談会は61年、自民党系政治団体、自由国民連合と合併して国民協会となった。そして、74年7月の参院選の際、田中角栄《たなかかくえい》が展開した巨額の金権選挙を資金面で支えたことから、国民の批判を浴びた。そこで、翌75年に体制を刷新して国民政治協会に改組した。また、同年に政治資金規正法が改正され、企業献金に一定の枠をはめると共に、各政党に対し、一つの団体を政治資金団体に指定できるとされたため、国民政治協会は自民党の正式な政治資金団体となった。実態は依然と変わらず、花村リストによる献金は93年まで続いた。

93年7月の衆院選で自民党が破れ、非自民8党会派による細川《ほそかわ》政権が成立したのをきっかけに、旧経団連はいったん政治資金の斡旋を廃止した。

なお、94年に政党助成法が成立し、要件を満たす政党に対し政党交付金が支給されるようになった。これと政治献金の廃止はセットになるはずだったが、結局廃止されなかった。

その後、94年6月に、自民党が村山富市《むらやまとみいち》社会党委員長を首班に担ぐことを条件に社会党に連立組み換えを申し入れ、新党さきがけも入れて自民・社会・さきがけ連立の村山内閣が成立し、自民党はわずか10ヵ月で政権与党に返り咲いた。しかし、旧経団連による斡旋は再開されず、2003年までの10年間、斡旋の無い期間が続いた（個別の企業からの自主的な献金は続いたので、献金がゼロになったわけではない。斡旋が無くなっただけ）。

そして、02年に旧経団連と旧日経連（日本経営者団体連盟）が合併し、現在の日本経団連が発足したのを機に、04年から、日本経団連の政策評価を基に献金の斡旋が再開されるようになった。再び経団連が影響力を増大しようと考えたのである。

具体的には、経団連が10個の「優先政策事項」を策定し、それに基づいて政党を評価する。さらに、経済界としての寄付総額の目標設定、企業ごとの寄付額の目安設定をした。これらを参考にして、経団連の会員企業・団体が献金先や献金額を自主的に判断して実践するよう呼びかけることにしたのである。

旧経団連時代のように、単にカネを出すことよりも、政治に与える影響は大きいと言うべきであろう。具体的な政策評価が伴うので、より多くの献金を欲する場合、経団連の優先政策に合わせた政策を実行することになるからである。

例えば、自民党から民主党への政権交代前年の08年の評価に用いられた優先政策事項は次のとおりである。経団連は、これに基づいて、自民党と民主党にそれぞれ5段階評価をつけている。

①経済活力・国際競争力の強化と財政健全化の両立に向けた税・財政改革
②将来不安を払拭《ふっしょく》するための社会保障制度の一体的改革と少子化対策
③民間活力の発揮を促す規制改革・民間開放の実現と経済法制の整備
④日本型成長モデルの実現に向けたイノベーションの推進

⑤持続可能で活力ある経済社会の実現に向けたエネルギー政策と地球環境対策の推進
⑥公徳心をもち心豊かで個性ある人材を育成する教育改革の推進
⑦個人の多様な力を活かす雇用・就労の促進
⑧道州制の導入の推進と魅力ある経済圏の確立
⑨グローバル競争の激化に即応した通商・投資・経済協力政策の推進
⑩新憲法の制定に向けた環境整備と戦略的な外交・安全保障政策の推進

このうち、経団連の姿勢がもっともわかりやすく出るのが⑦の「個人の多様な力を活かす雇用・就労の促進」であろう。

民主党の最大の支持母体は労働組合（連合）であり、当然労働者保護を強く志向することになるが、この⑦について、経団連による民主党の評価は「Ｄ」とされているのである。具体的にはこんなことが書いてある。

「ワーク・ライフ・バランスについては、労働時間等の規制を強化して、その実現を図る方針。08年通常国会では、政府提出の労働基準法改正法案に関して、残業代の割増率の引上げを主張、継続審議となった。派遣については契約期間が２ヶ月以下の派遣を一律禁止する法案を策定。企業活動や雇用の実態を十分に踏まえず」

つまり、民主党の打ち出した労働者保護政策について最低から２番目のＤ評価をつけている

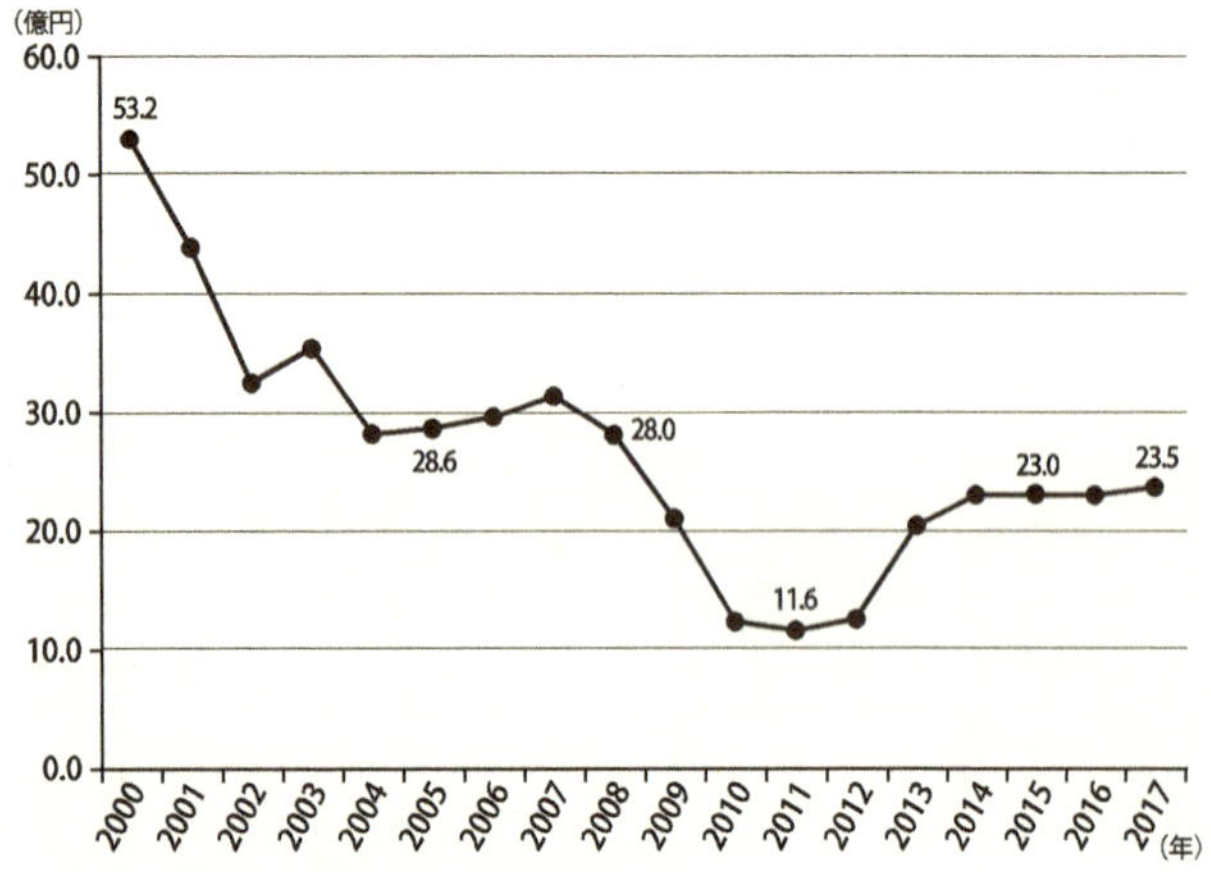

図7-1　国民政治協会からの寄付の推移
（出典）総務省「政治資金収支報告書の概要」

ということである。**こういう団体が政治献金をしているのだから、労働者保護が軽視されてきたのも当然であろう。**この政策評価方式による献金斡旋は、民主党が政権奪取したことに伴い、消滅した。政策評価方式による最後の献金斡旋があった08年は、自民党に約28億円が献金されたのに対し、民主党は約1億円に過ぎなかった。

なお、民主党は民主党政策集 INDEX2009にも「企業・団体献金を禁止し、政治不信を解消します。政治資金規正法を改正し、その3年後に企業・団体の献金およびパーティー券購入をすべて禁止します」と書いたが、結局実現できなかった。

ここで、政治資金収支報告書から、自民党が政治団体から受けた寄付の推移を見てみよう（図7－1）。ここでいう政治団体というのは、国民政治協会のことである。各企業が国民政治協会に献金し、それを同協会が自民党に寄付する、という流れになっている。国民政治協会自体の運営費用等が、各企業の献金から差し引かれるので、同協会への献金と、同協会から自民党への寄付額が一致するわけではない。また、ネット上だと00年からのデータしか取得できない。

00年〜02年にかけて大きく落ち込んでいるのは、ITバブル崩壊の影響かもしれない。政策評価方式による斡旋を開始した04年〜07年にかけて上昇した後、リーマンショックが発生した08年から下落に転じ、下野していた期間は12億円程度に落ち込んでいる。その後、政権を取り戻してから20億円を超え、以降は23億円程度で推移している。

かつてはもっと巨額であった。政党交付金が支給される前、旧経団連による最後の花村リスト方式の献金斡旋がされた1993年の国民政治協会に対する献金は78億円もあった。度重なる政治資金への規制強化、バブル崩壊の影響による景気低迷、自民党が政党交付金によって収入を補塡《ほてん》できるようになったことなどが影響し、減少している。

政治資金パーティー

政治家にとって、政治資金パーティーも大きな収入源である。これは政治資金を集める目的で有料開催される宴会である。これが政治家個人や派閥の独自の資金源となる。この政治資金パーティーは、政治資金規正法8条の2に規定されている。

「第八条の二　政治資金パーティー（対価を徴収して行われる催物で、当該催物の対価に係る収入の金額から当該催物に要する経費の金額を差し引いた残額を当該催物を開催した者又はその者以外の者の政治活動（選挙運動を含む。これらの者が政治団体である場合には、その活動）に関し支出することとされているものをいう。以下同じ。）は、政治団体によつて開催されるようにしなければならない」

簡単に言うと、パーティー券を売り、パーティーに関する費用（会場代、料理代等）を差し引いた分を政治資金として使うのである。

その実態について、2018年8月10日付日経新聞の記事（政治家パーティー、相場は1枚2万円　利益率8割超？）から引用する。

こうした政治資金パーティーの券は1枚2万円が相場だ。秘書が企業や業界団体、支援者のもとを訪ねて売り歩く。一般の人も事務所などを通じて買える。パーティー券の売り上げからホテルの会場費や食事代、招待状の印刷・郵送費を引いた額が政治家側の「利益」になり、秘書を雇う費用などに充てる。

食事はビュッフェが多い。「利益率を上げるため量を調整する」（国会議員秘書）。**500枚の券を売っても、一般的に来場者は250人程度といわれる。**乾杯だけで帰る人も多いため、食事は150人分くらいに抑えられる。食事が早々に無くなる光景はよく目にする。会場選

順位	政治団体名	収入額	開催回数
1	清和政策研究会（自民党細田派）	2億98万円	1
2	宏池政策研究会（自民党岸田派）	1億8823万円	1
3	志帥会（自民党二階派）	1億8769万円	1
4	21世紀政策研究会（鈴木宗男）	1億3523万円	2
5	平成研究会（自民党竹下派）	1億3309万円	1
6	為公会（自民党麻生派）	9322万円	1
7	新風会（遠藤利明）	9314万円	4
8	林芳正を支える会（林芳正）	8263万円	5
9	新政治経済研究会（岸田文雄）	8132万円	4
10	秋元司後援会（秋元司）	8032万円	2

図7-2　特定パーティー収入ランキング
（出典）https://www.jiji.com/jc/graphics?p=ve_pol_politics-seijishikin-grouprank

びもポイントだ。ある秘書は「高級ホテルを避ければ経費は2～3割安い」と語る。**費用を抑えれば券の販売収入の8割以上を残せることもあるという。**

パーティー券の売上のうち8割が残ることもあるというのだから、莫大《ばくだい》な収入源である。

18年12月7日付時事ドットコムニュースの記事（【図解・政治】特定パーティー収入ランキング〔政治資金収支報告〕）には、17年の政治パーティー収入ランキングが載っているので引用する（図7－2）。

自民党派閥が1位から3位を独占し、その他もほとんど自民党関連団体ばかりである。同記事によると、17年の政治資金パーティー全体の収入総額は77億5500万円だったという。その大半を自民党系が占めていると思われる。

企業からの献金は、この政治資金パーティー券の購入を通じても行われている。政治献金、パーティー券購入を通じてお金を渡されたら、言うことを聞いてしまうだろう。そして、政治家が言うことを聞いてきたからこそ、連綿と政治献金、パーティー券購入が続いてきたと言える。

カネの効果としての派遣産業の隆盛等

これらの「カネの効果」としてわかりやすいところをピックアップすると、労働法制の規制緩和が挙げられる。特に、労働者派遣事業はもともと禁止されていたにもかかわらず、経営者側の強い要望により、1986年に労働者派遣法が施行され、解禁されてしまった。なお、それ以前に労働者派遣がされていなかったかというと、そうではなかった。人材派遣ビジネスの祖と言われるマンパワージャパンが設立されたのは66年である。派遣大手のテンプスタッフは73年、パソナは76年に設立されている。これらの会社は「業務請負」という形で労働者を派遣していた。これは脱法行為であるが、派遣法はこれを追認してしまったのである。

なぜ労働者派遣が禁止されていたのか。それは現在の状況を見ればわかるであろう。派遣先企業は雇用にまつわる面倒な責任を回避できる上、労働者がいらなくなればすぐ切れる。派遣元は、本来労働者が全部もらえるはずの報酬からピンハネして儲《もう》かる。損をするのは、いらなくなったらすぐ切られる上にピンハネのため給料が低くなる労働者である。これを放っておくと、不安定な低賃金労働者が増えすぎてしまう。そうなると、消費が伸び悩み、結婚も減り、少子化が加速する。今まさに日本で起きていることである。目先の人件費はカットできて、一見企業にとっても良いことのように思えるが、長い目で見ると、社会全体が沈んでいく羽目になるのである。こういう弊害があるから禁止されていたのだ。しかし、自民党と財界は目先の利益を優先した。

ただ、86年の施行当初はソフトウェア開発や事務用機器操作等、専門的な13業務のみに限定され、それ以外は禁止されていた。専門的な業務のみOKとされたのは、専門的な技術をもつ労働者であれば、希少な存在であるため、交渉力が高く、ピンハネによる搾取の弊害も抑制できると考えられたからであろう。

その後、96年に対象業務が26業務に拡大され、99年には特定の業務以外は全部OKとする「原則自由化」がされてしまった。当初は「13業務のみ合法、それ以外はダメ」だったのに、「禁止業務以外は全部OK」となり、原則と例外が逆転したのである。そして、2004年には、派遣禁止業務であった製造業への派遣も合法化されてしまった。これが非常に大きく、製造業の派遣労働者が爆発的に増えた（図7－3）。

製造業派遣が解禁された04年から、リーマンショックの発生した08年まで、うなぎ上りに派

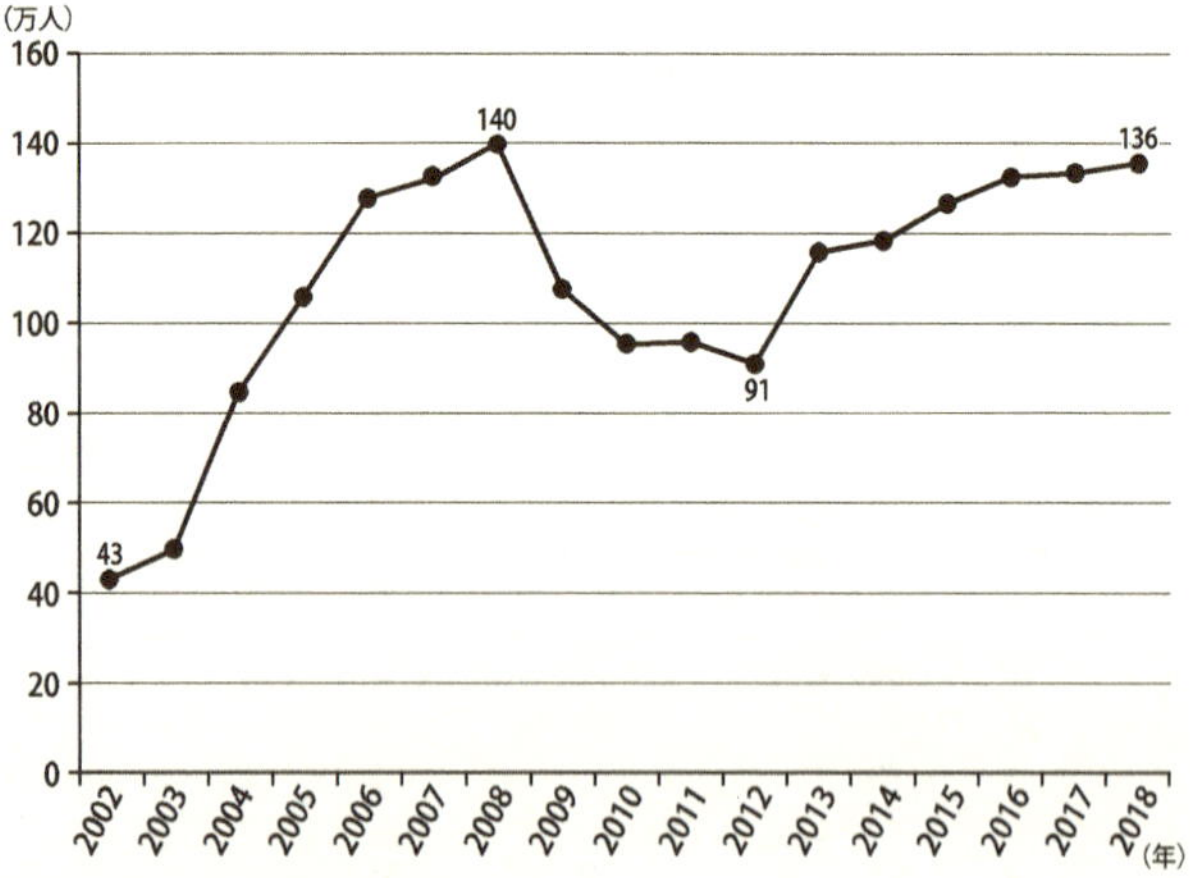

図7-3　派遣社員数の推移
(出典)総務省「労働力調査」

遣労働者が増大しているのがわかる。解禁前と比べると実に3倍以上に上る。そして、リーマンショックの発生を受けて一気に派遣労働者が切られていき、12年には91万人にまで落ち込んでいる。派遣労働者が雇用の調整弁とされたことがよくわかる。

次に、日本人材派遣業界が作成した売上高と主な派遣法改正の関係がよくわかるグラフを引用する（図7－4）。

製造業派遣の解禁以前も売上高は増加傾向にあったが、解禁後の増加ペースはそれ以前をはるかに上回る。08年の売上高は解禁前03年の3倍を優に超えている。リーマンショックで売上高は急激に落ちたが、それでも解禁前と比べれば売上は倍以上をキープしている。

派遣事業だけではない。第2章で紹介し

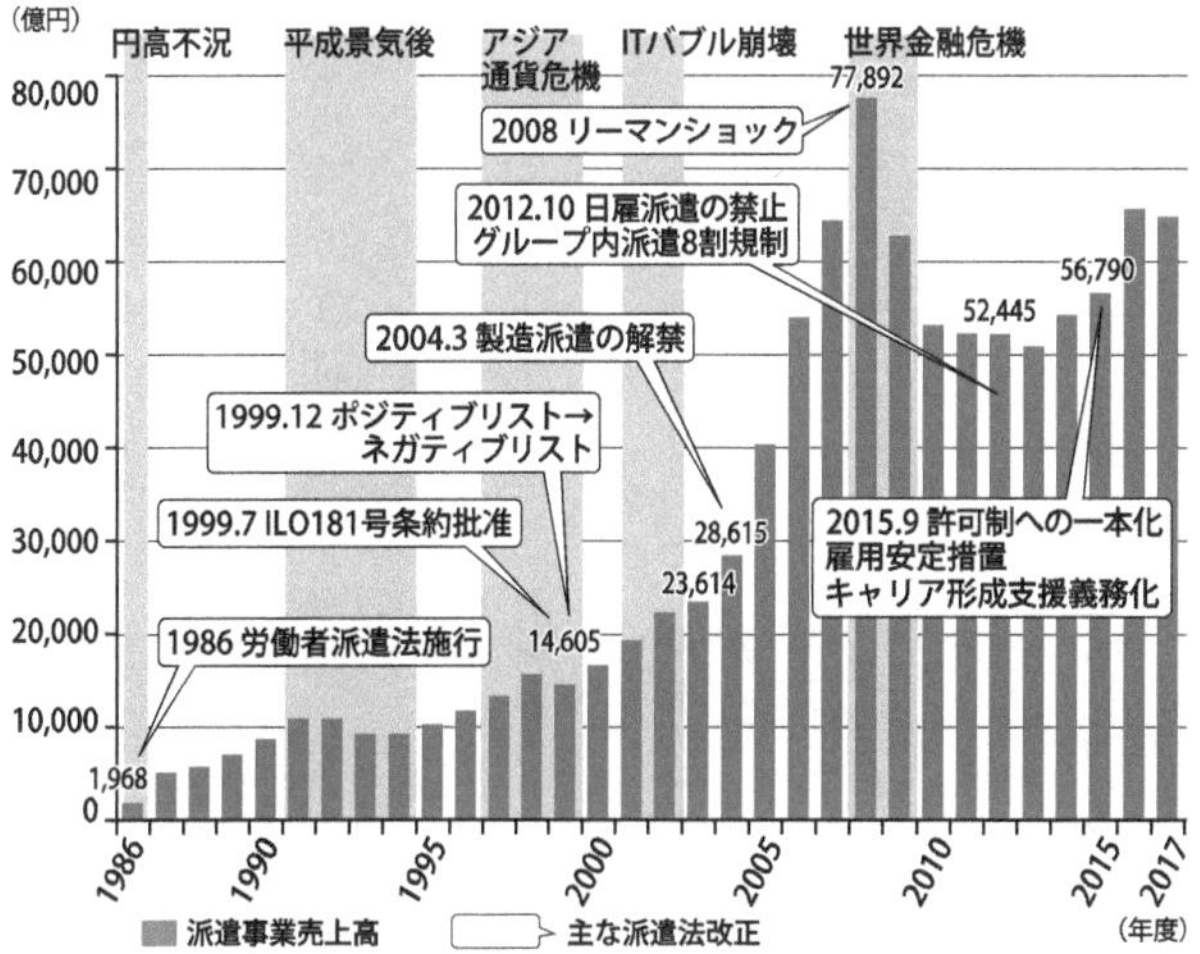

図7-4 派遣事業の売上高
(出典)厚生労働省「労働者派遣事業報告書集計結果」

た「専門業務型裁量労働制」及び「場外みなし」も、1988年に施行され、「企画業務型裁量労働制」は2000年に施行された。財界の要望に応《こた》えて、残業代をカットする抜け道が用意されたのである。専門業務型裁量労働制については、当初対象業務が5業務しかなかったのに、改正を重ねてどんどん対象業務が拡大されていった。そして、19年4月には、第2章で紹介した「高プロ制」が施行され、またひとつ残業代をカットできる抜け道が用意されたのだった。さらに、経済界は、データをねつ造してまで通そうとした企画業務型裁量労働制の対象業務拡大をまだ諦《あきら》めていない。

なお、経団連は以前から法人税の減税と、消費税の引き上げを求め続けており、これも実現している。法人税は、ピーク時は税率43・3％だったものが、現在は23・2％までに引き下げられた。他方、消費税は1989年に3％で導入され、以後税率が上がっていき、2019年10月には10％になった。法人税減税の穴埋めに消費税が使われた形になってしまっている（歳出が増大しているので、法人税減税の穴埋めをしても財政赤字は拡大していく）。

要するに「**人間を安くこき使いたい。いらなくなったらすぐ切りたい。税金は払いたくない**」という経済界の要望が着々と実現されてきたのである。

カネだけではなく、ヒトも出す

財界は、政府に対し、カネだけではなく、ヒトも出している。例えば、小泉《こいずみ》構造改革において、中心的な役割を果たした経済財政諮問会議である。同会議は、内閣府設置法第18条に基づき内閣に設置される「重要政策に関する会議」の1つであり、内閣総理大臣の諮問を受けて、経済財政政策に関する重要事項について調査審議する。

この経済財政諮問会議のメンバーは、議長を除くと10人。民間から4名が選出され、うち2名は財界人、残る2名は学者が選ばれる。**労働者側の代表はいない**。2001年4月に小泉内閣が発足し、06年9月に小泉が退陣するまで、小泉改革の中心的役割を果たした。なお、民主党時代には、この会議は実質的に活動を停止したが、自民党が政権を奪取してからは再度復活し、経済政策策定について再び中心的役割を果たしている。財界から2名、民間の学者から2

名が選定されるのは現在も同様である。

そして、小泉政権時代、この会議に竹中平蔵《たけなかへいぞう》が経済財政担当大臣として入っていた。竹中は、民間選出の４人をまとめて「４人会」という集まりを作り、民間議員ペーパーを作成し、会議をリードした。４人に竹中を加えると５人。そして、小泉は竹中の後見人と言ってよいので、竹中の意見には賛同する。したがって、議長の小泉も加えると６人。議長含めた経済財政諮問会議のメンバーは11人であるから、「竹中派」は常に過半数を占めることになる。諮問会議で竹中に反対論を述べれば「抵抗勢力」とみなされて批判された。このように、強い立場にある竹中派の中に、財界人２名が入っていたことで、財界の要望も実現させることができる環境であった。そして、この会議で決定された事項を基に、小泉改革が実行されていったのである。

この会議で財界が得たわかりやすい成果としては、法人税減税が挙げられる。経団連は法人税率の引き下げを求めていたが、小泉が消費税増税しないことを公言していたため、引き下げの財源の埋め合わせができないことから、断念した。その代わり、研究開発投資やＩＴ投資に対する政策減税を求め、03年税制改正による、総額１兆２０００億円の企業減税が達成されたのである。これに加え、財界が望んでいた郵政民営化、公共事業の削減、社会保障費抑制等も実現されていった。

製造業派遣解禁の舞台裏

製造業派遣解禁にも、財界からの「ヒト」が紛れ込んでいる。製造業派遣が解禁されたのは、2002年12月に、総合規制改革会議が出した「規制改革の推進に関する第2次答申―経済活性化のために重点的に推進すべき規制改革」がきっかけである。この答申で製造業の派遣を解禁すべしとされていたことから、翌年の通常国会に製造業派遣解禁の法案が提出され、これが成立し、04年3月から施行された。

この総合規制改革会議とは、経済財政諮問会議と同じく、内閣府設置法に基づき、内閣に設置される会議である。総理任命の民間委員15名と専門委員が、各分野の規制改革を担当し、各省庁のハイレベルと直接折衝する。経済財政諮問会議と密接に連携し、規制改革を強力に推進するとされている。01年4月1日に設置され、04年度末をもって廃止された。

この会議の議長は宮内義彦《みやうちよしひこ》オリックス会長であった。そして、**会議の中に、製造業派遣解禁で大きな利益を得る人材派遣関連の委員が2人も入っていた。**人材派遣業ザ・アールの奥谷禮《おくたにれい》子《こ》社長と、人材派遣も行うリクルートの河野《こうの》栄子《えいこ》社長である。そして、ザ・アールの第2位株主はオリックスであり、リクルートはオリックスの取引先であった。宮内、奥谷、河野の3名は密接な関係にあったのである。

これが公平中立な諮問会議などとはだれも思わないだろう。こうやって一部の企業が利益を得る法改正がされ、他方で、多くの労働者が不安定な低賃金労働に苦しめられるのである。

派遣法骨抜き改正にも影響

２００９年12月に、労働組合（連合）を最大の支持母体とする民主党政権に交代したことにより、労働法制の分野で、規制緩和に対する揺り戻しが起きた。12年10月に施行された改正派遣法では、日雇派遣の原則禁止、離職後１年以内の人材を派遣スタッフとして元の職場で働かせることの禁止等のほか、労働契約申し込みみなし制度が創設された。このみなし制度は、違法な派遣がされていた場合において、派遣先が違法であることを知りながら派遣労働者を受け入れていた場合、派遣先が派遣労働者に対して労働契約を申し込んだものとみなす制度である。簡単に言えば、違法派遣を受け入れていた派遣先は、派遣労働者を直接雇用しなければならなくなったのである。規制緩和であまりにも派遣労働者が増えすぎてしまい、労働者が不安定な地位に立たされたため、このような規定が設けられた。

違法派遣の典型例は、派遣が禁止されている業務に就かせることや、派遣の期間制限に違反することと等である。特に、期間制限が重要である。専門26業務については期間制限がなかったものの、それ以外の業務については、３年の期間制限があった。しかもこの制限は、事業所ごとにカウントされる。つまり、**同じ事業所において、３年を超えて派遣労働を受け入れること自体が違法であった**。派遣労働者を替えてもこれは同じである。その事業所で再度派遣労働者を受け入れるには、３ヵ月超のクーリング期間を空けなければならない。

この「労働契約申し込みみなし制度」が適用されるのは、法の施行から3年後、すなわち、15年10月1日からであった。経済界はこれを「10・1問題」と呼んで問題視した。これが適用されると、派遣労働者を直接雇用しなければならなくなる。ちょうど法の施行から3年が経過し、期間制限を超えてしまうからである。直接雇用となれば、派遣先企業は雇用に関係する様々な責任を負う羽目になり、派遣元企業は派遣料収入を失う。経済界としては絶対にこれを避けたいところである。

そこで、民主党から政権を奪取した自民党がどう対応したのかというと、派遣法をさらに改正してこのみなし制度を骨抜きにしたのである。具体的には、専門26業務とそれ以外という2つの区分を廃止し、一律に期間制限を3年にした。そして、それを超えて派遣を受け入れる場合、派遣先事業所からの過半数労働組合（無い場合は労働者の過半数代表者）から意見を聴くこととした。ただし、意見を聴いた結果異議を述べられたとしても、その意見を尊重するよう努めなければいけないとされているだけ。反対を押し切って延長しても違法ではない。したがって、なんの制約も無いに等しいため、期間制限は事実上撤廃されてしまったのである。

なお、個別の派遣労働者については3年の期間制限がある。したがって、**派遣先企業としては、3年ごとに派遣労働者を入れ替えれば、派遣をずっと受け入れることが可能になった。**

そして、この改正派遣法の施行日は、労働契約申し込みみなし制度が開始する15年10月1日の直前である同年9月30日に無理やり設定された。改正法案の成立が同年9月11日であり、これほど短期に法律を施行するのは異例中の異例であった。経済界の利益を優先する自民党と、労働者の利益を優先する民主党の違いがもっとも色濃く表れたと言えよう。この「骨抜き劇」の舞台裏に、竹中平蔵の存在がある。竹中は09年に派遣大手のパソナグループの会長に就任した。そして、竹中は、産業競争力会議において、議員の1人となっている上、同会議の「雇用・人材分科会」の担当になっているのである。なお、この会議は第2次安倍政権発足後間もない13年1月8日付で開催が決定され、その後政府の成長戦略の具現化と推進をする役割を果たしている。こういった派遣会社の利益代表者が参加する会議において派遣法の再度の規制緩和が議論され、実行されたということである。経済界と自民党の癒着がよくわかる。

国民を貧乏にしただけのアベノミクス

第2次安倍政権の看板政策であるアベノミクスも、無理やり円安にして経団連の中枢を占める製造業を潤しただけで、結局、一般国民は生活が苦しくなっただけである。これは拙著『アベノミクスによろしく』『データが語る日本財政の未来』『国家の統計破壊』（いずれも集英社インターナショナル）で詳しく書いた。以下、要約して説明する。

アベノミクスの失敗を1枚のグラフにまとめると、次のとおりである（図7－5）。これはアベノミクス前の２０１２年を１００とした、名目賃金指数、実質賃金指数、消費者物価指数、実質世帯消費動向指数の推移である。端的に言えば、

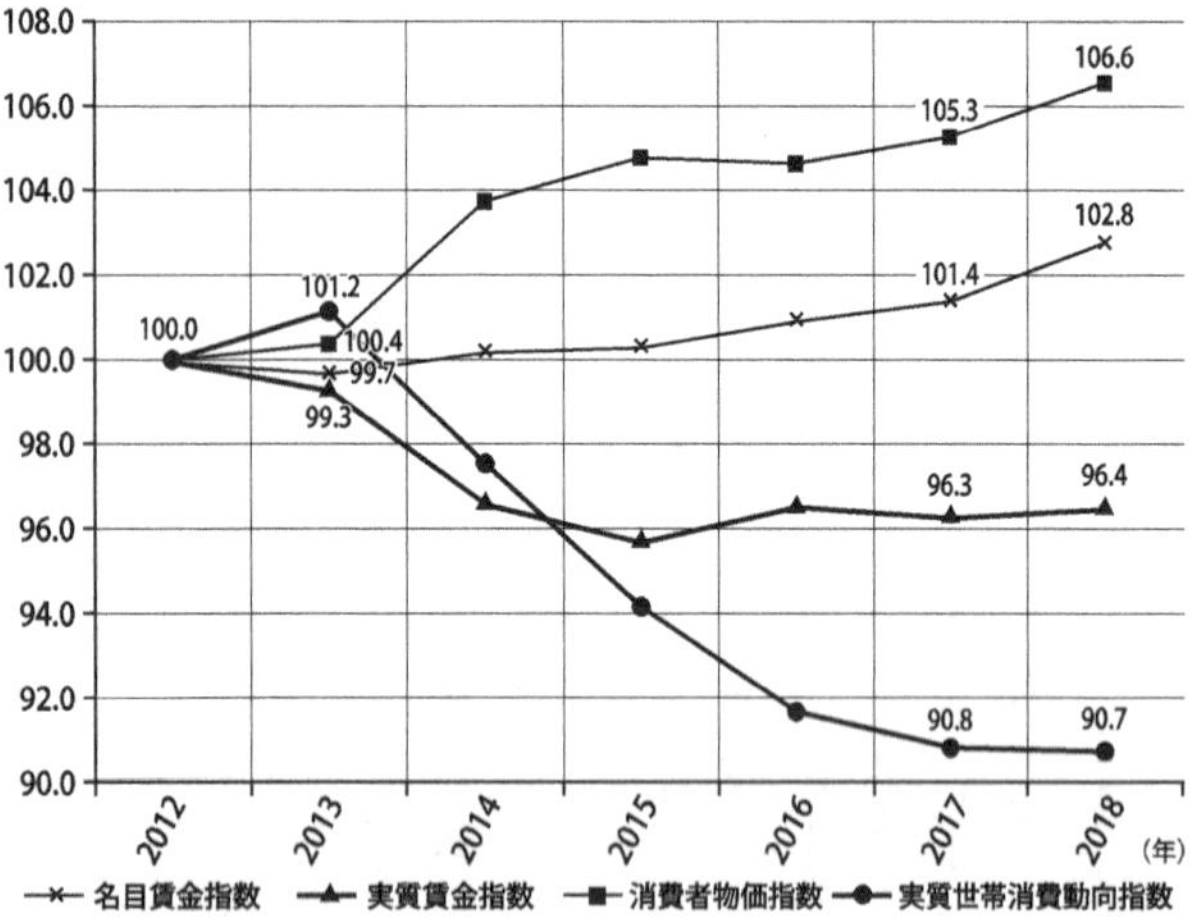

図7-5　賃金と物価と消費の推移

（出典）賃金…厚生労働省「毎月勤労統計調査」、消費者物価指数…総務省統計局「消費者物価指数」、実質世帯消費動向指数…総務省統計局「消費動向指数」を元に作成

①物価が急上昇したのに
②名目賃金が伸びなかったので
③実質賃金が急激に下がり
④消費が落ち込んだ

ということである。

12年と18年を比べると、消費者物価指数は6・6％も上昇している。日銀の試算によれば、消費税増税（5％→8％）による物価上昇は2％なので、残り4・6％は、アベノミクスによって急激に進行した円安の影響と言える。アベノミクスは「3本の矢」からなるが、実質的に言えば、ほとんど第1の矢である「異次元の金融緩和」しかし

ていない。そして、異次元の金融緩和というのは、日銀が民間金融機関から異常な量の国債を買入れ、そのかわり「円」を民間金融機関に供給するものである。通貨が大量に供給されれば、普通は価値が下がる。そう予想した投資家が、円売りに走ったことにより、円の価値が大幅に下がって円安になった。アベノミクス前は１ドル80円程度だったものが、もっとも安いとき（15年）で１ドル１２０円台を記録した。これは、円の価値がドルに対して３分の２に下がったことを意味する。円安になると、輸入原材料等の価格が上がるので、物価は上昇する。

15年に原油の暴落があったおかげで円安による物価上昇の勢いが抑えられた。そして、16年は円高になったので、物価は微妙に下がった。ところが、17年ごろからまた円安傾向になったと共に原油価格がもとに戻り始めたので、物価が再度上がり始めた。直近18年は前年比１・２％と、比較的高い伸びを示している。原油価格がアベノミクス前の水準のままだったら、円安による物価上昇はもっと凄《すさ》まじいものになっている。

つまり、消費税増税に円安を被《かぶ》せたので、短期間に物価が急上昇してしまったのである。日銀の物価目標が達成されていないと盛んに報道されているせいで、「物価が上がっていない」という勘違いが広まってしまっている。日銀の目標は「前年比２％の物価上昇」すなわち毎年２％ずつ物価を上げていくというものであり、「アベノミクス開始前から２％」ではない。しかも、増税による物価上昇は取り除かれている。アベノミクス開始前から消費税増税による影響も含めて累計すると、物価は急上昇しているのである。

他方、名目賃金は、6年かけても2・8％しか伸びなかった。そのため、実質賃金は、アベノミクス開始前と比べると3・6％も低い。ここで名目賃金とは、見たままの賃金額を言い、実質賃金は名目賃金から物価変動の影響を取り除いた値を言う。例えば、あなたの給料が5％上がったとしても、物価も5％上がってしまえば、実質的に見てあなたの給料が上がったとは言えない。このように、賃金を見るときは「実質賃金」がもっとも重要である。そして、実質賃金の計算式は名目賃金指数÷消費者物価指数×１００なので、名目賃金の伸びを、物価の伸びが上回ると、実質賃金は下がる。それがアベノミクスで起きたことである。

なお、実質賃金の下落を指摘すると、必ず「賃金の低い新規雇用者が増えて平均値が下がったから」と指摘する者がおり、安倍総理も同趣旨の答弁を国会でしているが誤りである。平均値の問題であれば、名目賃金も下がらなければならない。しかし、下がっていない。賃金下落をごまかすための幼稚な詭弁《きべん》である。

ところで、名目賃金については、18年に異常なかさ上げがされている。詳細は拙著『国家の統計破壊』に書いたとおりであるが、要するに計算方法を変えてかさ上げしたのである。これにより、13年〜17年の5年間で1・4％しか伸びなかった名目賃金が、18年のたった1年間で1・4％伸びるという異常現象が起きた。しかし、それでも実質賃金の大きな下落を全然挽回《ばんかい》できていないのである。かさ上げしなければもっと悲惨な結果になっている。

そして、実質賃金急落が影響し、実質世帯消費動向指数（世帯消費を指数化したものから物価

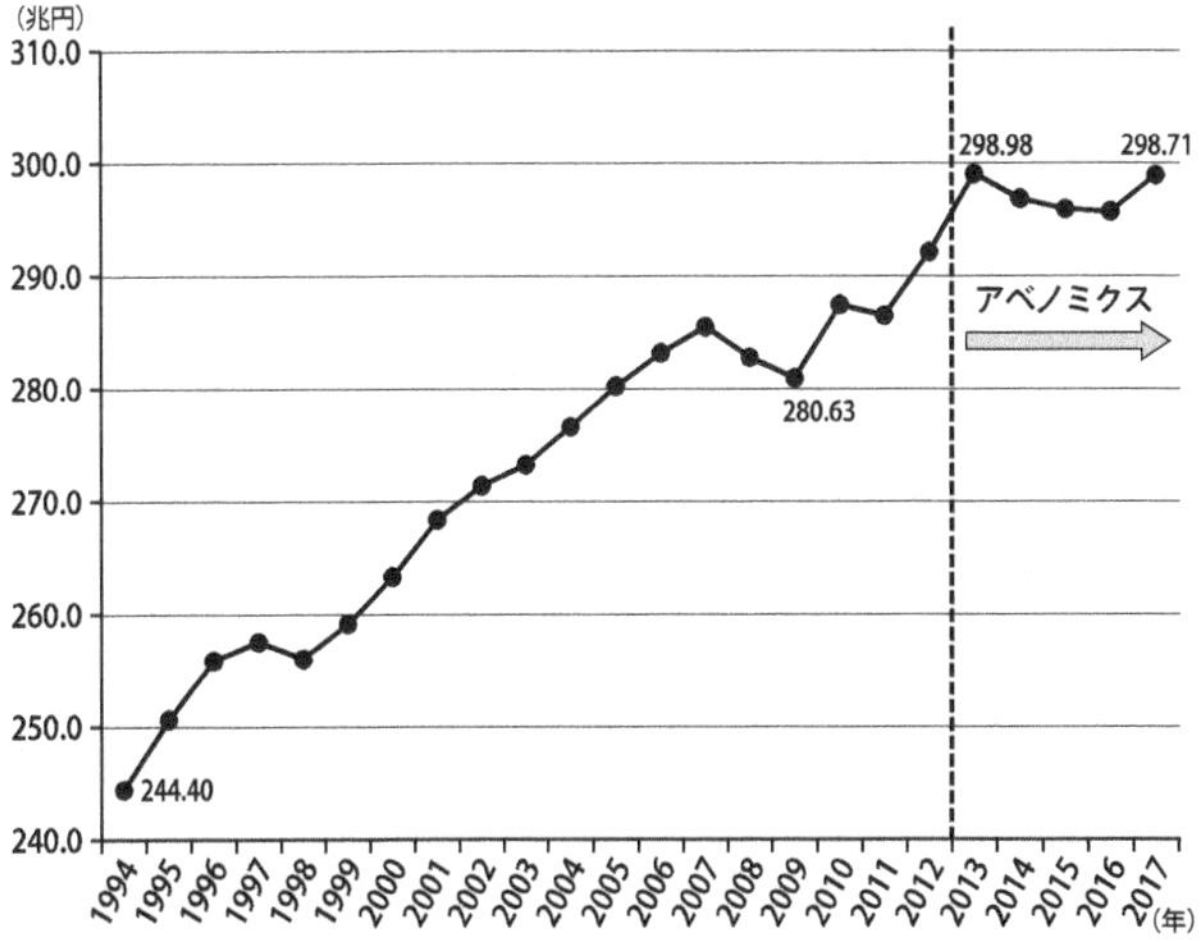

図7-6　実質民間最終消費支出
(出典)内閣府「国民経済計算」

変動の影響を除いた数字）が大きく下がった。アベノミクス前と比べると実に9・3％も下がっている。

この各世帯の消費の落ち込みが、全体の消費の落ち込みに直結した。**日本のGDPの約6割**を占める実質民間最終消費支出の推移を見ていただきたい（図7－6）。

14年～16年にかけて、3年連続で下がった。これは戦後初の現象である。そして、17年は少し回復したものの、4年も前の13年を下回る。こちらも戦後初の現象。すなわち、アベノミクスは戦後最悪の消費停滞を引き起こしたのである。

実は、この数字ですら大きくかさ上げされたものである。16年12月にGDPの算出方法が変更され、過去22年に遡《さかのぼ》って

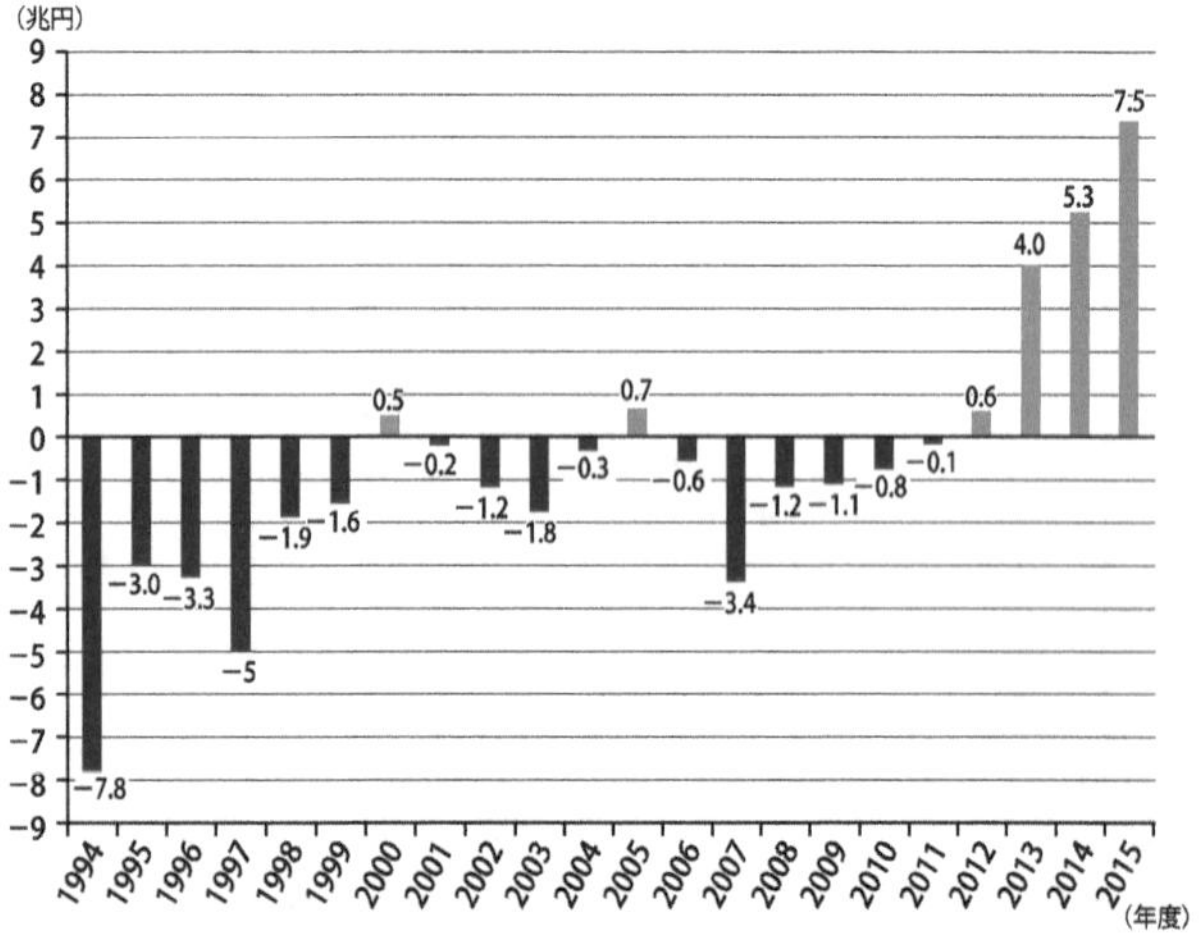

図7-7　「その他」のかさ上げ額

（出典）平成28年12月22日付内閣府作成資料「平成27年度国民経済計算年次推計（平成23年基準改定値）（フロー編）ポイント」

数字が改定された結果、数字が大幅にかさ上げされた。政府が強調しているのは、「２００８ＳＮＡ」という、国際的なＧＤＰ算出基準を採用したことにより、研究開発費等が加わるので、大きく数字が伸びる、というものである。しかし、実はその２００８ＳＮＡとまったく関係ない「その他」という部分で異常な数字の操作がされている。「その他」を抜き出したのが図７－７である。

アベノミクス以降のみ異常にかさ上げされているのがわかる。その他の年はほぼ全部マイナス。特に90年代は全部マイナスである。90年代は平均してマイナス３・８兆円だが、アベノミクス以降は平均してプラス５・６兆円。

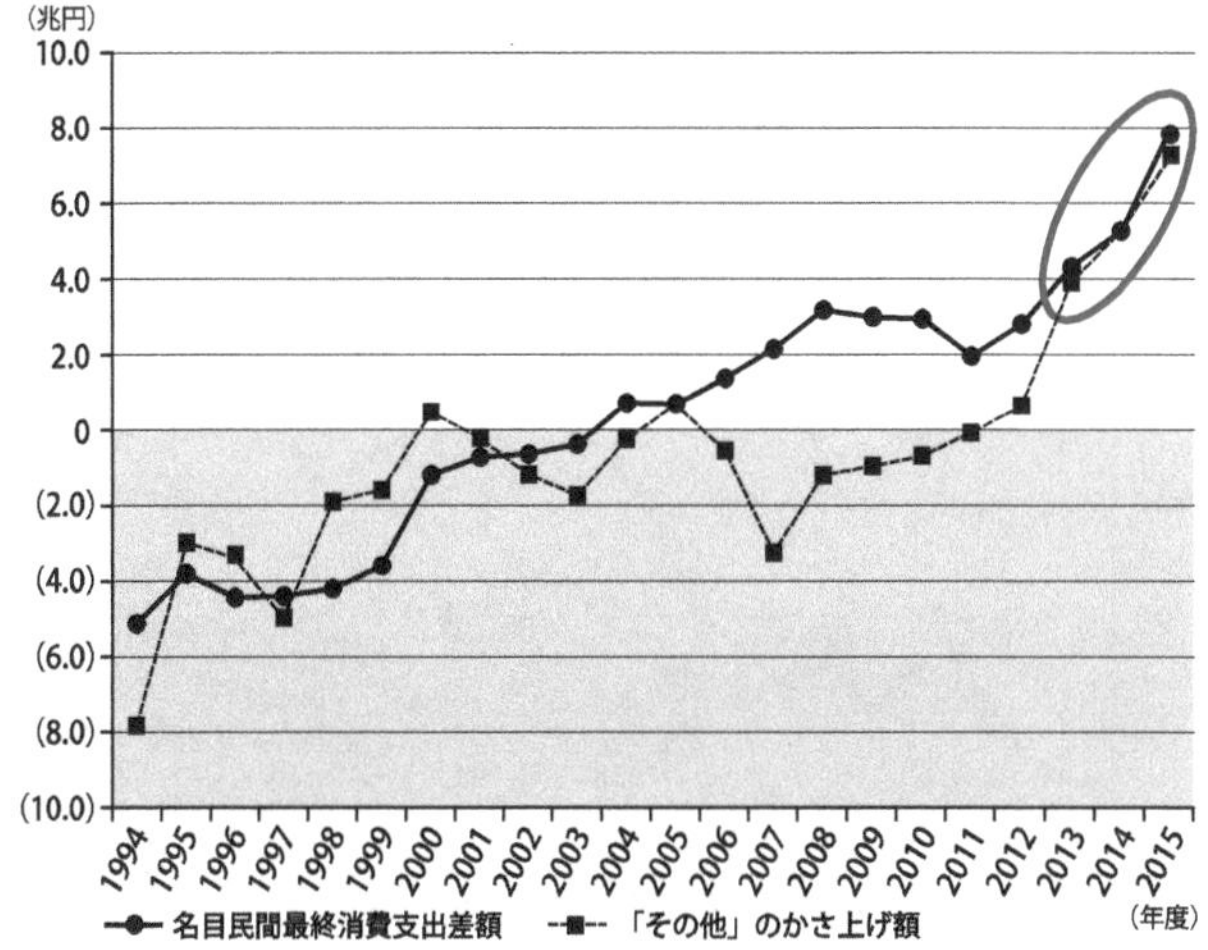

図7-8　名目民間最終消費支出差額と「その他」のかさ上げ額

（出典）内閣府「国民経済計算」、平成28年12月22日付内閣府作成資料「平成27年度国民経済計算年次推計（平成23年基準改定値）（フロー編）ポイント」を元に作成

この「その他」の部分だけで、90年代とアベノミクス以降との間に約10兆円の差がつくということだ。同じ基準で改定したはずなのにこれは異常だろう。そして、この「その他」と改定前後の名目民間最終消費支出の差額を比較すると、アベノミクス以降のみ、3年度連続でほぼ一致するのである（図7－8）。

つまり、アベノミクスでもっとも失敗した消費について、思いっきりかさ上げして隠そうとしたのである。しかし、それでも「戦後最悪の消費停滞」になってしまっている。かさ上げしなければもっと悲惨な結果になっていただろう。この「その他」による異常な数字の操作を私は「ソノタノミクス」

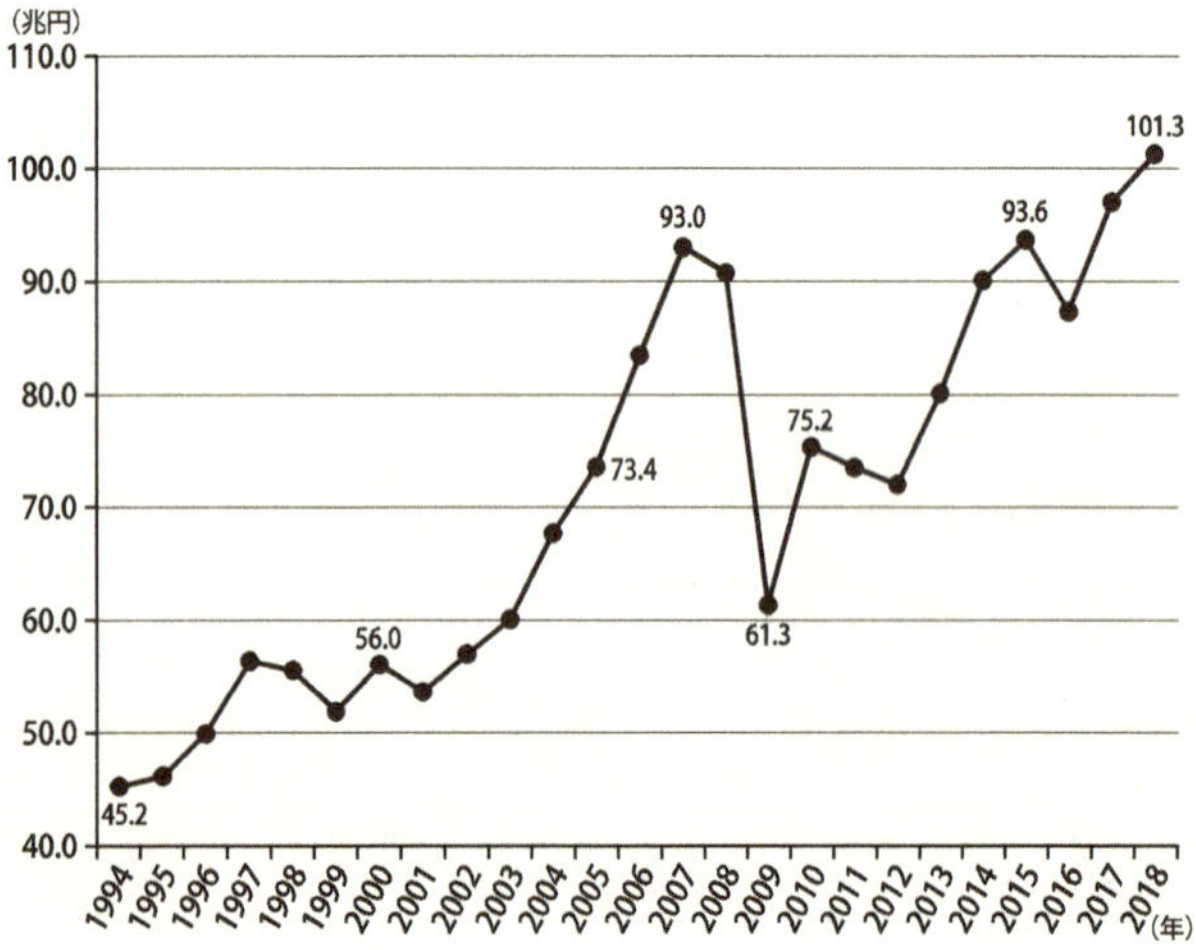

図7-9　輸出
（出典）内閣府「国民経済計算」

と名付けているが、詳細は拙著『国家の統計破壊』をお読みいただきたい。アベノミクスの失敗を覆い隠すため、日本の統計はまさに「破壊」と言ってよいかさ上げがされており、もはや原形をとどめていない。

国民が貧乏になる一方、輸出大企業が潤う

このように国民が貧乏になり、国内実質消費が戦後最悪の停滞を記録した一方で、輸出大企業は大きな利益を得た。名目ＧＤＰにおける輸出の推移を見てみよう（図７－９）。

円安が進行した２０１３年～15年にかけて、大きく伸びている。そして、円高になった16年は前年より下がり、再び円

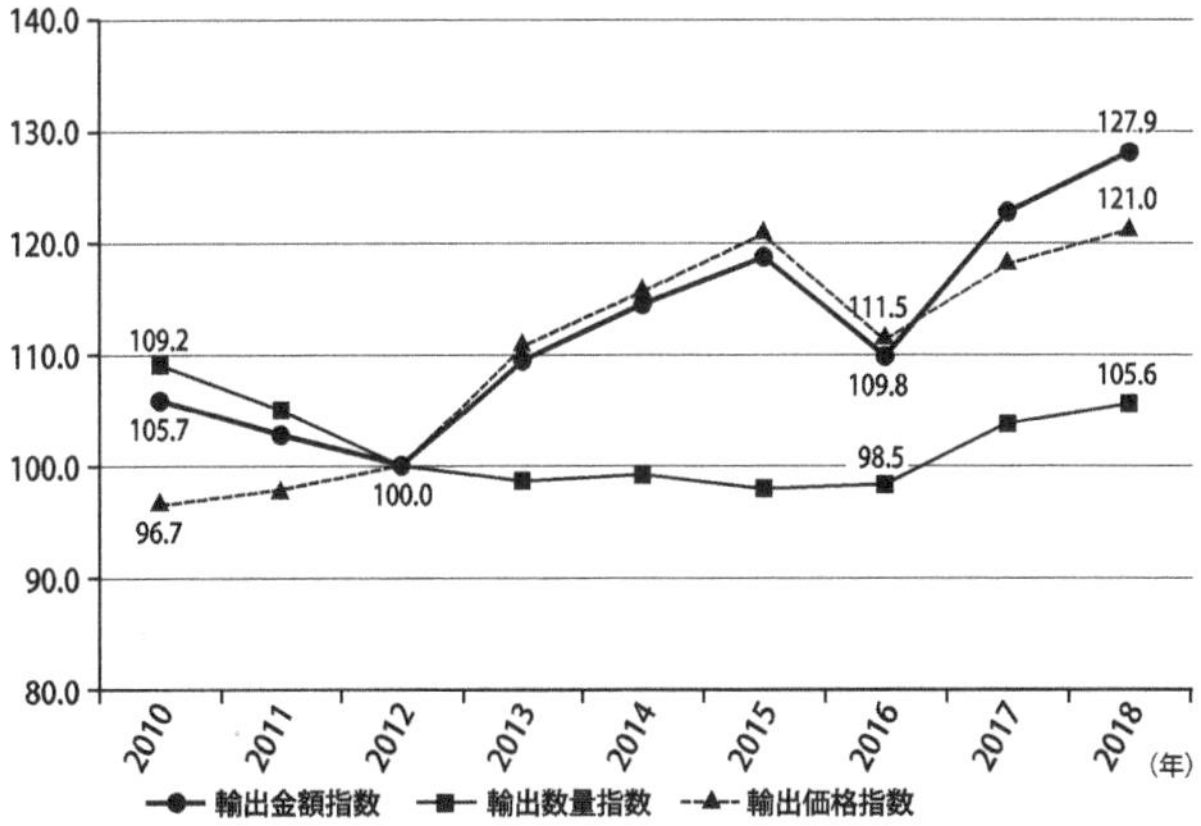

図7-10　輸出金額・価格・数量指数（2012年を100とする指数）
（出典）財務省「普通貿易統計」

安基調に戻った17年からは再度上昇に転じている。

　この輸出の上昇であるが、普通貿易統計を見ると興味深いことがわかる（図7－10。12年を100とする指数）。

　金額指数というのは、輸出の総合計額のことであり、価格指数というのは「単価」のこと。金額と価格が円安の影響を受けて13年～15年にかけて大きく伸びた。16年に円高になったので落ちたが、17年から再び円安基調になったので上昇している。他方、数量指数は16年まで横ばいであり、17年になってようやく上がったが、それでもアベノミクス前の10年の水準には及ばない。

　つまり、輸出される商品が増えて、輸出が伸びた、というわけではない。外貨建ての価格を据え置きにし、為替《かわせ》効果によって金額が

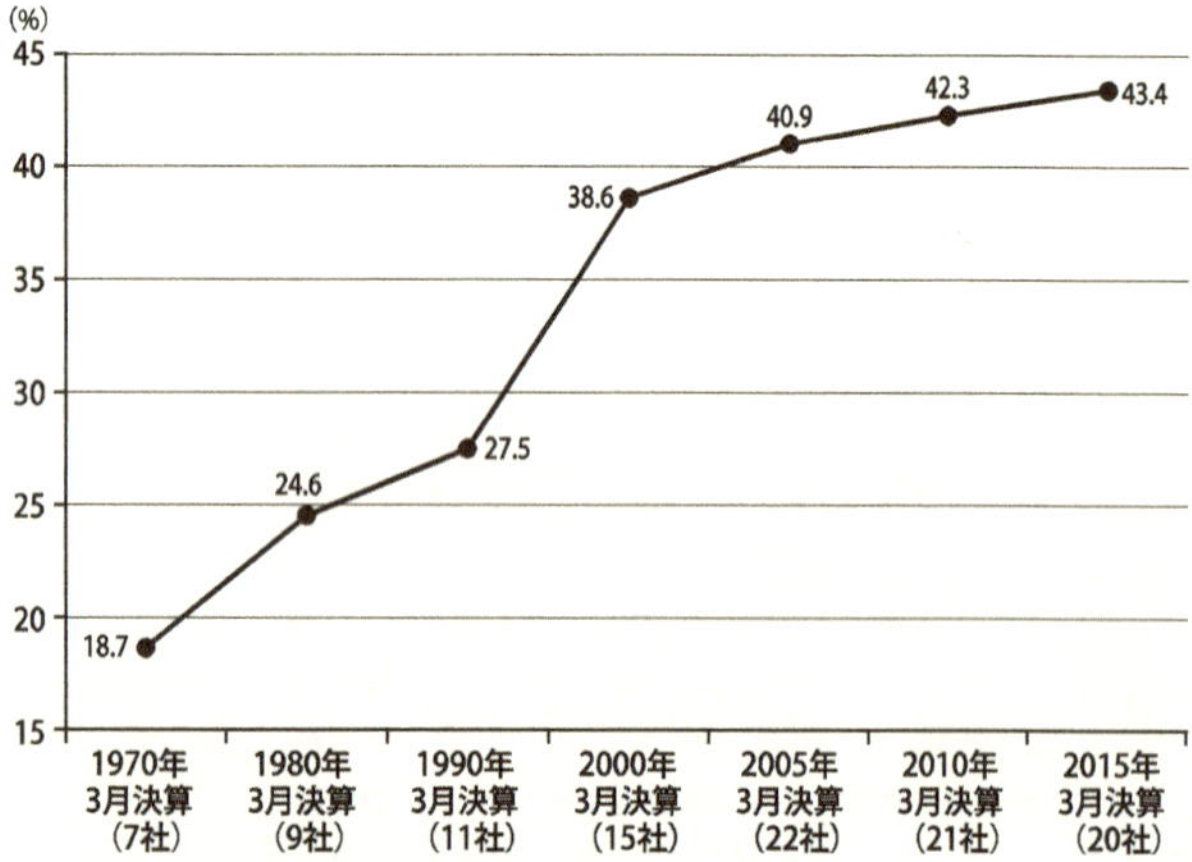

図7-11　売上高に占める輸出・海外売上高
(出典)佐々木憲昭『財界支配』41頁掲載の図を元に作成

かさ上げされただけなのである。例えば、100ドルの商品があるとしよう。1ドル80円なら8000円だが、1ドル120円なら12000円である。ドル建てでの値段は同じだが、円建てに直すと4000円も売上が増える。輸出数量が増えたわけではないので、原材料を輸入し、それを国内企業に納入する企業はまったく恩恵を受けない。

経団連の歴代会長はほとんどが製造業出身であり、役員輩出企業も製造業が大半を占める。つまり、経団連の中枢は製造業と言ってよいのだが、それらの企業は、この円安による為替差益の恩恵をもっとも大きく受ける。

経団連役員輩出企業の売上高に占める輸出・海外売上高の推移を見てみよう(図7－11。佐々木憲昭『財界支配』)。

一貫して増加傾向にあり、近年では40%を

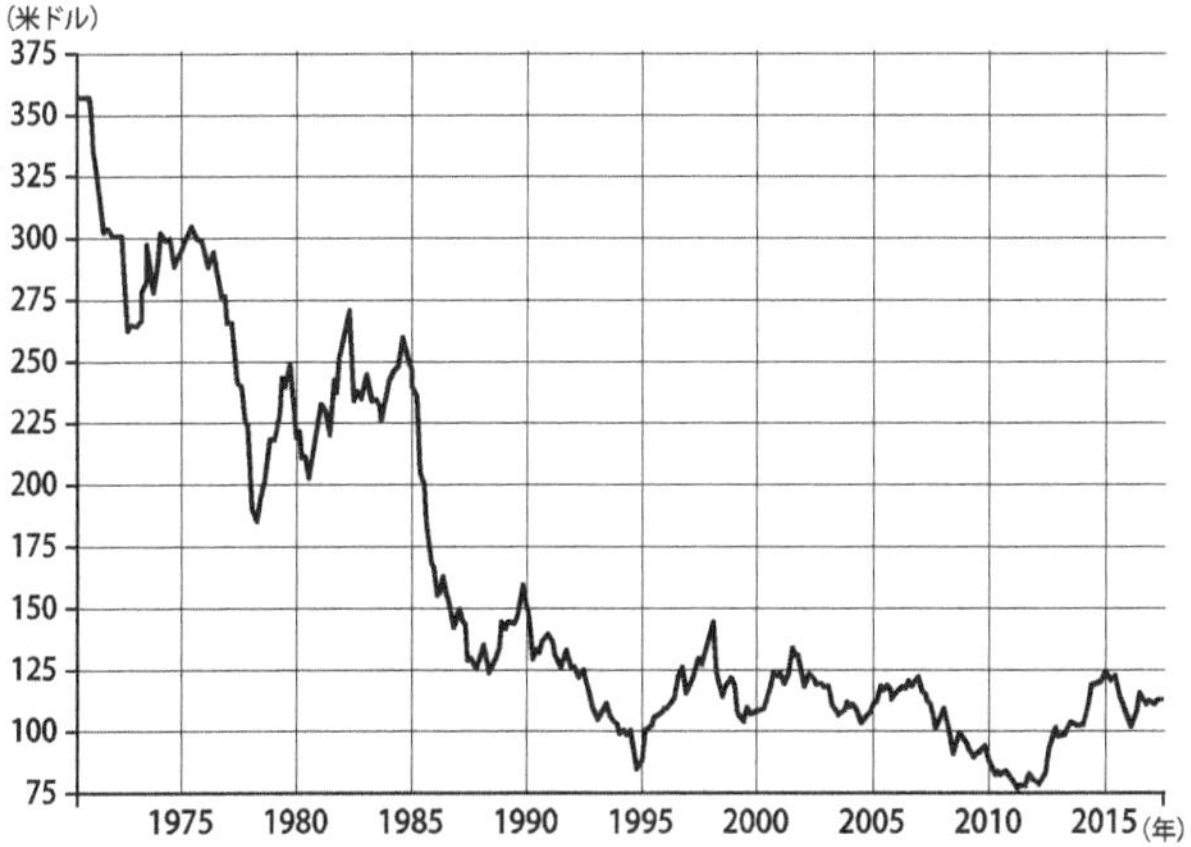

図7-12　バブル期のドル円相場の推移
(出典)為替ラボ

超えている。つまり、経団連役員輩出企業は、円安によって大きな利益を受けるのである。そして、円安になった場合、グローバルに見れば、日本人労働者の賃金を引き下げることになる。例えば、1ドル＝80円のとき、年収400万円は、ドル換算すると5万ドル。しかし、1ドル＝120円になれば、年収400万円は3万3333ドルである。給料を3分の1も引き下げることになる。

日本人は「円安は善」という思い込みが非常に強い。この思い込みも、経団連にとってはまことに都合が良い。実際は、円安になると、輸入物価が上昇して、国民は生活が苦しくなるだけである。為替差益による恩恵を受ける企業では給料が上がるかもしれないが、それ以外の企業では、物価上昇でむしろ経営を圧迫されるので、給料を上げる理由が無い。

アベノミクス以降の給料上昇が鈍いのもそれが大きな要因である。

ここで、バブル期のドル円相場の推移を見てみよう（図7－12）。

プラザ合意によって円高が進む前は、1ドル＝250円を超えていた。それがプラザ合意によって円高が急激に進んだことにより、もっとも高いときで1ドル＝120円台にまで円高が進んだのである。円の価値がドルに対して2倍になったことを意味する。では日本が大不況になったであろうか。大不況どころか、空前の好景気に酔いしれたのがバブル期である。海外旅行に気軽に行けるようになったのも、こうやって円の価値が高くなったからだ。通貨安は輸出大企業を潤すが、一般人にとっては物価上昇をもたらし、実質消費の停滞を招く。「円安は善」というのは経団連に都合の良い思いこみに過ぎない。

雇用回復はアベノミクスと無関係

こういう指摘をすると、必ず「アベノミクスで雇用が改善した」と主張されるので、その点についても言及しておく。

まずは第4章でも見た、アベノミクス以降で増えた雇用の内訳を再掲する（図7－13）。

医療・福祉が2位以下を大きく引き離してぶっちぎりの1位。125万人も増えている。2位と3位を合わせた数よりもなお多い。これは明らかに高齢者の増大が影響しているので、アベノミクスと無関係。

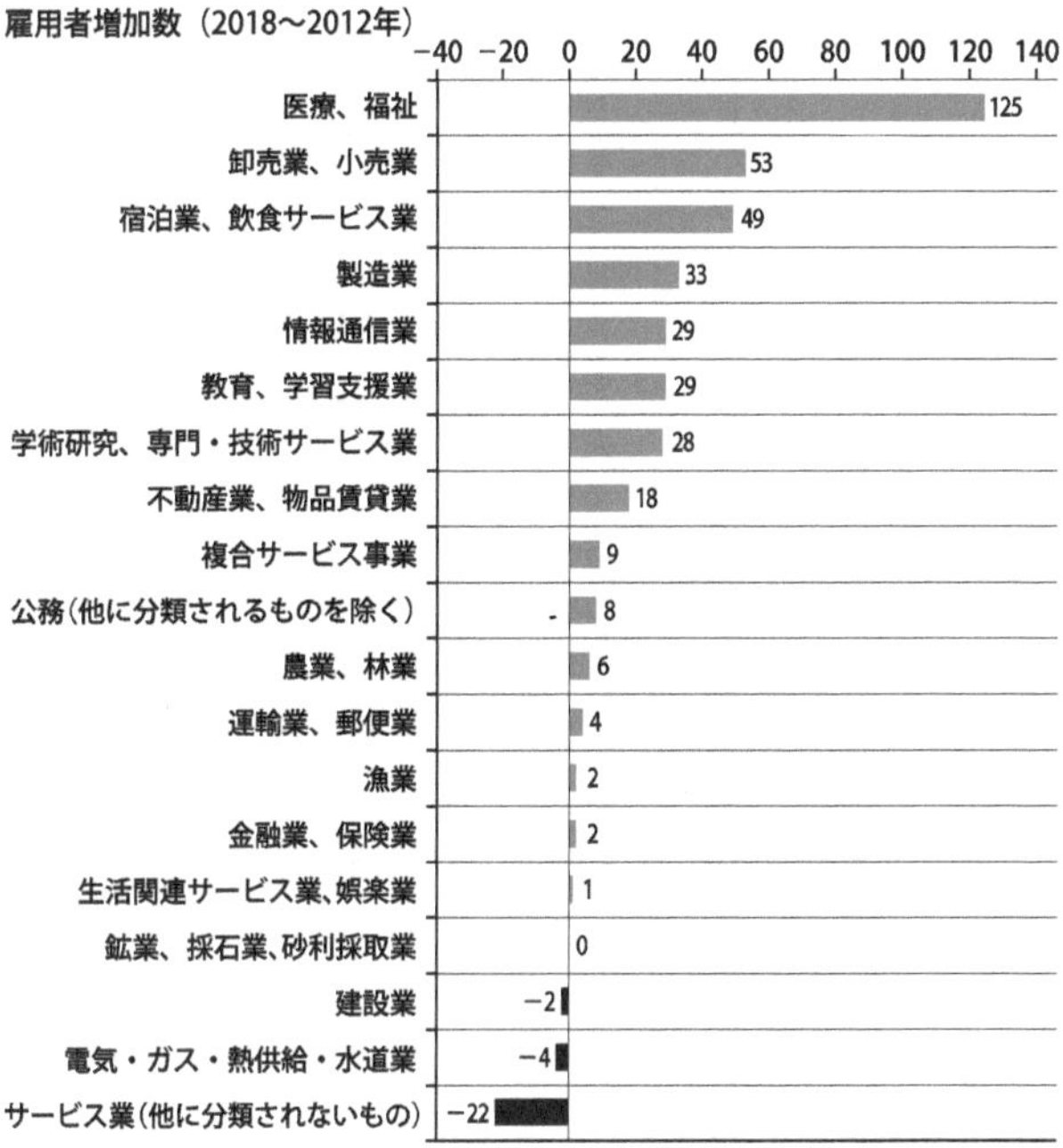
雇用者増加数（2018～2012年）
−40 −20 0 20 40 60 80 100 120 140
医療、福祉 125
卸売業、小売業 53
宿泊業、飲食サービス業 49
製造業 33
情報通信業 29
教育、学習支援業 29
学術研究、専門・技術サービス業 28
不動産業、物品賃貸業 18
複合サービス事業 9
公務（他に分類されるものを除く） 8
農業、林業 6
運輸業、郵便業 4
漁業 2
金融業、保険業 2
生活関連サービス業、娯楽業 1
鉱業、採石業、砂利採取業 0
建設業 −2
電気・ガス・熱供給・水道業 −4
サービス業（他に分類されないもの） −22

図7-13　雇用者増加数（再掲）
（出典）は図4-3と同

2位の卸売業・小売業も、円安によって恩恵を受けるわけではないし、原材料費の高騰や記録的な消費低迷からするとむしろ害を受ける方なのでアベノミクスと無関係。

3位の宿泊業・飲食サービス業について、宿泊は円安による外国人旅行客の増加で恩恵を受けるかもしれないが、飲食は原材料費高騰や消費低迷の影響を大きく受けるので、アベノミクスとは無関係。

なお、小売や飲食については、第4章で指摘したとおり、フランチャイズシステムによって異常な搾取が可能となっており、それで多店舗展開が可能になっているため、店舗増に伴って低賃金の非正規雇用が増えている。

4位の製造業はアベノミクスの影響といってよい。5位以下は基本的に国内需要に頼るものばかりなのでこれもアベノミクスとは無関係。

アベノミクスがしたことは、要するに「円の価値を落とした」だけである。これと因果関係が無ければ「アベノミクスのおかげで雇用が増えた」とは言えない。

「就業者数が増えた」というのもよく聞く話である。就業者数とは、雇用者つまり雇われている人に、自営業者等も足した数字。確かに、**年次データで見ると、**２０１３年から就業者数が伸び始めたように見える（図7－14）。

しかし、月次データで見ると、真実が浮かび上がる。まず、安倍総理が就任した12年12月と、18年12月の年齢階級別就業者数を比較してみよう（図7－15）。

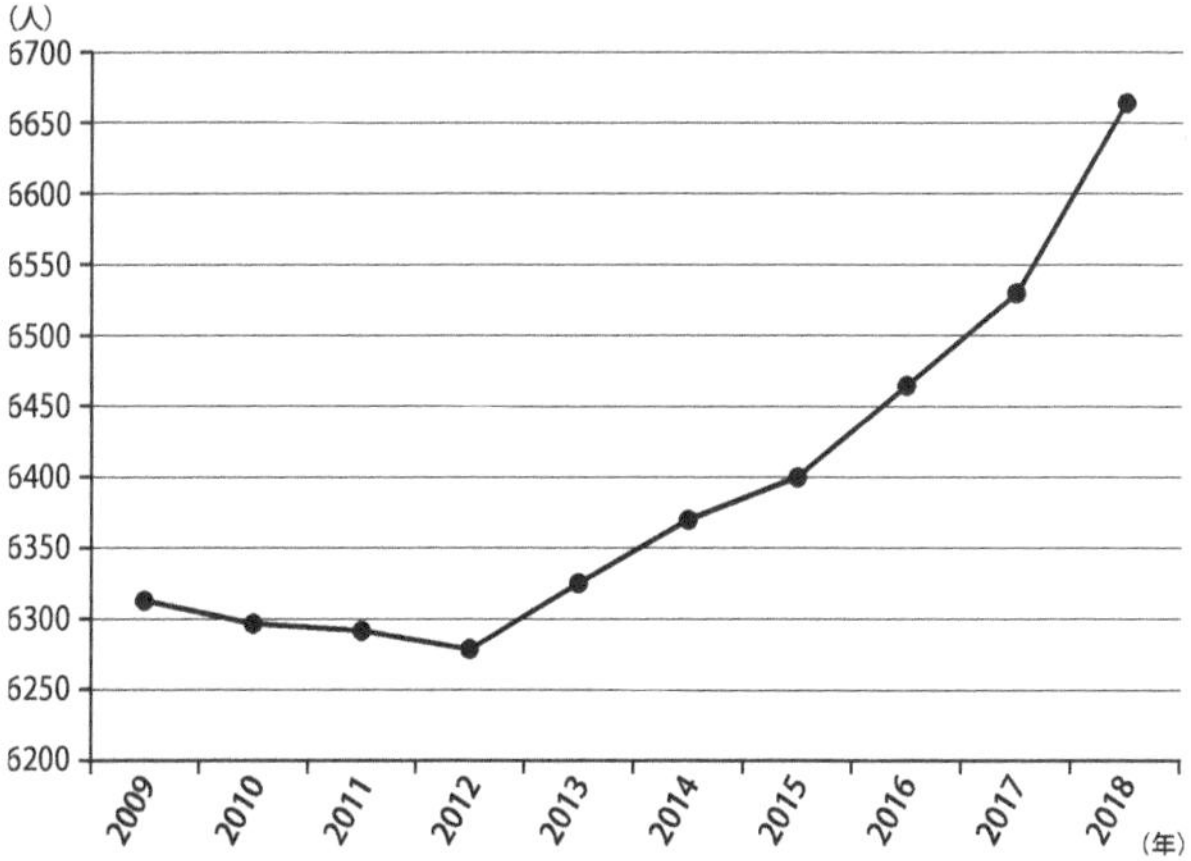

図7-14　就業者数の推移
(出典)総務省「労働力調査」

	15~24歳	25~34歳	35~44歳	45~54歳	55~64歳	65歳以上
2012年12月	463	1181	1505	1315	1185	612
2018年12月	573	1109	1419	1554	1153	881
差	110	−72	−86	239	−32	269

図7-15　年齢階級別就業者数
(出典)7 - 14と同

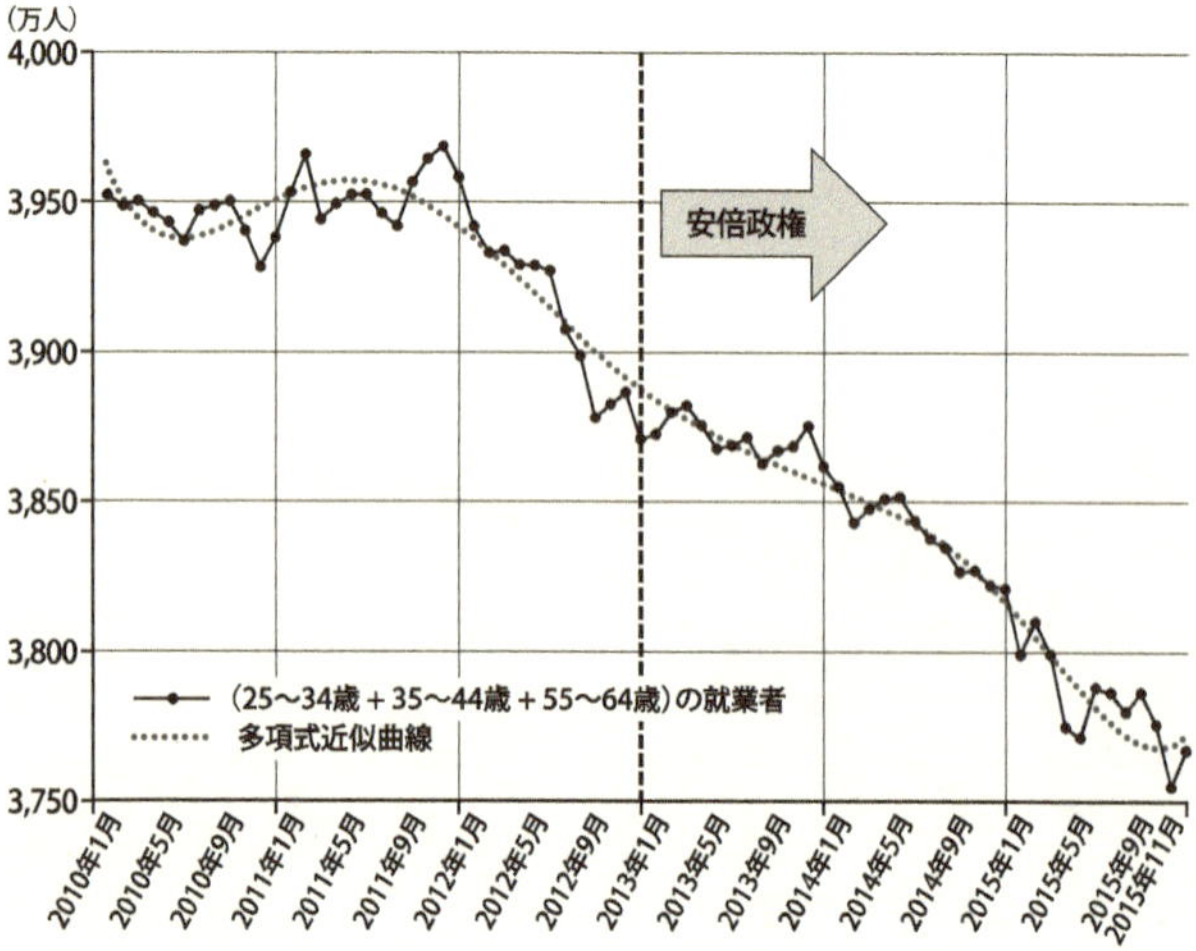

図7-16　減少群（15〜24歳＋35〜44歳＋55〜64歳）
（出典）7－14と同

このように、すべての年齢階級において、一律に就業者が増えているわけではない。6つの階級のうち、半分は減少しているのである。

そこで、この減っている階級を一つにまとめたものを「減少群」とし、増えている階級を一つにまとめたものを「増加群」としてグラフにしてみると、面白いことがわかる。まずは減少群（25歳〜34歳＋35歳〜44歳＋55歳〜64歳）から見てみよう（図7－16）。

見ての通り、減少群の減少傾向は、安倍政権以前から始まっており、その傾向がずっと継続している。傾きにも特に変化は見られない。なお、点線は、傾向をわかりやすく捉《とら》えられるよう、エクセルの機能を使ってつけた多項式近似曲線で

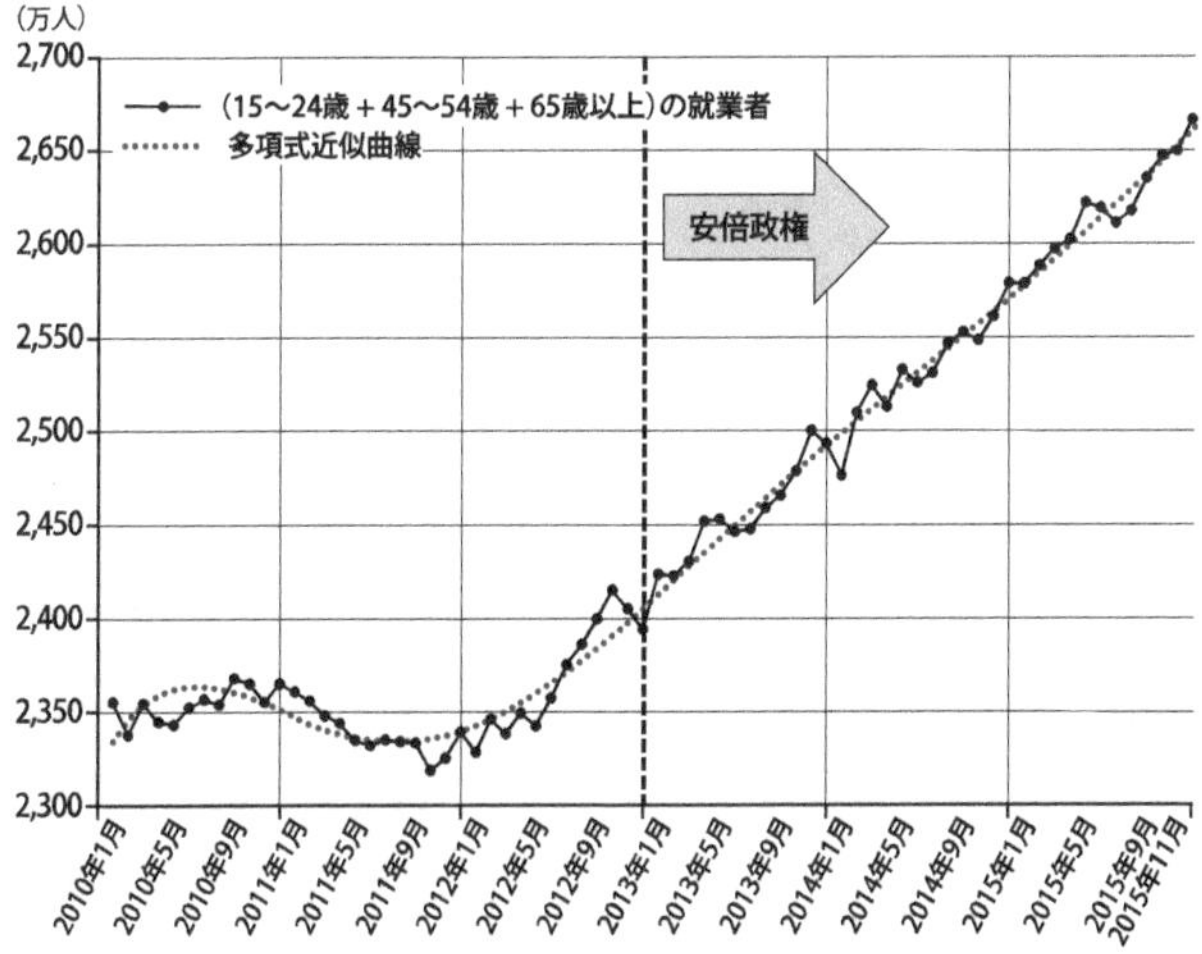

図7-17　増加群（15～24歳＋45～54歳＋65歳以上）

（出典）7－14と同

ある。

次に、増加群（15歳～24歳＋45歳～54歳＋65歳以上）について見てみよう（図7－17）。

増加群の増加傾向は、**安倍政権発足前から既に始まっており、その傾向がずっと続いているだけ**。だいたい12年の中ごろから増加が始まっている。就業者数が増加に転じたのは、この安倍政権以前から始まった増加群の増加ペースが、減少群の減少ペースを上回ったからである。そのタイミングが年次データで見るとたまたま13年だったので、あたかもアベノミクスのおかげで就業者数が増え始めたように「錯覚」してしまうのだ。さっきも指摘したとおり、増えた雇用の内訳を見ればアベノミクスと関係ないことは一

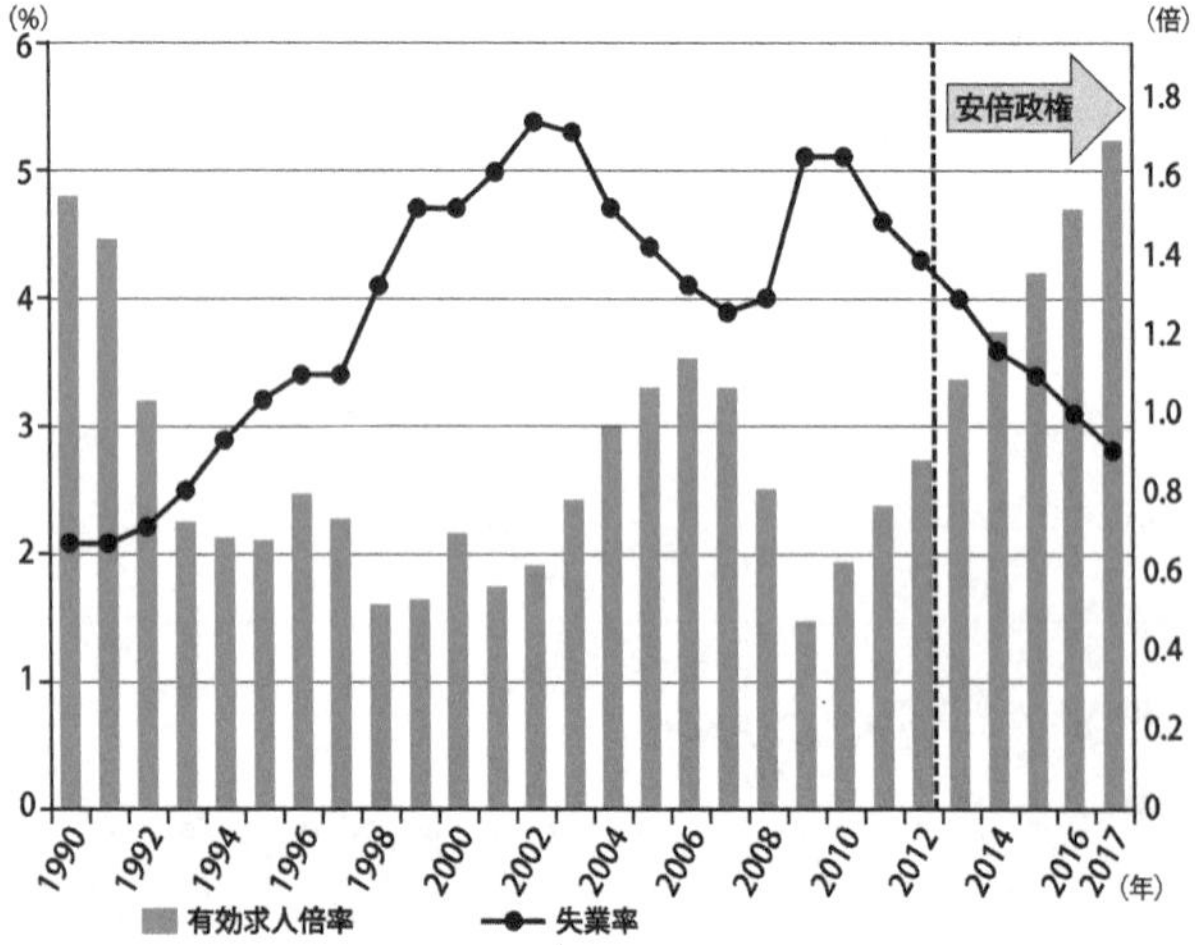

図7-18　有効求人倍率・失業率の推移

（出典）失業率…総務省統計局「労働力調査」、有効求人倍率…厚生労働省「一般職業紹介状況」を元に作成

目瞭然《りょうぜん》。

以上のとおり、就業者数の増加は、ただ単にアベノミクス前から始まった傾向が、そのままずっと継続しているというだけの話。繰り返すが、あれほど異常な消費の停滞が無ければ、就業者数ももっと増えていたはず。

「アベノミクス前からの傾向がそのまま続いているだけ」というのは、安倍総理がよくもち出す有効求人倍率と失業率にもあてはまる。このグラフを見ればわかるとおり、有効求人倍率の上昇も、失業率の低下も、共にアベノミクス前から始まっており、アベノミクス開始前後で傾きにまったく変化は見られない（図7－18）。

アベノミクス以降もずっと改善傾向

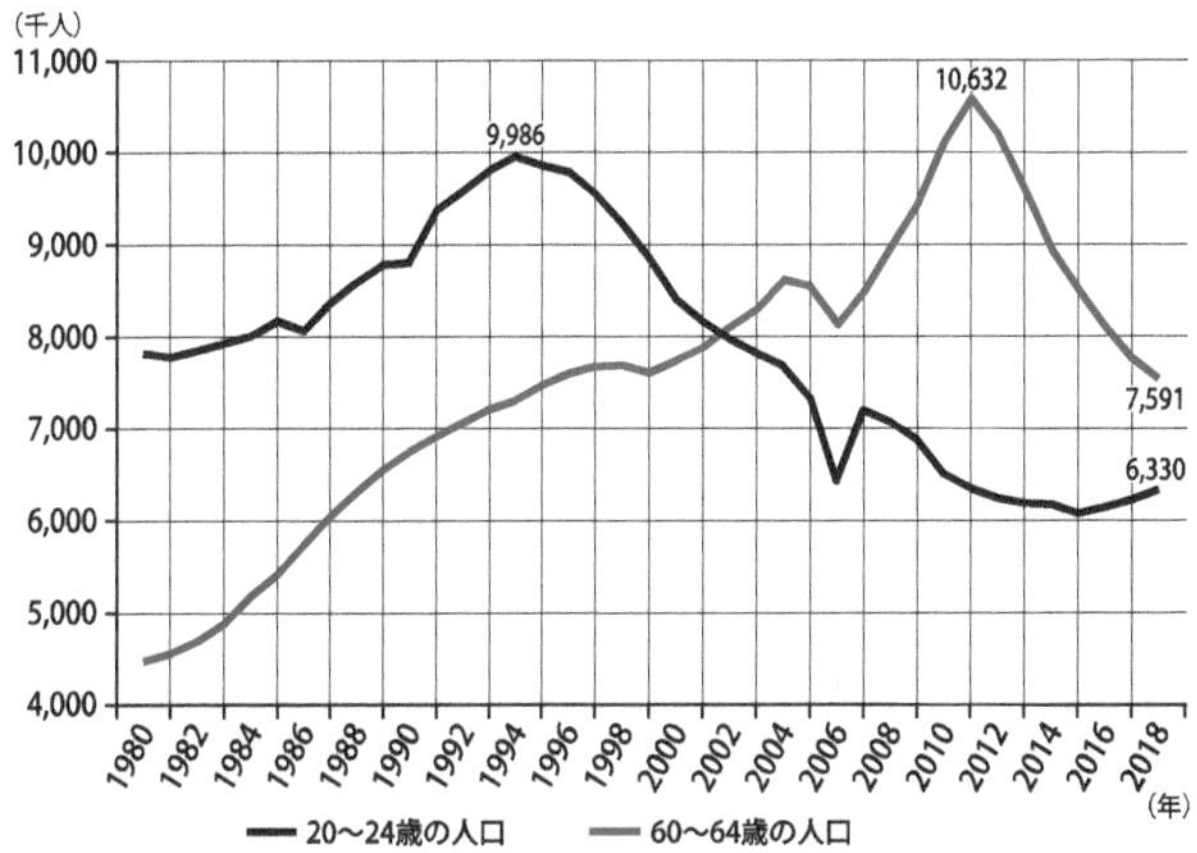

図7-19　20〜24歳人口と60〜64歳人口
（出典）総務省統計局「人口推計」

が継続しているのは、金融危機が発生していないからである。数字が悪化した時期を見ると、まず1991年のバブル崩壊以降だんだん悪くなっていき、97年末に発生した金融危機の影響でさらに悪化している。

そして、2003年あたりからだんだん良くなってきたが、08年のリーマンショックでまた猛烈に悪化する、という経緯が見て取れる。雇用をもっとも悪化させるのは金融危機。アベノミクス以降は幸運なことにそれが発生していない。だからずっと改善傾向が続いている。

さらに、大学生の就職率が向上している等と言われるが、これは人口動態も影響している。大学卒業者が含まれる20歳〜24歳人口の推移と、定年退職者が含まれる60歳〜64歳人口の推移を比較してみよう（図7−19）。

	①対象組合員数	②役員を除く雇用者数	割合(①÷②)
2009年	1,915,245	51,240,000	3.7%
2010年	1,981,938	51,380,000	3.9%
2011年	1,850,050	51,670,000	3.6%
2012年	1,966,439	51,610,000	3.8%
2013年	1,989,509	52,130,000	3.8%
2014年	2,689,495	52,560,000	5.1%
2015年	2,727,767	53,030,000	5.1%
2016年	2,687,757	53,910,000	5.0%
2017年	2,768,720	54,600,000	5.1%
2018年	2,900,654	55,960,000	5.2%

図7-20　賃上げの対象となった組合員の全体の雇用者数に対する割合
(出典)総務省統計局「労働力調査」、連合「春季生活闘争」を元に作成

20歳〜24歳人口は、1994年に998万6000人でピークを迎えている。つまり、就職氷河期真っただ中である。この世代はもともと人が多かったところへ、不景気が重なってしまい、氷河期と称される異常な就職難になってしまったと言える。しかし、そこから20歳〜24歳人口は減少し、直近2018年は633万人となっており、実にピーク時の約3分の2にまで減っている。他方、定年退職者が含まれる60歳〜64歳人口は、11年に1063万2000人でピークを迎え、以降は急激に減少し、直近18年は759万1000人にまで減少している。これだけ上の世代の椅子が空いたということであるが、空いた椅子に座るはずの20歳〜24歳の人口が急減しているため、就職

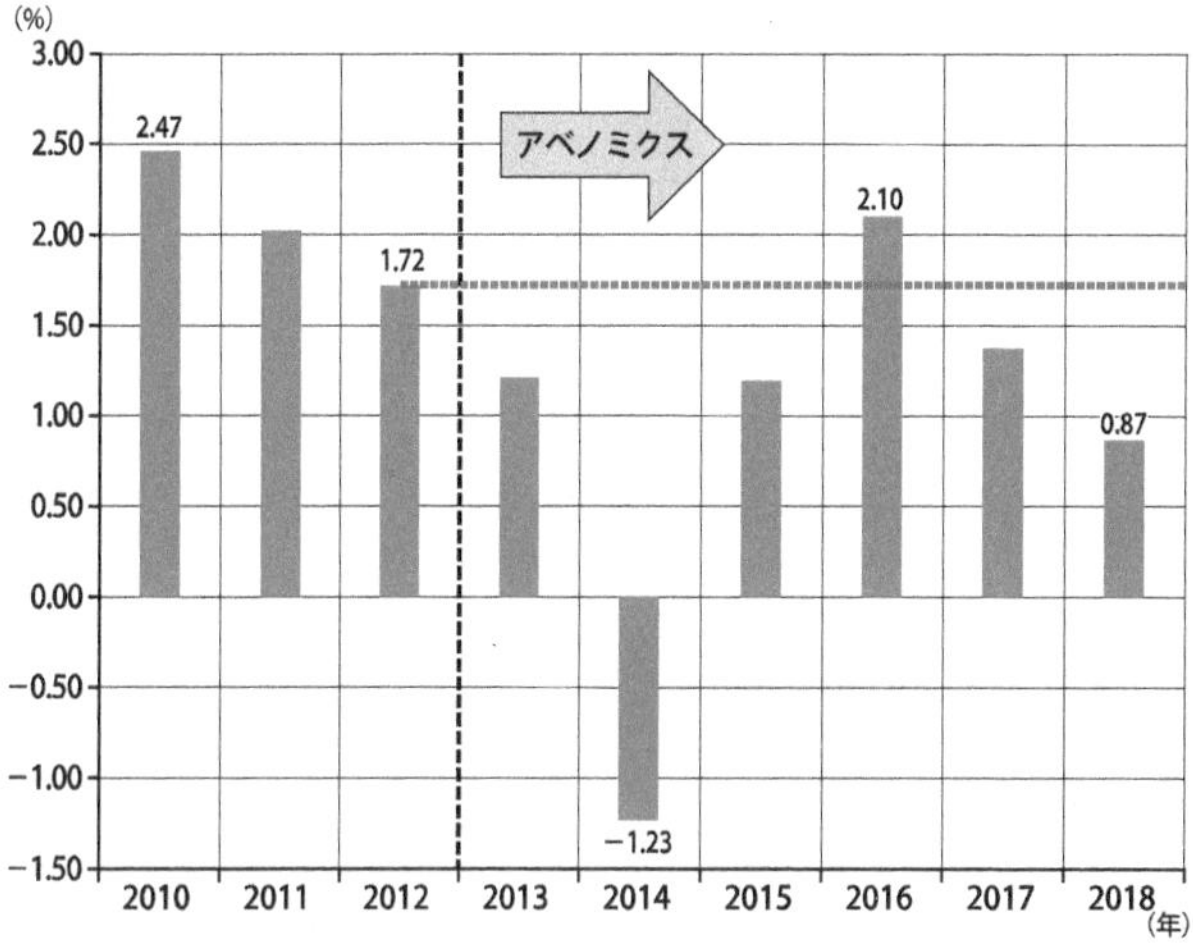

図7-21　実質賃金上昇率

（出典）総務省統計局「消費者物価指数」

難が自動的に解消されるのである。だれがどんな経済政策を打とうと就職難は解消されていたであろう。

なお、安倍総理がよく「賃上げ2％達成」というのを国会答弁で主張するのでこれについても指摘をしておく。この賃上げ率は春闘における賃上げ率を使っている。問題は、春闘の賃上げ率のサンプルだ。当然のことながら、春闘に参加した組合員しか対象になっていない。そこで、賃上げ率の対象となった組合員数の、全体の雇用者数（役員を除く）に対する割合を見てみよう（図7－20）。

見てのとおり、アベノミクス以降を見ると、安倍総理が盛んに自慢している賃上げ2％の対象となった労働者は全体の約5％程度しかいない。5％にしか当てはまらない数字を大きな声で自慢し、あたかも国民全体の賃金が上がっているかのように錯覚させようとしている。

しかも、この賃上げ上昇率は名目値である。この上昇率から、消費者物価指数を差し引いた実質賃金上昇率を出すと、実に悲惨な結果になる（図7－21）。

なんと、民主党時代**もっとも低かった**2012年の実質賃上げ率1・72を上回った年は、アベノミクス以降だと、**16年のたった1回しかない**。14年なんか大幅なマイナスになっている。

このように、実質賃上げ率で見ると民主党時代よりもアベノミクス以降の方が圧倒的に低いのである。

株価はかさ上げしているだけ

安倍総理が雇用の次によく自慢するのが株価の上昇である。これは①異次元の金融緩和、②日銀のETF購入、③年金資金の投入が主な要因であって、実体経済を反映していない。①と②の要因はいずれも日銀によるものだから、端的に言えば「日銀と年金」で株価を釣り上げている。

まずは①から見てみよう。日銀の異次元の金融緩和により、民間金融機関の保有する国債が爆買いされ、円が大量供給された。円が大量供給されれば、普通に考えれば円の価値が下がる。そう予想した投資家たちが円売りに走ったので、実際に円安になった。円安になると、外貨べ

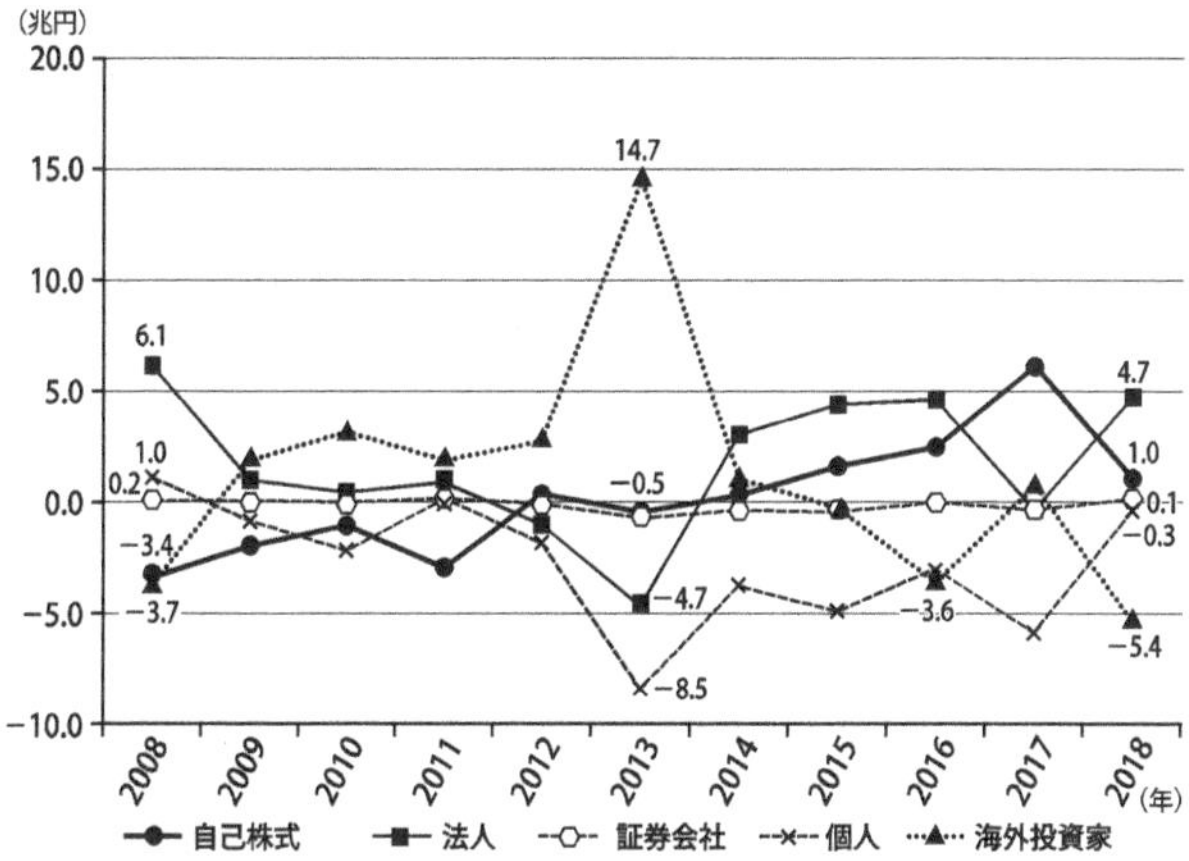

図7-22　投資部門別買い越し額推移
(出典)日本取引所グループ「投資部門別売買状況」

ースで見た株価が下がるので、日本株が安売りにされるのと同じ状態になり、海外投資家にとっては日本株が購入しやすくなる。さらに、円安になれば輸出大企業が為替効果で大儲けすることが予想されるので、そういった大企業の株価も上がりやすくなる。これらの要因により、株価が上昇する。

東京証券取引所一部上場企業における、投資部門別買い越し金額の推移を見てみよう(図7－22)。

見てのとおり、2013年は海外投資家の買い越し額が14・7兆円にも達している。東証一部において海外投資家が売買総額に占める割合は6～7割に達するので、この海外投資家の「買い」が、13年における株価上昇の大きな要因である。

ところが、14年以降になると、海外投資家

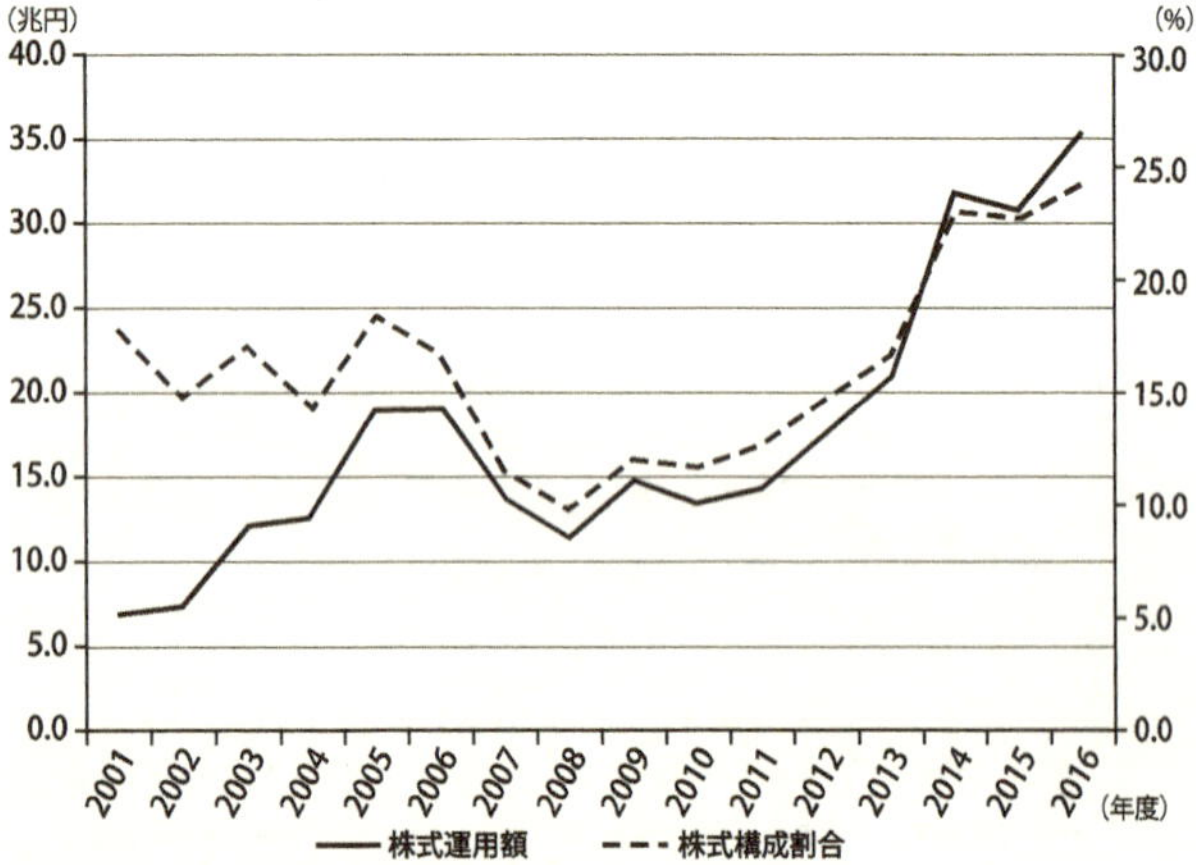

図7-23　GPIFの国内株式運用額と構成比の推移
(出典)GPIF「運用状況」

の買い越し額は減少し、16年には逆に3・6兆円の売り越しとなっている。これは、リーマンショック時の売り越し額3・7兆円に匹敵する数字である。さらに驚くべきことは、**18年の売り越し額はリーマンショック時の売り越し額3・7兆円を超え、5・4兆円に達したのだ。**

　リーマンショックを超える売り越しとなっているにもかかわらず、どうして株価が下がらないのか。そのもっとも大きな要因は日銀と年金で買い支えているからである。日銀と年金による買い支えは上記のグラフでいうと「法人」に該当する。法人の買い越し額は、14年以降だと、17年を除いてすべてトップになっている。

　まずは年金から説明しよう。ここで「年金」と言っているのは、正確にはＧＰＩＦ

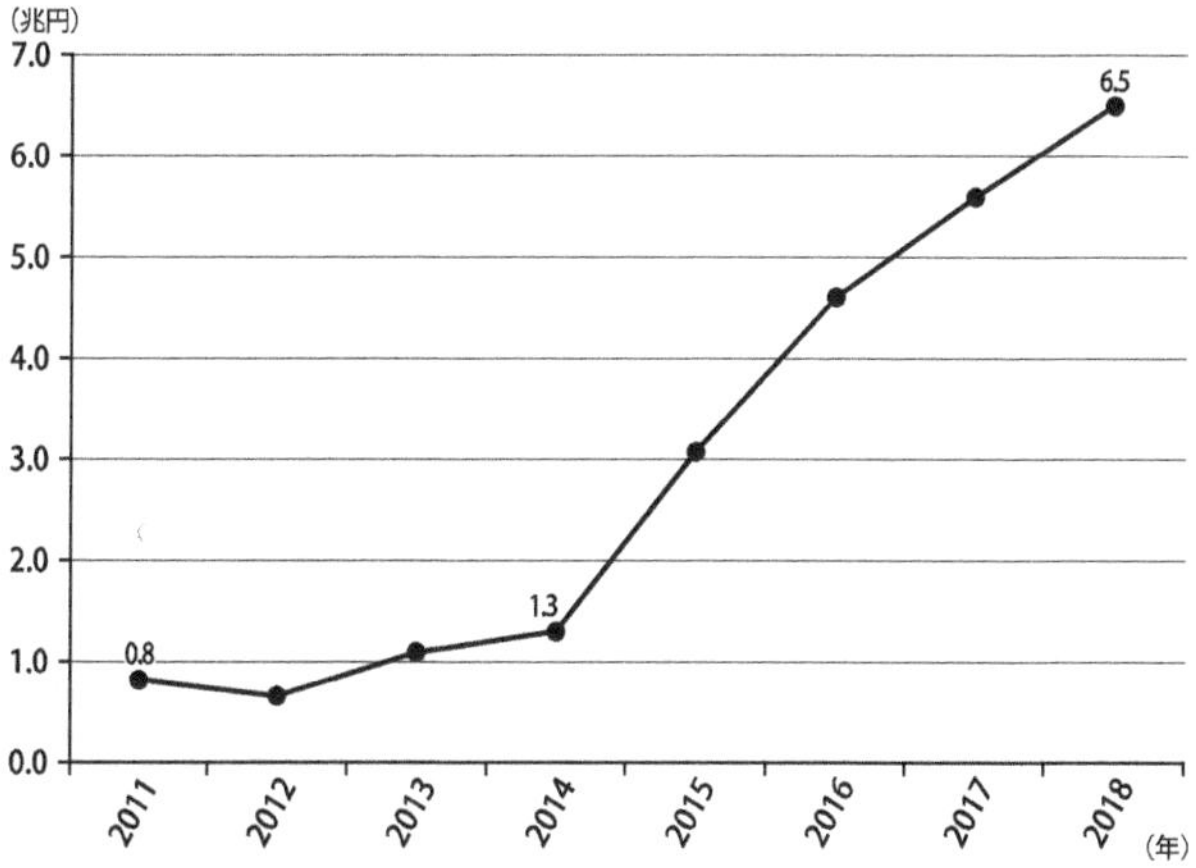

図7-24　日銀ETF購入額

（出典）日本銀行「指数連動型上場投資信託受益権（ETF）および不動産投資法人投資口（J-REIT）の買入結果」

（Government Pension Investment Fund、年金積立金管理運用独立行政法人）、国民が払った年金保険料のうち、積み立てている分を管理・運用している機関による株式投資のことである。GPIFは、14年10月にポートフォリオ（資産構成割合）を変更し、株式への投資割合を約2倍にした。そのため、日本の株式市場に年金資金が大量に投入されることになった。実際の株式の運用額と試算構成比の推移を見てみよう（図7－23）。

ご覧のとおり、株式の運用額は、それまで20兆円程度だったのが、14年度には30兆円を超えており、金額で見ると約1・5倍にもなっている。

これに加え、日銀がETFの購入を増やした。ETFというのは、上場投資信託（Exchange Traded Fund）の略。これは、自分で株を購入するのではなく、投資信託会社にお金を預けて、上場企業の株式に投資してもらい、その運用益をもらうもの。
ＥＴＦの運用は、日経平均株価や、ＴＯＰＩＸ等に連動するようになされる。つまり、市場の平均値に近くなるよう、投資信託会社が株を組み合わせて購入する。したがって、個々の会社の業績とは無関係に株が購入されることになる。上記グラフのとおり、日銀はＥＴＦ購入を増やし続けている（図７－24）。

このＥＴＦ購入の影響について、15年４月23日付のみずほ総合研究所の報告書には次の記載がある。

２０１４年11月から２０１５年３月までに日銀がＥＴＦの買入れを実施した営業日数は33営業日に上るが、２営業日を除き、**日経平均株価の前場終値が前日の終値を下回っている日に購入されている。**日経平均株価の前場終値が前日終値を下回った営業日を集計すると、**７割以上の営業日で日銀はＥＴＦを買い入れている。さらに、そのうち約６割で後場にかけて日経平均株価は持ち直しており、市場の期待も加わって、日銀のＥＴＦ購入が日本株の下落局面で下値を支えていることがうかがえる。**

要するに、株価が下がったときにＥＴＦを購入し、株価を下支えしているのだ。１回当たりの購入額は約700億円程度であり、市場全体の売買高からすると大したものではないと主張する者もいる。しかし、重要なのは、そのような日銀のETF購入が呼び水となり、投資家の株価購入を促進するということである。だから、この報告書にもあるとおり、実際に下支え効果が発生しているのである。効果が無ければこんなことはしない。

株価が下がった日は「日銀　ETF」と検索してみるとよい。ほぼ間違いなく日銀によるETF購入が行われているはずである。中央銀行がこのように株を買い支えするなど、人類史上例が無い。したがって、どのような副作用があるのか想像もつかない。

日銀もGPIFも、買い支えを止めると株価が暴落してしまい、大損失を被るので、もはや後に引けなくなっている。

国民が「騙す対象」になってしまう自民党政治

今まで見てきたとおり、自民党と経団連をはじめとする財界は長年にわたって政治献金や人材の供出を通じて強く癒着しており、財界の要望を実現することが自民党の優先事項となっている。ところが、財界の要望を実現しようとすれば、国民の大多数を占める労働者にとって不利な政策を実行することになる。

そこでどういった手段がとられるかと言えば「騙《だま》す」ということである。労働法制を例にとれば「多様で柔軟な働き方」「時間ではなく成果で評価される制度」等と、聞こえの良い言葉を使ったり、裁量労働制の拡大の際のデータねつ造事件のように、時にはウソのデータをでっち上げて国民を騙そうとする。「働き方改革」についても、結局高プロ制の採用や、裁量労働制の拡大を通じて実質的に骨抜きにしようとする。さらに、アベノミクスについては、拙著『国家の統計破壊』で詳細に指摘したように、統計の作成手法そのものを変えて数字をかさ上げし、株価は日銀やＧＰＩＦを使ってかさ上げし、好景気を演出する。

こんなことをしてだれが得をするのかと言えば、経団連傘下の大企業の役員をはじめとする経営者たちと、配当を受ける株主たちである。一部の経営者・株主の利益のために政治が歪《ゆが》められてしまい、大多数の国民は騙され、搾取される対象でしかない。そんな政治が今、行われている。

合成の誤謬

自民党が経営者寄りの政治を継続してきた結果、「合成の誤謬《ごびゅう》」が生じているのではないかと思う。合成の誤謬というのは、各人が正しい行動を取ったとしても、それが全体としては不合理な結果を招く事例などを指す。

ここで、１９９４年度〜２０１７年度までの賃金と[1]物価の推移を見てみよう（図７－25）。

１９９７年度をピークにして、名目賃金は大きく減少し続けており、２０１３年度を底にしてわずかに上昇しているが、ほぼ横ばいである。２０１７年度の名目賃金は１９９７年度より

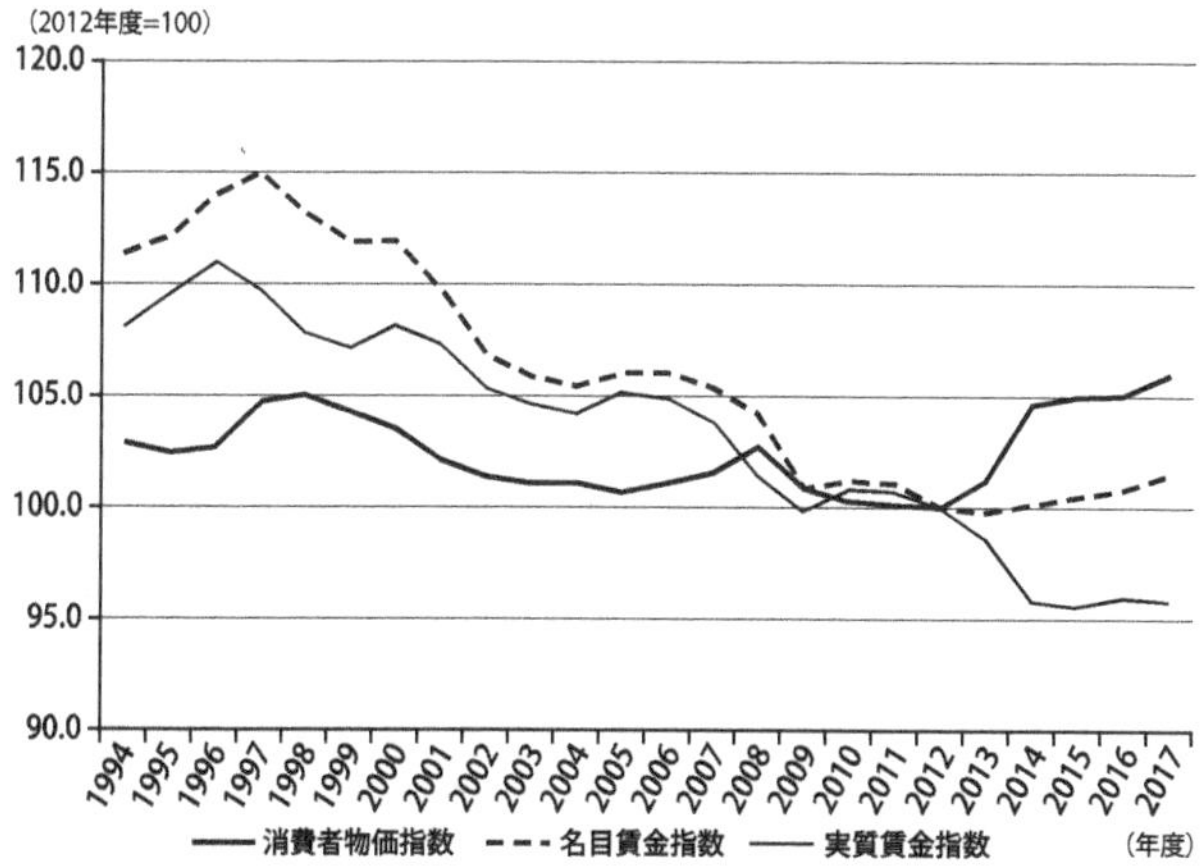

図7-25　賃金と物価の推移(2012年度=100)

(出典)賃金…厚生労働省「毎月勤労統計調査」、消費者物価指数…総務省統計局「消費者物価指数」を元に作成

優に10%以上も低い。そして、賃金が下がるのとほぼ同じタイミングで、物価が減少に転じているのがわかる。物価下落の原因が賃金下落であることがよくわかるだろう。

ところが、アベノミクスの推進者たちはそれを見誤り、物価下落こそが根本原因であると思い込んで、物価だけを無理やり引き上げた。2013年度以降、まるでだれかが上から引っ張り上げたかのように不自然に物価が上昇しているのがわかるであろう。当然、名目賃金の伸びはそれに全然追い付かず、実質賃金は大きく下落した。

1998年度以降の賃金下落は、バブルの後遺症で97年11月から金融危機が始まったのが大きく影響している。バブルというのは、簡単に言うと、株や不動産などが本来あるべき価格より上がりすぎた状態を言うが、これを招いた原因は「お金の貸し過ぎ」である。アメリカの対日貿易赤字の是正等を目的とした85年のプラザ合意によって、円高ドル安が進行した。円高によって不景気になることを恐れた日本銀行は、金利、すなわちお金のレンタル料を下げ、お金を借りやすい状態にした。こうすることによって、円高不況になるのを防ごうとしたのである。

ところが、借りやすくなったお金は、不動産や株に流れ込み、空前の価格上昇をもたらし、バブルが発生した。不動産や株の価格が上がっているうちは良い。それらを売ってお金を返せるからである。そしてまたカネを借りて不動産や株を買う。しかし、価格がひとたび落ちればどうなるか。カネが返せなくなる。不動産や株の価格が暴落し、バブルがはじけたことにより、金融機関が大量に貸したカネが返ってこなくなり、膨大な不良債権が生まれた。

だが、しばらくは、潰《つぶ》れそうな会社へ追い貸しをして延命させ、損失の顕在化を防ぐことや、子会社を使った損失隠し等によって、金融機関はなんとか損失をごまかしていた。バブル崩壊後も名目GDPは伸び続けたし、賃金も上昇していた。しかし、ごまかしも限界を迎え、多数の金融機関が破綻《はたん》し始めたのが97年11月であった。同月、準大手証券会社の三洋証券、同月17日に北海道拓殖銀行、その1週間後に四大証券の一角だった山一証券が次々と破綻していった。

この年、アジア通貨危機という、タイを中心としたアジアの通貨が暴落するという事態が発生し、アジア各国の経済が悪化した。また、日本国内では、消費税が増税されて消費が減退した上、政府が緊縮財政を行い、使うお金を絞っていた。こういった要素が重なった結果、経済が悪化し、後回しが限界を迎えて破綻を迎えたとも言われている。

しかし、こういった要因が重ならなかったとしても、いつか限界を迎えただろう。不良債権をごまかし続けることは不可能であり、どこかで必ず資金繰りがつかなくなるからである。この混乱は98年も続き、同年10月23日には日本長期信用銀行が、同年12月13日には日本債券信用銀行が破綻した。いずれも名門と言われる日本を代表するような銀行である。98年と99年は、たったの2年で銀行が10行も破綻した。

お金を血液にたとえるならば、金融機関は心臓のようなもの。心臓の機能が損なわれてしまったので、お金が廻《まわ》らなくなり、当然景気は悪くなる。98年度から名目賃金は下落に転じ、物価も99年度から下落に転じた。この金融危機がもっとも日本経済に悪影響を及ぼしたと言える。

この危機を日本の経営者たちは賃金を削ることで乗り切ろうとした。外国人技能実習生、留学生、派遣労働者を含む非正規雇用を多用した上、正社員については、低賃金で雇った上に残業代を払わずに長時間労働をさせることで賃金を抑制した。不景気で買手市場になったことが、この労働条件の悪化に拍車をかけた。多くのブラック企業が人件費を異常に抑え込むことで業績を伸ばしていき、若者たちを使い捨てていった。

これは個々の会社だけを見れば経済的合理性のある行動である。日本はＥＵ諸国等と異なり、同一労働同一賃金が実現できておらず、正規と非正規に厳然とした賃金格差があるため、正規を減らし、非正規を増やせば大きく人件費が抑えられる。そして、正社員については、残業代を払わなければ、賃金を直接的に抑制できるし、長時間労働させることで、労働者の数を抑え込むことができる（本来3人でやらなければならない仕事を2人でやらせるなど）。こうやって人件費を削れば確かに個々の会社の利益は上がるであろう。たとえ売上が増えなくても、人件費を削れば利益は増える。

しかし、それをすべての会社がやったらいったいどうなるだろう。日本のGDPの約6割は国内消費であるが、その消費をする人は、労働者である。消費者たる労働者にお金が全然行き渡らない。長時間労働をさせられたらお金を使う時間も無い。「**お金も無い**。**時間も無い**。**仕事をして寝るだけ」の生活になる**。これでは消費は伸びない。そして、低賃金労働者ばかりになれば、モノ・サービスの値段を安くしなければ売れない。安くするには人件費を削らなければならない。だからさらに人件費を削る……という悪循環に陥っていく。

各社が合理的と思って実践したことが、全体としては不合理な結果を生み出し、日本経済の停滞を招いていると言える。名目GDPで見れば、日本は史上最高を記録した1997年以来、2016年になるまで、19年間もの間最高値を更新できなかった。そしてこの最高値の更新も、GDP改定の際に思いっきりかさ上げしたからであり、あの異常な数字の操作が無ければ、未《いま》だに更新できていないであろう。

デフレの大きな要因の1つは、この「合成の誤謬」にあるのではないか。無能な経営者の要

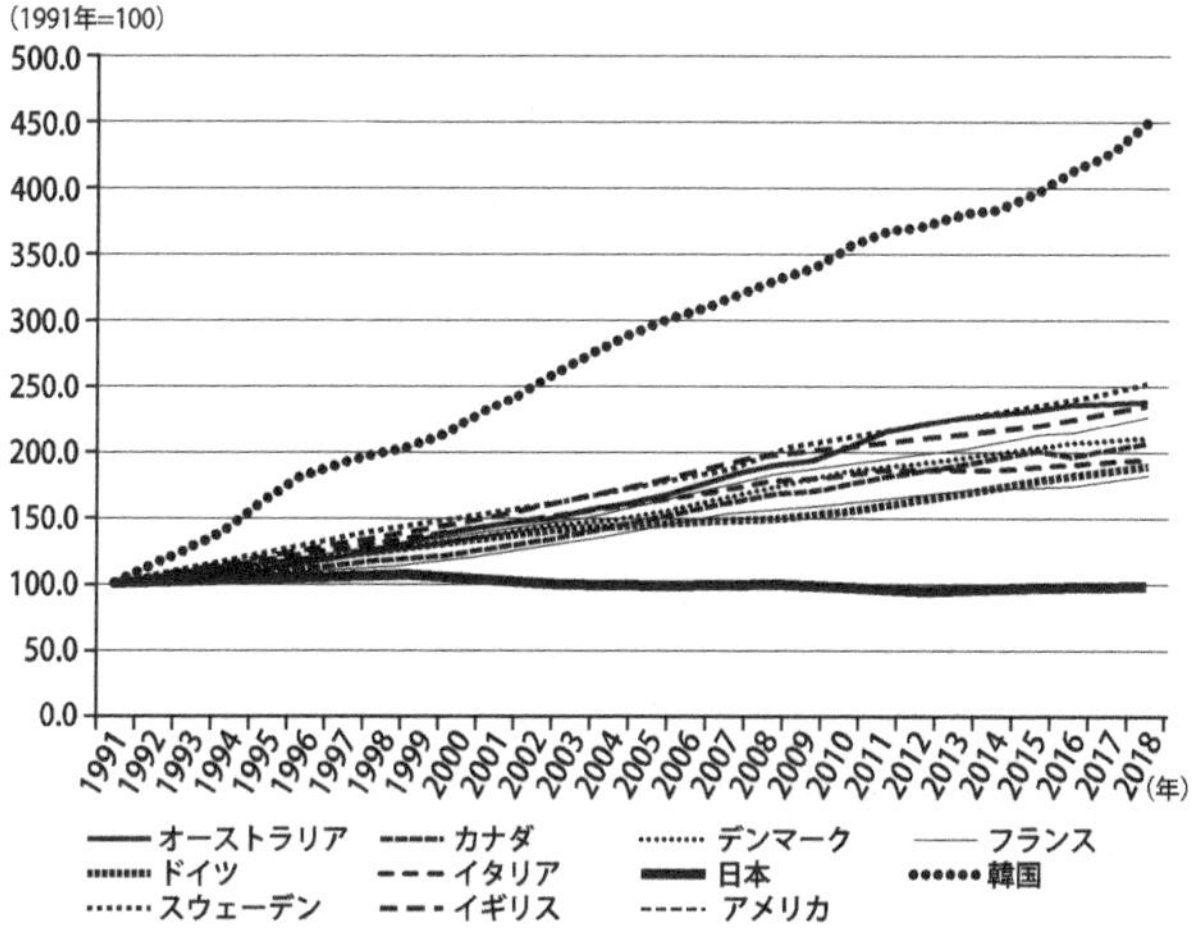

図7-26　主要国賃金比較(1991年=100)
(出典)OECD(https://stats.oecd.org/)

望をひたすら受け入れ、低賃金・長時間労働を放置どころか促進してきた。そして今も政府は「働き方改革」を掲げてはいるものの、高プロ制を導入して骨抜きを図っている。その上、今後も裁量労働制の拡大を狙っていることに加え、「雇用によらない働き方」（個人事業主）を広げようとしているため、実質的には低賃金・長時間労働の促進を目指している。それは、少なくとも国内企業については、長い目で見た場合、むしろ損失をもたらす。消費者たる労働者にお金がまわらないからである。目先の利益ばかりに目がいってしまい、長期的な視野が欠けている。「賃金を抑制する」というその場しのぎは、長期的に見れば取り返しのつかない損失を生み出すのである。

日本がいかに異常か、1991年を100とした主要国との賃金の伸びを比較してみよう(図7－26)。

主要国の中で日本のみ、2018年の名目賃金が1991年の賃金を下回る。もっとも伸びた韓国は4・5倍、日本を除けばもっとも伸びていないフランスですら82・7％伸びている。なお、2008年に起きたリーマンショックにより、世界中が悪影響を受けたはずだが、その際に賃金が下がったのは日本だけ。また、韓国については1997年にアジア通貨危機でダメージを受けたはずだが、その際も賃金は下がっていない。このグラフを見てわかるのは、「**賃金が下がること自体が異常**」ということだ。先進国の中で日本だけがデフレに襲われているのもこれが原因である。賃金が下がれば、モノの値段も下げないと売れないからである。

ここで、日本人の給料を下げることは、経団連の中枢を占める製造大企業にとっては非常に合理的なことである、ということを忘れてはならない。先ほど見た通り、経団連役員輩出企業の売上高に占める輸出・海外売上高は40％を超えており、これを製造業に限定すれば50％を優に超えるであろう。そしてこの比率は今後も増えていく。すなわち、彼らは海外で儲かればよく、日本が貧乏になってもかまわない。アジア新興国等と比べればまだ高い日本人の人件費が低くなってくれればそれでよい。彼らにとっては、「労働者＝消費者」という図式が必ずしも成立しないのである。

さらに、長時間労働をさせることも、彼らにとっては別の意味で利益になる。長時間労働によって疲弊させられたら、政治のことに興味をもつ余裕も無くなって、選挙に行かなくなる。そうすれば、彼らにとってはやりたい放題となり、現にそうなっている。**長時間労働は、民主主義も蝕《むしば》むのである。**

（1）東京都の500人以上の事業所について、3分の1しか調査していなかったという統計不正の影響により、2004年度以降の賃金データは正確性を欠くが、代替するものが無いため（2004年度～11年度までは修正されたデータが無い）やむを得ずそのまま使う。

人間使い捨ての末路

ここで、2011年2月21日付で国土審議会政策部会長期展望委員会が作成した「『国土の長期展望』中間とりまとめ」から、日本の人口の推移を見てみよう（図7－27）。

この資料によると、江戸時代に3000万人に達してから、明治維新まで3000万人台だった日本の人口は、明治維新を経て急速に増大し、2004年12月にピークを迎えた。そして今、急激な減少の入り口に我々は立っている。ジェットコースターにたとえれば、頂点を通り過ぎ、どんどんスピードを上げて急降下しようとしている地点にいる。50年には、高齢化率（65歳以上が全人口に占める割合）が約40％になっている。

ほんの一部の富める者たちの目先の利益を優先して、ひたすら賃金を抑制し、長時間労働を

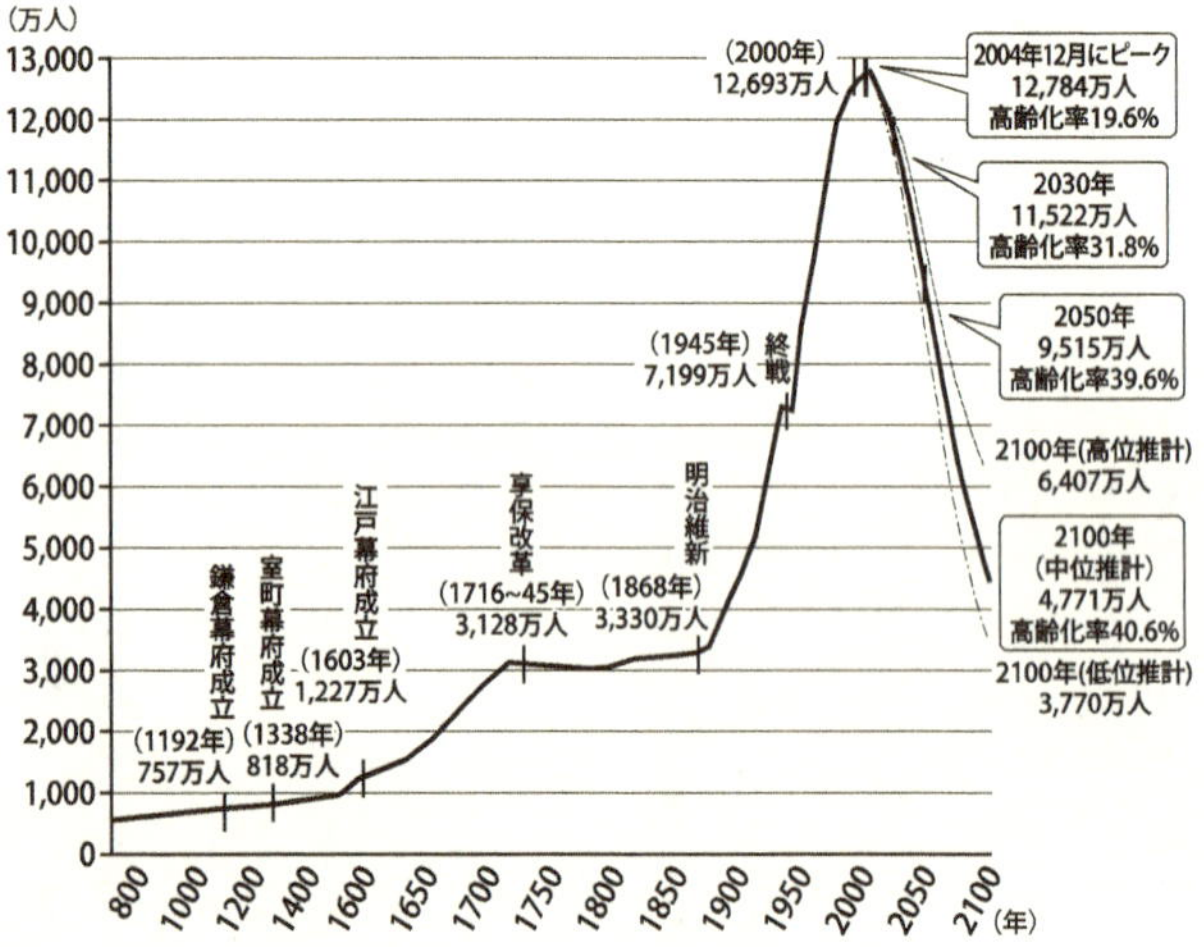

図7-27　日本の人口の推移

(出典)「『国土の長期展望』中間とりまとめ」概要(平成23年2月21日国土審議会政策部会長期展望委員会)

強制する「人間の使い捨て」をしたことが、このような事態を招いた1つの要因と言えるのではないだろうか。お金も時間も奪われたら、結婚して子供を産み育てる余裕などできるはずも無い。

　この「人間使い捨て」状態を是正するため、次章では具体的な政策提言をする。

第８章　脱・人間使い捨て国家

本書の冒頭では、「低賃金・長時間労働」がこの国の衰退を招いているという指摘をした。これから述べる政策提言は、それを逆回転させることを志向している。つまり、給料を上げ、労働時間を短くする、というのが狙いである。

１　残業代の割増率を２倍に引き上げ

残業代の割増率は、基本的に25％であり、休日が35％、深夜が25％、１ヵ月60時間超については50％（現状大企業のみ、２０２３年４月から中小企業へ拡大）となっており、さらにそれらが組み合わさると合算される。第１章の表を再掲する（図８－１）。

そして、第１章で指摘したとおり、フランスは基本が25％だが、週43時間を超えれば50％である。ドイツも、最初の２時間は25％だが、それを超えると50％。アメリカ、イギリス、韓国

種類	支払う条件	割増率
時間外（時間外手当・残業手当）	法定労働時間（1日8時間・週40時間）を超えたとき	25%以上
	時間外労働が限度時間（1か月45時間、1年360時間等）を超えたとき	25%以上
	時間外労働が１か月60時間を超えたとき	50%以上
休日（休日手当）	法定休日（週1日）に勤務させたとき	35%以上
深夜（深夜手当）	22時から5時までの間に勤務させたとき	25%以上

図8-1　時間外労働の賃金の割増率（再掲）
（出典）図1-16と同

は最初から50％となっている。このように日本の「基本は25％」というのは諸外国に比べると低い。そこで、これを倍にし、「基本的に50％」にする。これによって、残業代の長時間労働に対するブレーキ機能を高め、長時間労働を抑止する。

２　労働時間不記録に対するペナルティの創設

労働安全衛生法の改正により、２０１９年４月から、労働時間の把握義務が明文化されたが、罰則が無く、実効性が無い。

過労死や過労うつに対する労災申請や損害賠償請求事件、また、残業代請求事件において、労働者がもっとも苦労するのは労働時間の立証である。「記録しなかった者勝ち」という極めて不当な状況になっている。そこで、労働時間を記録しないことそのものに対する民事的ペナルティと刑事罰を設けることにより、この不均衡な状態を是正する。

まず、民事的ペナルティとしては、労働時間を記録しなかった場合には、当該不記録のあった月の残業時間を160時間とみなすという規定を設ける。この160時間とは、現行法で超えられない月間平均残業時間の80時間の2倍である。そして、これは、いわゆる過労死ラインである80時間の残業時間の2倍でもある。この「みなし規定」により、労働時間をきちんと記録しないと極めて多額の残業代が発生することになる。これはもっとも効果が大きい。

この160時間という数字には、「多すぎるのではないか」との疑問があるかもしれない。しかし、ブラック企業の実態を見ると、必ずしも多すぎるとは言えない。「1ヵ月の残業が200時間超」というのも決して珍しくはないからである。多めに設定しておかないと、逆にブラック企業が得をする結果になる。**そもそも、この残業時間みなしを適用されるのが嫌なら、きちんと労働時間を記録すればいいだけである。**

次に刑事罰も定める。なお、この罰則については、労働者の救済を優先させるため、みなし時間相当の残業代＋付加金（後述）＋遅延損害金を全額払えば、刑が免除されるものとする。この罰則の水準としては、著作権法、特許権法、金融商品取引法並みの水準に引き上げるべきである。つまり、経営者に対しては10年以下の懲役又は1000万円以下の罰金、法人に対しては3億円の罰金である。

3　虚偽労働時間記録に対するペナルティの創設

労働時間を記録してはいるが、それが虚偽であるという企業もたくさんある。そこで、虚偽労働時間の記録に対しても、労働時間不記録と同様の民事的ペナルティ、刑事罰、免除規定を設ける。

4　残業代不払いの刑罰の上限の大幅な引き上げ

残業代不払いの罰則は、現行法上、懲役6ヵ月又は30万円の罰金であり、運用上は罰金の適用しかない。これが異常に軽いことは既に指摘したとおりである。そして、この罰則についても、労働時間不記録と同様の刑事罰、そして免除規定を設ける。

5　残業代不払い等の労働関連法規に違反した事業者は全件公表かつ、求人票への記載義務付け、公共事業への入札5年間禁止

ブラック企業は、新卒社員を大量に採用し、使い捨てをする、ということを繰り返して人件費を不当に抑え込み、利益を得ている。そこで、新たな犠牲者が生み出されるのを防ぐため、残業代不払い等、労働関連法規に違反した事業者は、厚労省のウェブサイト等で全件公表することに加え、求人票に違反企業であることを明記させる。

それに加え、公共事業への入札も5年間は禁止すべきである。税金を投入する事業によって

ブラック企業に利益を与えることを防ぎ、かつ、行政がブラック企業の存続に加担することを防ぐためである。

6　賃金請求権の時効10年

民法改正により、債権の消滅時効が5年に統一されることを受けて、これまで2年とされていた賃金請求権の時効も延長されることが検討されており、本稿作成時点でまだ結論は出ていない。民法より短くする合理的理由は無いので、最低でも5年にするのは当然であるが、さらに進んで、消滅時効を10年にすべきである。

これは、現行民法における給料の消滅時効が1年であるところを労基法により2倍の2年に延長している法の趣旨を踏まえたものだ。民法が5年であれば労基法はその2倍の10年とするのが適切である。

残業代不払いは、2年分ですら500万円を超えることも珍しくない。それが10年となればたった1人の不払いだけでも極めて多額となる。これは強烈な抑止力となるであろう。

7　付加金の機械的適用

現状、残業代不払いがあった場合、最大で不払い額と同額の付加金を裁判所の裁量で使用者に科すことができる（労基法114条）。ただ、「それほど悪質ではない」などとして付加金が減じられたり、科されなかったりすることがよくある。私はこれをいつも疑問に思っている。残業代不払いは犯罪なのだから、極めておかしい。「悪質でない犯罪」などあるだろうか。そこで、裁判官の裁量の余地をなくし、機械的に付加金を科す条文に変更すべきである。つまり、残業代を払わないと常に「倍返し」になるということだ。これも強烈な抑止力になるであろう。

8　過労致死傷罪の創設

長時間労働が放置され続けた結果、過労死・過労自死で亡くなる方が後を絶たない。また、死には至らずとも、過労うつとなり、仕事への復帰が困難となっている方もたくさんいる。しかしながら、過労死・過労うつそのものについて、企業・経営者を罰する法律は存在しない。過労死・過労うつを撲滅するためにも、これらを発生させた企業・経営者への刑事罰規定を新たに設けるべきである。

私は、過労死は殺人に等しいと思っている。働き過ぎたら死んでしまうことは常識である。それをわかっていて長時間労働をさせるのであるから、労働者を殺しているのと同じである。

9　固定残業代の基礎賃金への組み入れ

固定残業代は、単に「名前を変えているだけ」のものであるということは、第3章で指摘したとおりである。

そこで、「時間外労働の有無にかかわらず、あらかじめ支払うことを約束した賃金は、基本給（労基法37条の「通常の労働時間又は労働日の賃金」）とみなす」という趣旨の規定を設けるべきである。つまり、ただ単に「名前を変えているだけ」でしかない固定残業代は、基本給の一部とみなされるということになる。

これにより、固定残業代が基本給に組み込まれ、基本給が大幅に上昇すると共に、それにプラスして残業代を払わせることが可能になる。「払ったこと」にして残業代をごまかすことはもはやできない。

なお、第3章では、「これなら許容できる」という例を示したものの、立法化する場合は、そういう例外を認めるべきではない。例外を認めると、ブラック企業が必ず悪用するからである。いちいち裁判に持ち込んで例外に該当するかどうかを判断しなければならなくなり、規定を設けた趣旨が半減する。

また、前記の規定だと、「実質ゼロ型」の固定残業代には対応できない。そこで、例えば「残業代分の賃金について、他の手当から差し引くこととされている場合、その差し引く部分は無効とする」という規定も加えるべきである。

10　無期転換社員と、もともと無期の社員の待遇差別禁止

労働契約法18条1項により、端的に言うと、有期契約を更新してそれが5年を超えれば無期

契約に転換できるようになった。

ここで、同法20条は有期契約社員と無期契約社員の労働条件について、期間の定めがあることを理由として不合理な差別をしてはならない旨定めている（2020年4月からは短時間労働者及び有期雇用労働者の雇用管理の改善等に関する法律へほぼ同趣旨の条文として移管される）。

ただし、あくまで「有期」と「無期」の差別の問題なので、無期転換によって無期契約社員になった労働者と、元から無期契約社員であった労働者との差別については範囲外である。これをそのままにしておくと、無期転換によって無期契約社員になった方の待遇はずっと低いままになりかねない。現在では、20条の類推適用、又は、有期雇用自体における差別の是正などの法技術によってこれを克服しようとしている。しかし、裁判例の蓄積を待つのではなく、法によって直接的に、無期転換によって無期契約社員になった労働者と、元から無期契約社員であった労働者との差別禁止規定を新たに盛り込むべきである。これによって非正規雇用が正規雇用へ転換されると共に、賃金も引き上げられることにつながる。

11 高プロ制・みなし3兄弟の廃止

高プロ制の恐ろしさは第2章で既に説明したとおりである。殺人的と言ってよいこの制度は、労働者にとって何もメリットが無く、単に過労死の危険性を高めるだけであるから、廃止すべきである。

場外みなしについては、携帯電話の普及した現代において、労働者がどこで何をしているのかを把握するのは容易になっているから、もはや存在理由は無い。ブラック企業の残業代逃れのために悪用されるだけである。したがって、これも廃止するのが相当である。

専門業務型、企画業務型裁量労働制についても、実質的には裁量など無い場合がほとんどであり、単に残業代をカットして長時間労働させるだけになるので、廃止すべきである。廃止が無理というのであれば、せめて、実労働時間が後述する残業の上限時間（1ヵ月45時間、1年360時間）を上回った場合は、みなしを無効とし、実労働時間分の残業代が発生するという仕組みにすべきである。この仕組みだと、上限に達しない限りは残業代をカットできるので、企業側にはうまみが残り、全面廃止と比べるといわば折衷したような形になる。ただ、これはあくまで妥協案であり、最終的には廃止にするのが理想である。

12　管理監督者制の廃止

管理監督者について、「勘違い」を利用した残業代支払い逃れが横行していることは既に指摘したとおりである。弊害の大きさからすれば、この管理監督者制も廃止すべきである。管理監督者制について基本的に残業代が発生しないことになっているのは、管理監督者が経営者と一体的立場にあるような強い労働者であり、出退勤時間を自由にコントロールできるため、異常な長時間労働に陥る危険性が少ない、という考えが背景にあるからと言えるだろう。しかし、現状ではまったくそうなっておらず、単に残業代をカットされ、長時間労働につながるだけの制度になっている。

もしも廃止が難しいというのであれば、まず、管理監督者に該当する要件を労基法の条文に加えて明確にし、悪用を防ぐべきである。これに加え、実労働時間が後述する上限（1ヵ月45時間、1年360時間）を突破した場合は、原則どおり、残業した時間のすべてについて残業代が発生する、という仕組みにすべきである。これも先ほどの裁量労働制で示したように、上限に達しない限りは残業代をカットできるので、企業側にはうまみが残り、全面廃止と折衷した形になる。

また、経営者と一体的立場にあれば、給料もそれに比例して高くなるのが普通であるから、年収要件（例えば、高プロと同じ1075万円）を設けることも考えられる。これによって判断基準が明確化し、濫用を防ぐと共に、なるべく適用範囲を狭めることが可能になる。

13　残業時間の上限規制の例外廃止

労基法の改正により、残業時間（休日労働を含まない）の上限が原則1ヵ月45時間、1年360時間とされた。しかし、第2章で指摘したとおり、例外が設けられており、臨時的な特別の事情がある場合については、次の上限まで残業させることができることになっている。復習のため再掲する。

①年７２０時間以内（休日労働は含まない）
②１ヵ月45時間を超えることができるのは年６ヵ月まで
③複数月（２～６ヵ月）平均80時間以内（休日労働を含む）
④単月は１００時間未満（休日労働を含む）

まず、休日労働が含まれたり含まれなかったりと、非常にわかりにくい。そして、複数月平均の80時間と、単月の１００時間というのは過労死ラインである。また、罰則も設けられたが、6ヵ月以下の懲役又は30万円以下の罰金であり、あまりにも軽すぎるため、違反した方が得をすると思われかねない。

したがって、一律に休日労働を含めた残業時間の上限を１ヵ月45時間、１年３６０時間とし、例外を廃止すべきである。また、罰則については、労働時間不記録のところで述べたのと同様に、他の法律と同じレベルまで引き上げるべきである。

14　最低賃金時給１５００円の早期実現

低賃金の要因は残業代不払いも影響しているが、最低賃金が低すぎることも影響している。
日本の生産性等に関する著作が複数ある日本在住経営者のデービッド・アトキンソン氏によれ

（ドル）

国名	最低賃金（購買力平価）	国名	最低賃金（購買力平価）
サンマリノ	13.68	カナダ	8.18
オーストラリア	11.60	サウジアラビア	7.62
ルクセンブルク	11.55	韓国	7.36
フランス	11.03	スロベニア	6.92
ドイツ	10.56	マルタ島	6.59
ベルギー	10.15	日本	6.50
オランダ	9.78	スペイン	6.30
ニュージーランド	9.76	イスラエル	6.09
イギリス	9.38	ポーランド	5.99
台湾	8.75	ギリシャ	5.64
アメリカ	8.50	香港	5.41
オマーン	8.34		

図8-2　各国の最低賃金
（出典）東洋経済オンライン2018年3月2日付記事掲載「『低すぎる最低賃金』が日本の諸悪の根源だ」

ば、購買力平価で比較した場合、日本の最低賃金は欧州主要国を下回り、韓国よりも低いという（図8－2）。

また、2019年6月24日に発表した最低生計費調査の結果によれば、「普通の暮らし」をするには、25歳単身者で賃貸居住の場合、月23万1188円が必要である。月の労働時間を160時間として時給に換算すると、1445円となる。なお、あくまで単身者が普通に暮らす場合に最低限必要なお金であるから、結婚して子供がいる場合にはもっとたくさんお金がかかる。最低賃金1500円の引き上げが野党側から叫ばれるようになっているが、この調査とほぼ同じ水準であり、合理的な根拠のある数字であると言える。

直近の最低賃金（２０１８年10月１日発効）を見ると、一番高い東京都ですら９８５円であり、この水準には遠く及ばない。１ヵ月の労働時間を[1]１６０時間として月収を計算すると15万７６００円。年収は１８９万１２００円。ワーキングプアである。しかも、ここから税金や社会保険料が差し引かれるので、手取り年収はもっと下がる。もっとも高い東京都ですらこの水準なので、他道府県はもっとひどい。なお、地方は物価が安いから最低賃金も低いなどと言われる。しかし、都会と違って公共交通機関が発達していないため、車が不可欠となり、そのための維持費や燃料費が発生することを考慮すると、都市部と地方で差を設けることに実は合理性は無い。

なぜこんなに低いのか、最低賃金に詳しい後《ご》藤《とう》道《みち》夫《お》都留文科大学名誉教授は次のとおり指摘している（日本国家公務員労働組合連合会の雑誌『ＫＯＫＫＯ』編集者・井上伸《いのうえしん》氏の２０１６年５月13日付、後藤教授に対するインタビュー記事より引用）。

> 労働組合は力関係のリアリティという点でやむを得ず最賃〈最低賃金〉１０００円を要求してきたという解釈もできるのですが、たぶんそれだけではありません。日本の場合、最低賃金の特殊な位置があったからだろうと思います。
>
> （中略）日本の場合、（中略）男性の正規雇用賃金が男性世帯主賃金という世帯の生活できる賃金というふうに年功型賃金が性格づけられて、それと対比されて**家計補助労働者の賃金**

という構造にある種、制度化されてしまったわけです。ほかの国々は同一労働同一賃金原則、均等待遇の原則がどんどん整備され、そして最低賃金額が上がり、女性と年少労働者を特にという位置づけが実際問題として相当下がってきました。現在は欧米だとすべての不熟練労働者の最低賃金という位置に落ち着いてきていると思います。日本の場合には、すべての不熟練労働者の最低賃金とは落ち着かないで、**年功賃金の体系とは全く別の家計補助労働者の最低額に位置が落ち着いて固定化してしまった状態が何十年も続いた**ということです。

つまり、日本の最低賃金には、最低限の生活を保障するためのもの、という発想が欠けているのである。ここで家計補助労働者と言っているのは、主に主婦パートや学生アルバイトを指していると考えてよい。一家の大黒柱である父親が主たる収入を得て、それ以外の家族構成員はあくまで補助的に収入を稼ぎ、最低賃金はその補助的収入の最低限を定めるという発想なのである。だから、最低限度の生活が可能な水準になく著しく低い。ほかに主たる収入を稼ぐ者がいる、という前提があるからである。

これに加え、後藤教授も指摘しているとおり、同一労働同一賃金原則、均等待遇の原則が日本では実現されていないため、特に女性労働者の賃金が不当に低く抑えつけられている。フルタイム労働者について、男性を１００とした場合の女性の賃金を見てみると、日本は73・8。他の国は韓国を除きすべて80を超えている。一番高いスウェーデンは88％である（図８－３）。

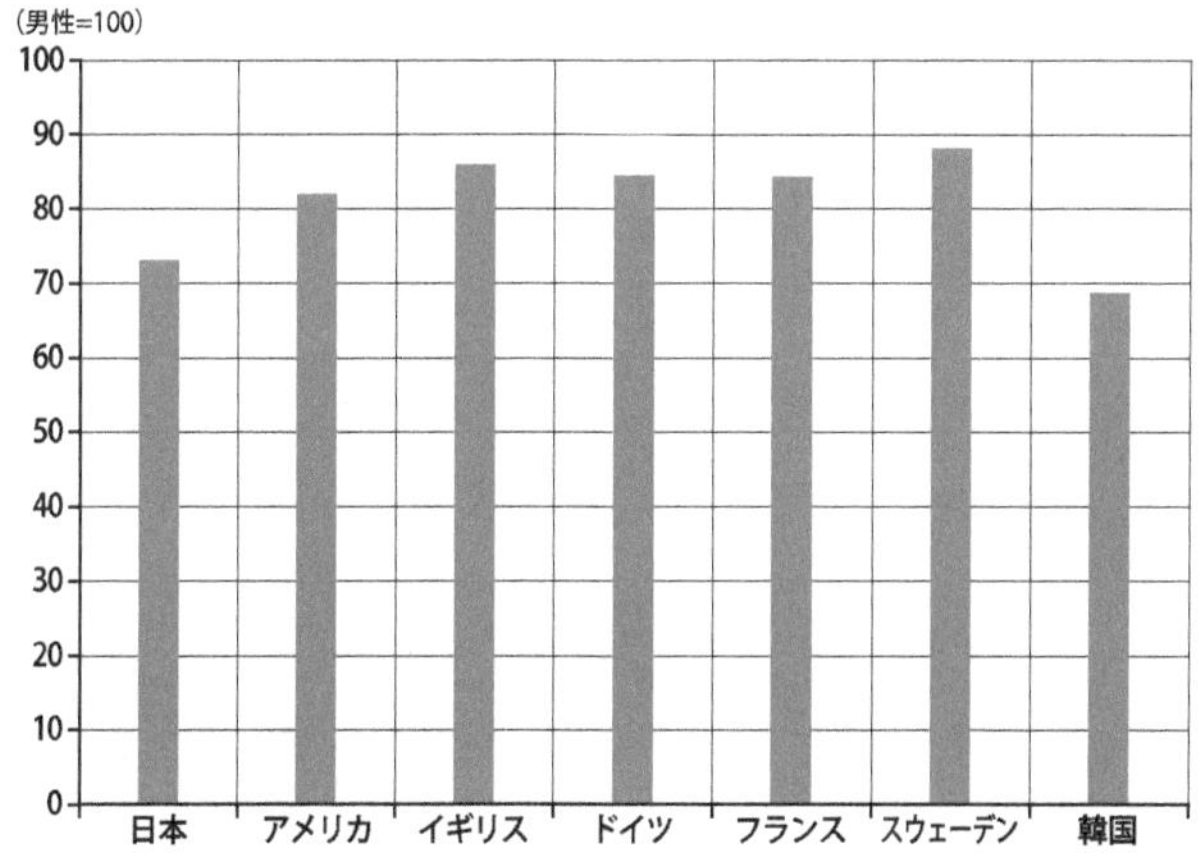

図8-3　賃金格差(男性＝100)
(出典)「データブック国際労働比較2018」183頁

現在多くの国で最低賃金の引き上げが注目されているが、それは、どこの国でも労働組合の組織率が低下しており、労働側の交渉力が下がっているという現実も影響しているのではないかと思われる（図8－4）。

労働側の交渉力が低下してきた場合、そのまま放置しておくと、低賃金が促進されてしまう。特に、産業別組合が主流である諸外国と異なり、日本は企業別組合が主流であって、構造的に交渉力が弱い。また、加入しているのは主として正社員なので、非正規社員の利益も十分に保護されない。このような場合、適切な賃金水準を実現させるためには、国家が後見的に介入していく必要があり、具体的な手段が最低賃金の引き上げである。

その好例となるのが、イギリスである。イギリスは１９０８年に最低賃金を導入したが、

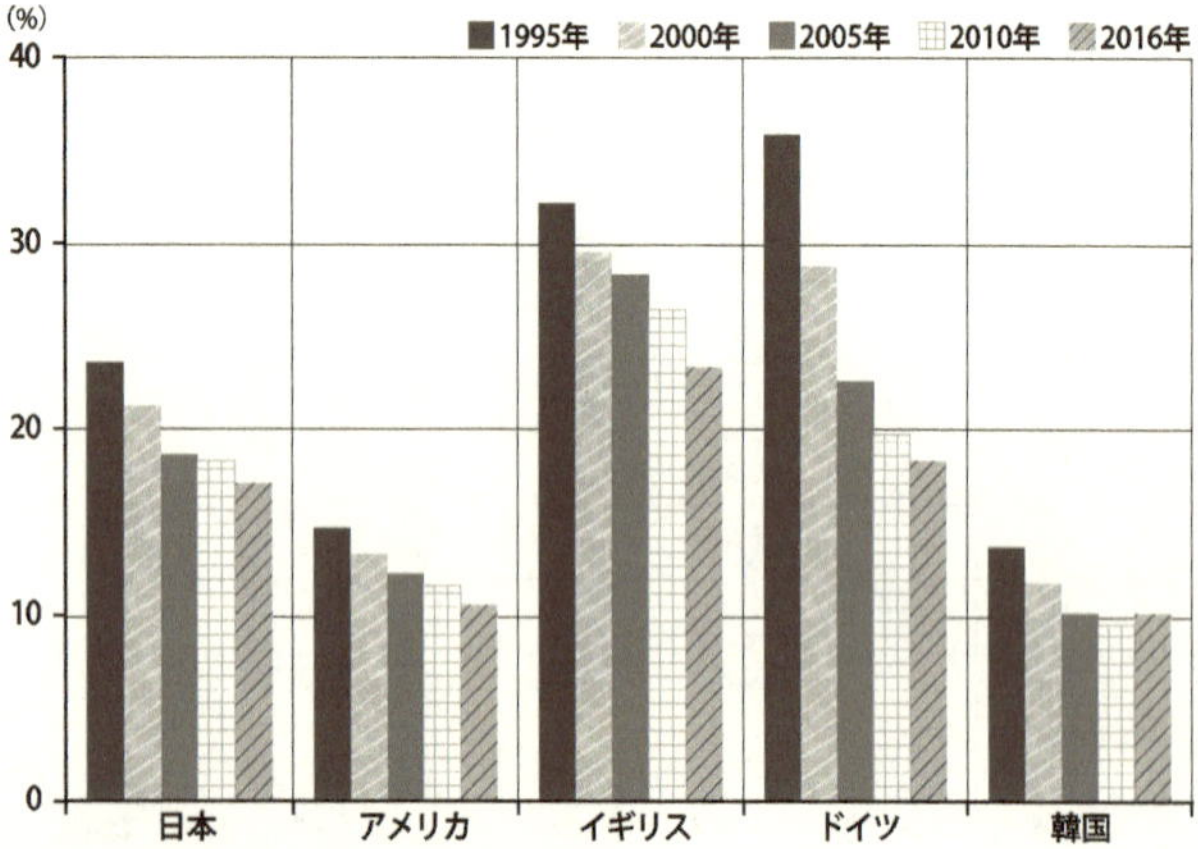

図8-4　労働組合の組織率の各国比較
（出典）図8-3と同、223頁

93年にいったん廃止し、そこから99年に再導入するまでの間、最低賃金が存在しなかった。だが、99年に再導入して以降、図８－５のとおり、最低賃金を継続的に引き上げてきた。なお、この最低賃金の引き上げについては、経済に悪影響を及ぼすとして、保守党が猛反対したという。年平均引き上げ率は４・１７％であり、７％を超えた年が４回もあり、うち１回は10％を超えている。２０１８年の最低賃金と１９９９年の最低賃金を比較すると、実に２・２倍になっている。

では、失業率はどうなったのであろうか。**２０１８年６月の失業率は４％であり、１９７５年以降の最低水準である**。この水準は、１９７１年から２０１８年までの平均である７・０４％を大きく下回っている。また、企業の廃業が増えるなどの悪影響も確認されて

	メインレート(ポンド)	引き上げ率(%)
1999年4月1日	3.60	
2000年6月1日	3.60	0.00
2000年10月1日	3.70	2.78
2001年10月1日	4.10	10.81
2002年10月1日	4.20	2.44
2003年10月1日	4.50	7.14
2004年10月1日	4.85	7.78
2005年10月1日	5.05	4.12
2006年10月1日	5.35	5.94
2007年10月1日	5.52	3.18
2008年10月1日	5.73	3.80
2009年10月1日	5.80	1.22
2010年10月1日	5.93	2.24
2011年10月1日	6.08	2.53
2012年10月1日	6.19	1.81
2013年10月1日	6.31	1.94
2014年10月1日	6.50	3.01
2015年10月1日	6.70	3.08
2016年4月1日	7.20	7.46
2016年10月1日	7.20	0.00
2017年4月1日	7.50	4.17
2018年4月1日	7.83	4.40
年平均引き上げ率		4.17

図8-5　イギリスの賃金引き上げ率

(出典)デービッド・アトキンソン『日本人の勝算―人口減少×高齢化×資本主義』Kindle版

いない。

最低賃金引き上げを主張すると、必ず「韓国では最低賃金を上げて失業率が上がった」と主張されるが、それは、韓国が1年で一気に16%も引き上げたからである。イギリスの例でいえば、もっとも引き上げたときでも年に10・81%であり、平均値は4・17%。最低賃金を上げることは正解だが、その「ペース」に注意しなければならないことがわかる。

デービッド氏によると、「The Impact of the National Minimum Wage on Profits and Prices: Report for Low Pay Commission」という論文において、1999年の最低賃金導入の後に、労働者の4〜5%の給料が10%上昇した結果、失業は増えなかった一方、企業の利益は9・3〜12・8%減ったという。つまり、会社が得ていた過剰利益の一部を労働者に還元したものと思われる。日本でも最低賃金を今よりも上昇させていった場合、このような効果が出ることが期待できる。日本は労働組合の組織率が2018年の時点で17%に過ぎず、パートタイム労働者に限れば8・1%しかない。さらに、先ほども指摘したとおり、構造的に交渉力が弱い企業別労働組合である。このように労働者側の交渉力が非常に弱い状態なので、会社側が不当に賃金を抑え込み、過剰に利益を得ている可能性がある。

以上のとおりであるから、ペースに注意しつつ、最低賃金1500円への引き上げを実現し、最低限の生活を可能にすべきである。なお、最低賃金は全国一律にすべきである。例として挙げたイギリスも全国一律である。先ほども指摘したとおり、地方では物価が都市部よりも安くなるが、公共交通機関が発達していないので車が必要不可欠となり、結局トータルの生活費は都市部とあまり変わらないので、差異を設ける合理性が無い。さらに、都市と地方で差を設けることが、労働力の都市部への流出を促進させ、地方をさらに疲弊させることにつながってしまう。

(1) 土日祝日年末年始休みだと、1年間における1ヵ月平均労働時間はおおむね160時間～164時間程度になる。

15　フランチャイズ規制

日本にはフランチャイズそのものについて、直接規制する法律が無い（独占禁止法等による規制は及ぶが）。そして、フランチャイザーによる過酷な搾取が行われていることは既に指摘したが、これはコンビニ業界だけではなく、あらゆる業種のフランチャイズに当てはまる。フランチャイズ料は明らかに取りすぎであり、最高基準を設けて過酷な搾取を防ぐべきである。特に、「コンビニ会計」は明らかにおかしいから、仕入額から廃棄商品等を差し引くのは違法とすべきだろう。また、解約した場合に膨大な解約料が発生することも、オーナーたちを店に縛りつけ、職業選択の自由を奪う不当なものであるから、解約料の上限を設定すべきである。

加えて、開店時間についても規制をすべきである。365日24時間開店していなければならないことが、オーナーたちを精神的・肉体的に追い詰めている。セブン-イレブンは、その名が示すとおり、もともとは午前7時～午後11時の営業時間だったのであるから、その原点に戻してみてはどうか。コンビニに限らず、他の小売店についてもこれは導入すべきだと思う（なお、現在一部の店舗で営業時間短縮の実証実験が行われているようである）。

利用者にとっては多少不便になるが、その不便は我慢すべきである。私は人の不幸の上に成り立つ便利さなど求めてはならないと思う。

16　実質的雇用のみなし制

実態を見れば労働者なのに、「業務委託」や「業務請負」という名目にし、労基法の適用を免れようとする事例が多数ある。労基法の規制を強くした場合、これらの脱法行為はますます増えていくであろう。私が批判したタニタがその一例であり、フランチャイズオーナーも同じ系譜と言える。

そこで、第2章で紹介した昭和60（１９８５）年12月19日付労働基準法研究会報告の判断基準を明文化し、この要件を満たす場合は、労基法上の労働者であり、かつ、その雇用期限は無期とみなす旨を労基法に明記すべきである。無期とするのは、有期だと会社側に対するペナルティ効果が薄れてしまい、脱法行為に対する抑止にならないためである。

17　技能実習制度の廃止、留学生の審査厳格化

技能実習制度については、第5章で指摘したとおり、技術移転による国際貢献というのは単なる建前に過ぎない。単純労働のための在留資格を今まで日本が認めてこなかったため、その脱法手段として使われてきただけである。しかし、今回の入管法改正により、単純労働のための在留資格が正面から認められたため、もはや技能実習制度の存在意義は無い。単純労働で外国人を迎え入れるのであれば、新設された特定技能1号・2号によって在留を認めれば足りるからである。基本的に政権・財界寄りの日経新聞ですら、２０１９年8月23日の記事において、次のとおり指摘している。

途上国の人材育成を通じた国際協力——。そんな理念を掲げる外国人技能実習制度は、いわゆる単純労働力を日本に受け入れる裏口となってきた。4月の改正出入国管理法施行で単純労働力受け入れの正規ルートができ、存在意義は薄れた。廃止を考えるときだ。

厚生労働省によると、技能実習生が働いている事業所への２０１８年の調査で、全体の7割にあたる５１６０事業所で長時間の残業や賃金の未払いといった法令違反が確認された。違反事業所の数は前年に比べ22％も増え、5年連続で過去最高を更新した。

技能実習生の境遇をめぐってはかねて様々な問題が指摘されてきた。政府は制度の手直しを繰り返す一方、人手不足も背景に受け入れ数を年々拡大し、いまや日本で働く実習生は30

万人を大きく超える。結果として事態は改善するどころか、むしろ悪化してきた。

構造的な問題として指摘されるのは、国際協力の美名のもとで実習生が労働者としての基本的な権利を奪われていることである。働き先となる事業所を選べず、いわゆる転職もできないため、きわめて弱い立場に置かれている。

入管法の改正は、廃止も含めて技能実習制度を抜本的に見直す機会だったはずである。だが実際には問題に深くメスを入れることなく、新たに設けた在留資格である「特定技能」にいたる前段階として実習生を位置づけた。

育てたはずの人材を本国にかえすのでなく、もっと日本で働いてもらおう、というわけである。建前として掲げてきた国際協力の理念を政府は自らないがしろにし、単純労働力の受け入れという本音をあらわにしたといえよう。

特に心配なのは、「いずれ特定技能の資格を得られる」との期待を実習生に抱かせ、過酷な境遇を耐え忍ぼうとする姿勢を強めてしまう可能性である。

特定技能をめぐっては改善すべき点が多々あるが、単純労働力の受け入れルートを特定技能に一本化することがまず課題である。

私も技能実習制度の廃止に賛成である。外国人を奴隷のように使う制度はもう終わりにすべきだ。

また、外国人留学生については、送り出し国のブローカーが、在留資格審査に必要な書類を偽造して、審査を通過しているという側面がある。特に、留学生の親の資力が偽造書類によってごまかされてしまっている。これにより、本来留学できるだけの資力が無い外国人が多額の借金を背負って留学できてしまい、逃げたくても逃げられない状況に追い込まれる。そこで、より審査を厳格化すべきである。さらに、ブローカーの暗躍が搾取の大きな原因であるから、ブローカーから留学生の斡旋《あっせん》を受けることを禁止すべきである。斡旋を受けた日本語学校は許可を取り消す等、厳しい対応をすべきであろう。

こうした対応をすれば、外国人労働者が減少し、経営が成り立たない、という反論があり得る。しかし、外国人を奴隷のように使わなければもたない会社は、そもそも存続すべきではない。そういった違法な労働がまかりとおることにより、外国人労働者が犠牲になる上、低賃金の外国人労働者と競争させられるので、日本人の賃金水準も下がっていく。

18　給特法の廃止

過労死、過労うつの温床となっている給特法は廃止すべきである。国立学校や私立学校の教員には普通に残業代が発生するのに、公立学校の教員だけは残業代が発生しないというのは不公平であり、法の下の平等（憲法14条）にも反する。また、長時間労働の大きな要因になっている部活動については、プロの指導者に任せ、教員は本来の役割である授業に専念させるべきである。定時で帰る教員の姿を見せることは教育上も望ましい。教員が朝から晩までずっと働く姿を見せることが、ブラック企業への順応性を知らず知らずのうちに生徒に植え付けているのではないかと私は思う。定時で帰るのが当たり前、という価値観を、生徒のうちから持つことが、働き過ぎない社会の実現に必要である。

19 派遣法規制強化

派遣法については、次々と範囲が拡大され、それに伴い労働者の立場が不安定となり、それが賃金低下の一要因となってきた。そこで、現在は3年ごとに人を入れ替えればずっと派遣を受け入れることが可能になっているが、まずはこれを以前の原則どおり更新不可能とし、3年を超える場合には直接雇用を義務付けるようにすべきである。これは業務によって区別をすべきではない。身分が不安定になることは、専門業務であろうとなかろうと同じだからである。

こうすると、派遣業界から「それでは潰《つぶ》れてしまう」などとして猛反発を浴びそうであるが、日本の派遣業者は国際的に比較してそもそも多すぎるのである。やや古いデータだが、1996年と2006年の国別派遣事業者数を見てみよう（図8－6）。

明らかに異常である。2位イギリスの3倍近くの事業者がいる。参入障壁が低い上に儲《もう》かるからこれほど派遣事業者がいるのだろう。これらの業者が派遣料からピンハネし、労働者を低賃金に追いやっているのである。

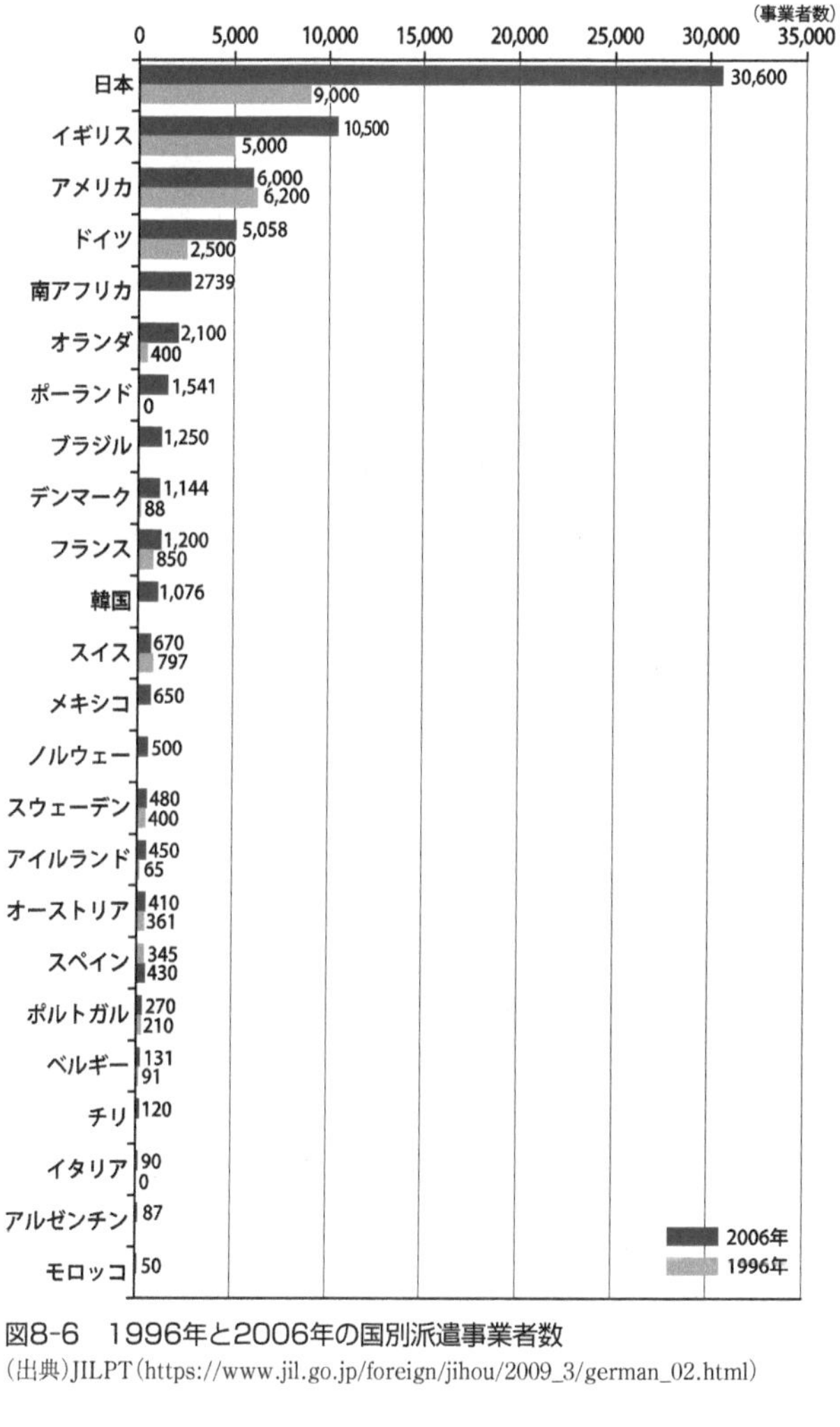

図8-6　1996年と2006年の国別派遣事業者数

(出典)JILPT(https://www.jil.go.jp/foreign/jihou/2009_3/german_02.html)

だいたい、自社で長期にわたり教育訓練を施し、技術を身につけさせた正社員を派遣する場合ならともかく、派遣の大半は登録型派遣であり、実態は単に自社に登録した労働者を紹介しているだけである。それにもかかわらず継続的に派遣料をもらい続ける合理的理由はあるのだろうか。私は無いと思う。実態は人材紹介に過ぎないのだから、本来は紹介料をもらうだけで十分である。以前は違法であったことを忘れてはならない。

20 勤務間インターバル制度の義務化

勤務間インターバル制度とは、労働者の終業時刻から、次の始業時刻の間に一定時間の休息を設定する制度である。働き方改革関連法に基づき、労働時間等設定改善法が改正され、この制度の設定が、事業主の努力義務として定められた。今まで述べてきたとおり、労基法等違反が横行している日本において、努力義務程度では実効性が期待できない。この点、EUでは労働時間指令に基づき、24時間ごとに最低でも連続11時間の休息期間を確保するために必要な措置を取ることが義務付けられている。これに倣い、日本も11時間のインターバルを設けることを義務化すべきである。また、罰則が無いと破るのは目に見えているので、残業代不払い等と同様に罰則も設けるべきである。最低でも11時間は休息時間を確保できるようにすることで、過労死・過労うつの危険性を格段に減らすことが期待できる。

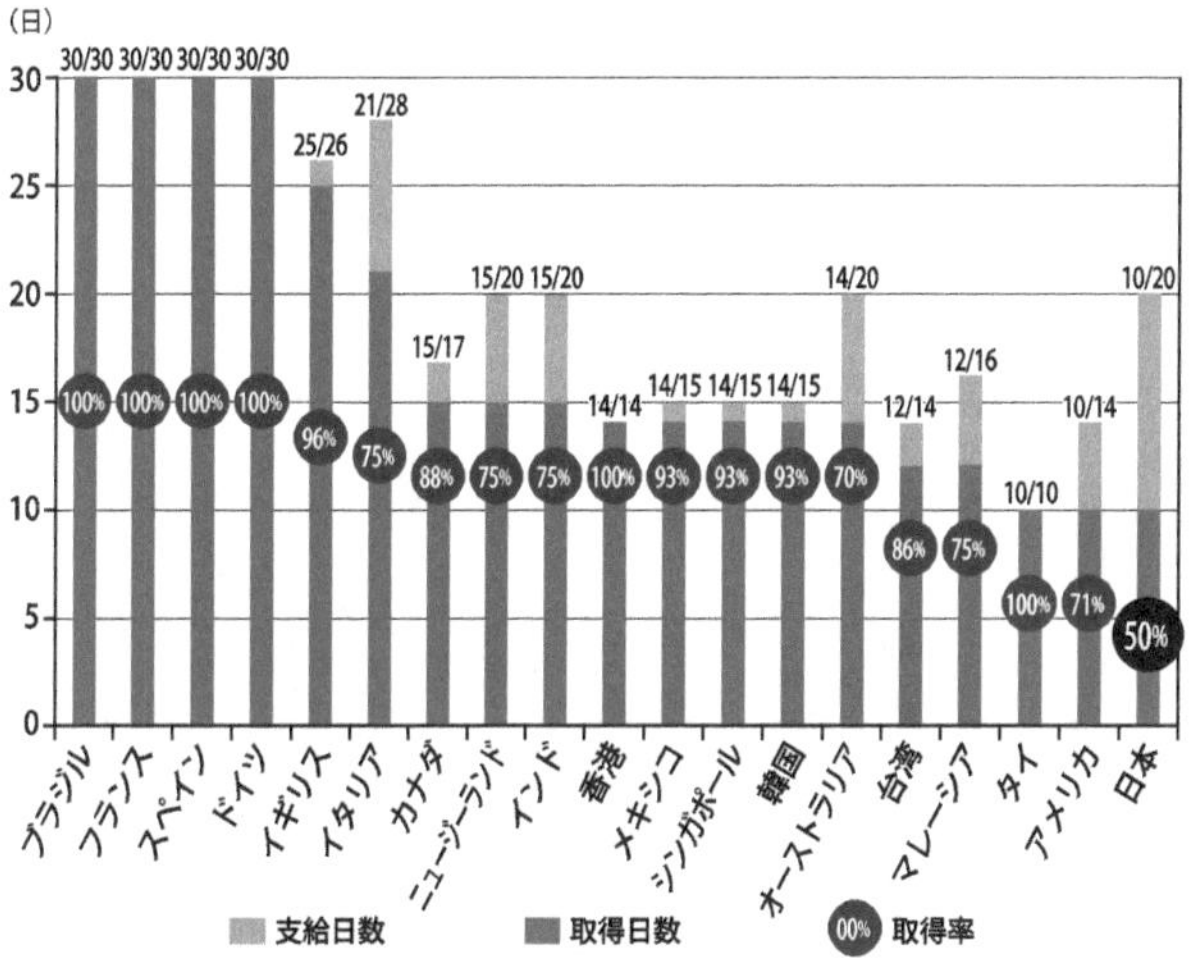

図8-7　有給休暇の取得率

（出典）https://welove.expedia.co.jp/press/40915/

21　有給休暇完全取得の義務化

働き方改革関連法により、労基法が改正され、法定の年次有給休暇付与日数が10日以上のすべての労働者に対し、毎年5日、年次有給休暇を確実に取得させることが義務化された。だが、あくまで5日にとどまるものである上、罰則も30万円以下の罰金であり、軽い（ただし、罰金×人数になるので、対象者が多ければ凄《すご》い額にはなる）。

総合旅行サイト・エクスペディアジャパンの2018年の調査によると、日本の有給休暇の取得率は50％であり（図8－7）、3年連続世界最下位である（図8－8）。

なお、同社の調査をさらに過去に遡《さかのぼ》って見てみると、日本は過去11年中9

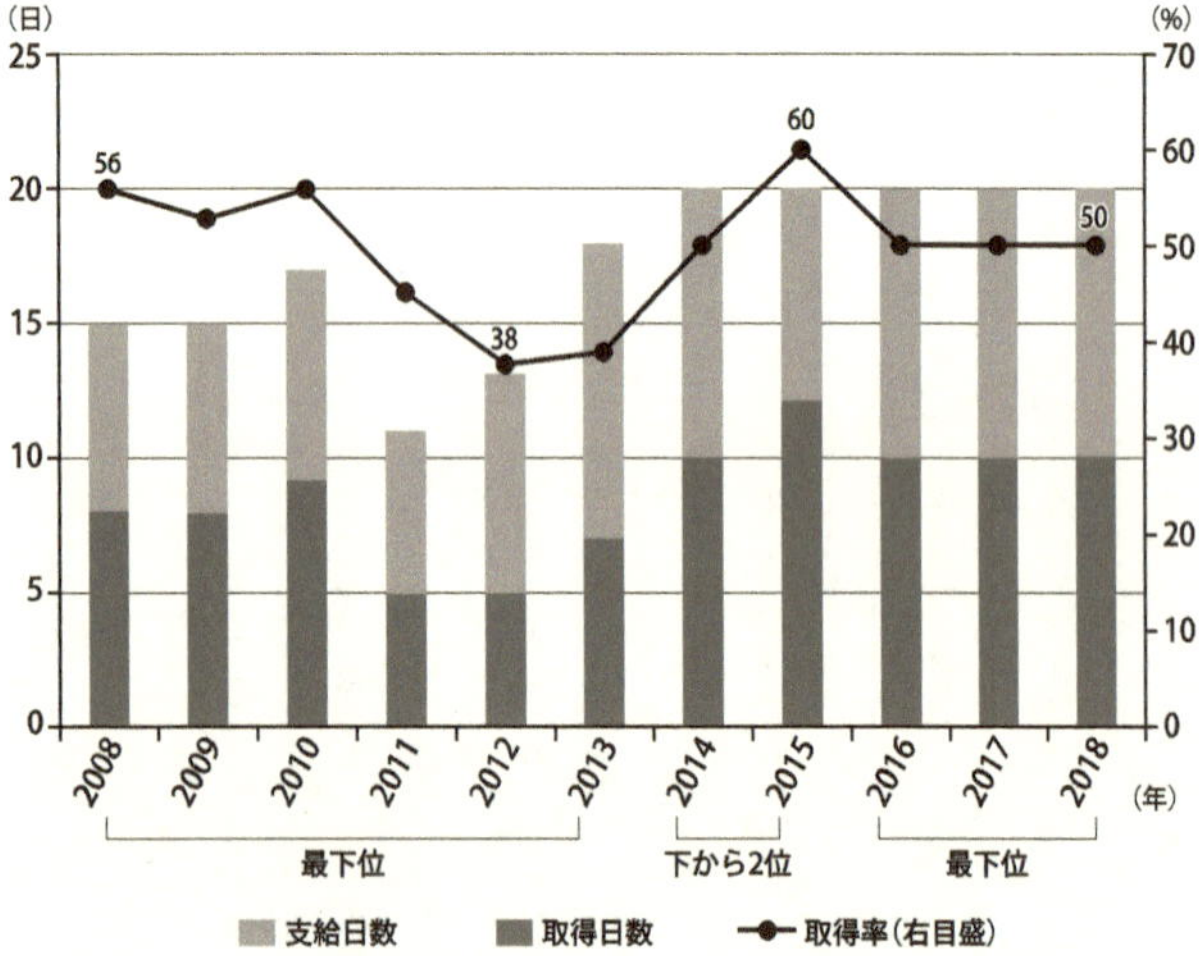

図8-8　日本人の有給休暇取得日数、有給取得率の推移

（出典）　図8-7と同

年で最下位であり、世界で一番有給休暇を取得していないと言っても言い過ぎではない（図８－８）。

　このような状況では、５日間を義務化したとしても、ほかの日は未消化で終わってしまうだろう。

　ここで、やや古い記事だが、２００９年10月17日付観光経済新聞の記事を引用する。

　観光地域経営フォーラムは、有給休暇を完全取得すれば16兆円の経済波及効果が得られ、１８８万人の雇用創出が可能になるとの試算結果をまとめた。完全失業率が５％台後半を記録するなど雇用確保が大きな問題となっているが、大規模な財政出動をしないでも内

需が刺激できるとあって、休暇改革の必要性を強く訴えている。

試算によると、日本の労働者が未取得の年次有給休暇（約4億3千万日）を完全取得すると、ＧＤＰ（国内総生産）の約３％に相当する約15兆６３００億円の経済効果が得られる。

また、休暇の増加による代替雇用の創出などを合わせると約１８７万5千人の雇用が確保できるとした。これは「完全失業者の約52％を解消できる計算だ」と同フォーラム。

この記事にもあるように、有給休暇の完全取得を義務付ければ、それだけお金を使う時間の余裕が生まれ、観光需要が増え、雇用も増大するであろう。すなわち、有給休暇は、単に労働者に休息を与え、過労死・過労うつを防ぐだけではなく、経済にも好影響を与えるのである。したがって、有給休暇の完全取得を義務付けるべきである。

22　求人情報からの不利益変更の禁止

使用者には求人段階での労働条件の明示義務が課されているが（職業安定法5条の3）、いざ正式に労働契約を締結する際に、求人段階での労働条件を不利益に変更することは明文で禁止されているわけではない。これが求人詐欺を生む。つまり、内定をもらった労働者が他の会社に断りを入れ、行く場所が無くなった段階において、求人票を下回る条件で正式な労働契約を締結させるのである。労働者はもう選択肢がないのでこれを受け入れざるを得ない。こうやって騙《だま》して労働契約を締結させることを禁止するため、求人段階での労働条件からの不利益は無効とすべきである。例えば、基本給30万円で求人票を出していたのに、労働契約締結の段階で25万円へ一方的に減額した場合、その減額は無効であり、基本給30万円で労働契約が締結されたことになる。

なお、実際に労働契約締結の際の一方的不利益変更を認めず、求人票記載の労働条件で契約が成立したと判断した裁判例も存在する（京都地裁平成29年3月30日判決）。したがって、現状でも不利益変更が無効とされる可能性は高いが、明文化しておいた方が求人詐欺の抑止につながる。

23 企業・団体の政治献金廃止・政治資金パーティーの廃止

政治家に対し、献金やパーティー券購入を通じてカネが渡されることが、財界偏重・労働者軽視につながり、「人間使い捨て国家」を作り上げた大きな要因の1つとなっている。そこで、企業・団体の政治献金・政治資金パーティーは廃止すべきである。そもそも、このようなカネによって政治が歪《ゆが》められることを防ぐために政党交付金が導入されたはずであり、「二重取り」になっている現状は異常である。

また、経済政策に関する諮問会議等の機関には、現状、民間委員については財界からばかり選ばれている。そこで、財界と同じ人数の労働者側代表を入れることを義務付けるべきである。

これによって、政策が財界寄りになり過ぎることの防止になる。また、特に労働分野については、人材関連会社の関係者は参加できないなどの規定を設けるべきである。このような規定が無いと、民間委員による自社への利益誘導が行われてしまう。

24　記録しろ

労働者一人一人ができることがある。それは「記録する」ことである。どれほど長時間働かされようと、それを証明できなければ、「無かったこと」にされてしまう。多くの企業がきちんと労働時間を記録していないため、数多《あまた》の過労死遺族が著しく苦難を強いられてきた。また、残業代請求の際にも、証拠が無ければ、やはり労働時間は認定してもらえない。賃金をまんまと経営者に「盗まれた」ままになる。そういった悲劇的事態を防ぐため、とにかく労働時間を記録しよう。メモ、メール、パソコンのログ、スマホアプリ、なんでもいい。ただ、記録の簡単さから言えば、スマホアプリがもっとも便利かもしれない。勝手に記録してくれるからである。

しかし、スマホアプリはＧＰＳと連動し、位置情報を基に労働時間を算定するため、持ち帰り残業を強いられているような場合は使えない。持ち帰り残業の場合はパソコンのログを記録したり、作業終了時に自分宛メールを送る（例えば件名を「作業終了」等として自分に送る）などして、記録を残そう。パソコンのログの取り方は検索すると出てくるので調べてほしい。客観的であり、後から改変ができないものほど証明力が強いと言ってよい。一人一人が労働時間を記録することが、長時間労働を抑止することにつながる。会社側も後で労働者にやり返されることを恐れ、長時間労働をさせづらくなるからである。労働時間を記録することが全労働者の常識になってほしいと私は切に願う。

25　労働組合を活用しよう

長時間労働を強いられた場合、多くは退職後に残業代請求をし、いわば会社側に「一矢報いる」という形を取ることが多い。我々弁護士が介入するのもこのような場合が大半を占める。しかし、職場に残り、継続的に長時間労働を抑止するためには、労働組合が必要不可欠と言ってよい。1人で闘えば、会社側から熾烈《しれつ》な嫌がらせを受けるからである。会社に労働組合がない場合や、あっても御用組合で全然使えない場合、社外労働組合に加入すれば良い。社外労働組合は「○○ユニオン」という名前で各地にあり、だれでも加入できる。

ユニオン活動の具体例として、エステ関係の労働者で構成される「エステ・ユニオン」が挙げられる。同ユニオンは、エステ大手のたかの友梨ビューティークリニックとマタハラ問題等で紛争になったが、最終的には和解した上、法令の基準を大幅に上回る「ママ・パパ安心労働協約」を締結した。女性が安心して働き続けることができる環境を労使が協力して作り上げており、極めて画期的である。

労働組合を通じてきちんと労働者の権利を主張することにより、労働者が長く安心して働き続ける環境の実現が可能になる。これは経営者にとっても長期的には経営にプラスになることである。

私は様々な立法提言をしたが、どれほど強力な法律にしようとも、それが守られなければ意味は無い。そして、経営者の身近にいて、もっとも強く法律を守らせることができる立場にいるのは労働組合である。労働組合が無い企業がほとんどを占めている現状からすると、まずは社外労働組合（ユニオン）に加入することが現実的な選択肢になろう。私は社外労働組合の活発化に非常に期待している。各組合はＳＮＳ等で積極的に情報発信をしているので、ぜひ見ていただきたい。

26　最後に

私の数々の立法提言を見て「厳しすぎる」とか、「現実的ではない」などと思うかもしれない。しかし、私は強く言いたい。**今が異常なのである。**毎年毎年たくさんの労働者が長時間労働で亡くなっている。**つまり、この国の労働システムは、毎年確実にたくさんの労働者が「仕事に殺されること」を前提にして回っている。**これを強く自覚しなければならない。

法規制が緩すぎる上に、取り締まりも不十分という現状では、法律を無視して長時間労働をさせることは、「ローリスク、ハイリターン」である。だからブラック企業がたくさん存在している。法律を超厳罰化することで、これを「超ハイリスク、ハイリターン」にしなければならない。ごく少数の労働者から未払残業代を請求されるだけで会社が潰れるくらいの特大のリスクを背負わせなければ、日本の経営者たちは法律を守らない。法律が守られなければ、今後も労働者は仕事に殺され続ける。私はもう、1人の犠牲者も見たくない。

規制を強化した上で最低賃金も上げていけば、中小零細企業は潰れてしまうという意見もあるだろう。しかし、そのような企業は、そもそも存在すべきなのだろうか。労働者を低賃金・長時間労働で使い捨てにしないと生き残れないような企業は、本来淘汰《とうた》されるべきであろう。そのような低生産企業が数多く生き残ってしまったから、日本の生産性が異常に低いのだ。

例えば、2016年の日本人労働者の1人当たり平均年間総実労働時間は1724時間である一方、労働者に対する保護が強いドイツは1298時間であり、その差は実に426時間もある。日本の労働時間はドイツの1・3倍。1日8時間労働とすれば、日本人はドイツ人より年に53日以上も多く働いている。なお、ドイツも基本は1日8時間労働であって、労働協約で延長しても上限は1日10時間。さらに12ヵ月平均の週労働時間が48時間を超えてはならないとされていて、それを超えれば違法である。このように厳しい規制があるので、労働時間が短くなっているが、それで経済が回っている。

では、そんなにたくさん働く日本人の生産性は高いのか。労働者が生む1時間当たりの付加価値で見てみよう（図8-9、購買力平価、単位ドル）。

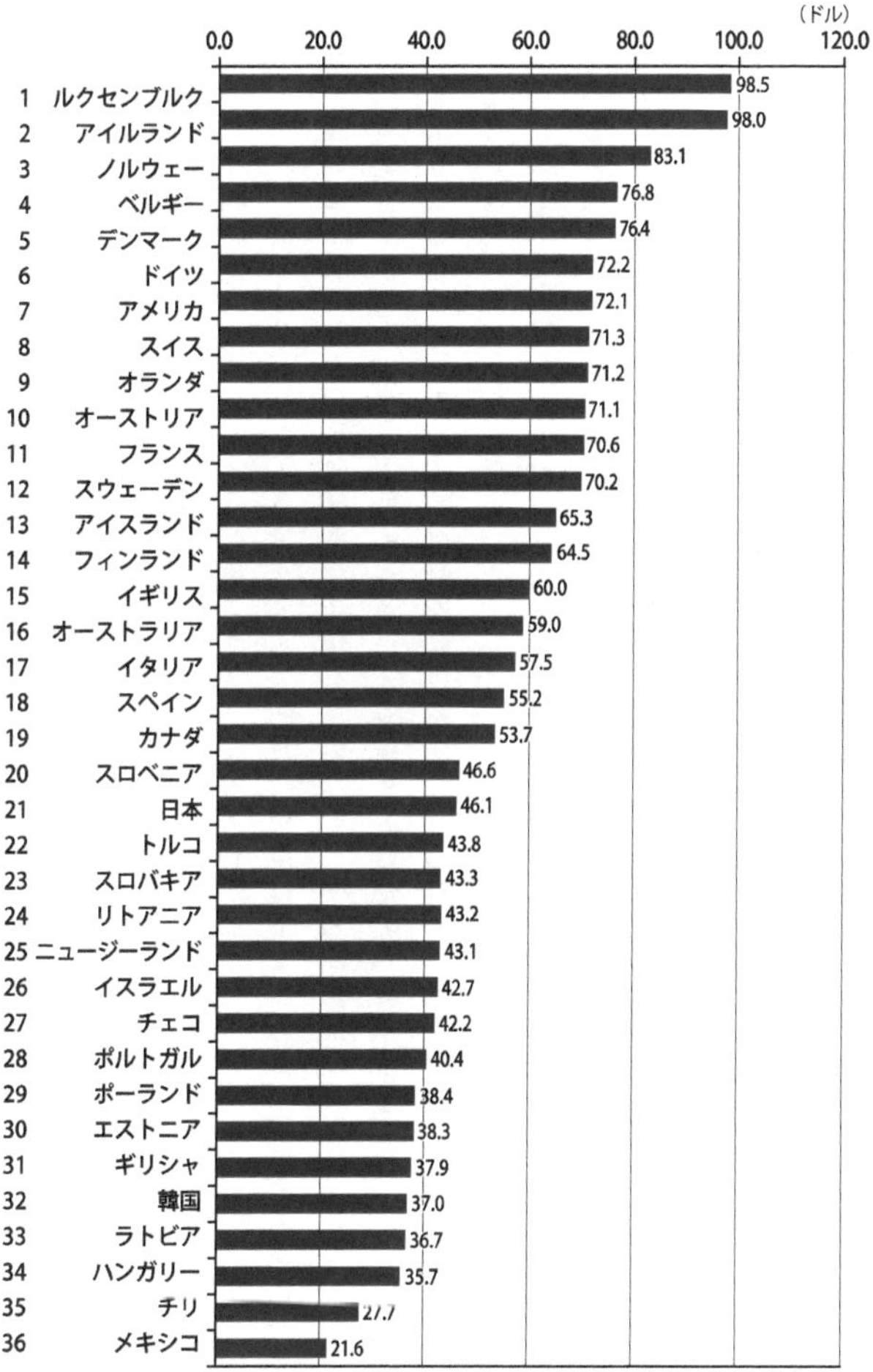

図8-9　労働者が生む1時間当たりの付加価値

（出典）https://stats.oecd.org

ＯＥＣＤ36か国のうち、日本は46・1ドルで21位。下から数えた方が早い。他方、ドイツは72・2ドルで6位である。日本人労働者が1時間に生み出す付加価値は、ドイツ人労働者の約3分の2以下。**つまり、日本人はドイツ人の1・3倍以上も働いているが、1時間当たりの付加価値は約3分の2以下しか生み出していない**。

なお、1時間当たりではなく、労働者1人当たりの付加価値で見ても、ドイツは9万８１６４・2ドル、日本は7万８８１０・7ドルであり、**日本はドイツの80％程度しかない。1・3倍長く働いて、80％しか付加価値を生み出せていない**。明らかに無駄に長く働いている。無能な経営者を甘やかして低生産企業を生き残らせてきた結果がこれである。だから、「会社が潰れてしまう」と言われても、素直に耳を傾ける気にならない。規制を強化して低生産性企業を淘汰していかなければ、この状況は変わらない。

また、第7章で指摘したとおり、日本はどのみち急激な人口減少に襲われるので、それに伴い企業も大量に廃業・倒産していく運命にある。その際、今の労働法制のままだと、ブラック企業が数多く生き残ってしまい、ますます労働者が過酷な状況に追い込まれる。それを防ぐためにも、今から規制を強化し、人間を大事にする「ホワイト企業」だけが生き残れる環境を整えることが急務である。

労働事件をやっていると強く感じるのが「この国は、生き残ってはいけない企業がたくさん生き残ってしまっている」ということである。人間を使い捨てにしなければ存続できないような企業は、社会にとって害悪でしかなく、本来は淘汰されなければならない。

長時間労働を撲滅することは、経営者にとってもマイナスではない。例えば小《こ》室《むろ》淑恵《よしえ》氏の『働き方改革　生産性とモチベーションが上がる事例20社』（毎日新聞出版）では、長時間労働を無くしたことにより、むしろ生産性が上がり、業績も向上した例が数多く報告されている。私も会社員として勤務した経験があるので、長時間労働を無くすことがかえって会社の業績向上につながることは納得がいく。私が勤務していた会社では、会議が多すぎる上に、会議の時間が長かった。5時間も会議をして何も決まらなかったこともある。また、仕事というのは無数の決断を重ねていくものだが、長時間労働だと、「どうせ時間がたっぷりある」という考えがあるので、1つ1つの決断にかかる時間が長くなり、どんどん仕事が溜まっていく。何より、ろくな睡眠時間をとっていないので、居眠りが多く、仕事の効率も非常に悪かった。また、決裁権が1人の人間に集中しており、それも仕事の効率を悪くさせていた。

規制を厳しくして長時間労働ができなくなれば、「時間内に効率よく終わらせる」ために創意工夫をせざるを得なくなるので、このような状態は是正されていくであろう。できなければ会社が潰れるだけである。これは経営者の姿勢が変わらなければ絶対に実現できない。そして、有能な経営者は、短時間で効率よく成果を出す仕組みを生み出し、運用できる。無能な経営者にはそれができない。「**長時間労働をさせないと会社を維持できないような経営者は無能であり、駆逐されるべきである**」という価値観が浸透してほしいと思う。

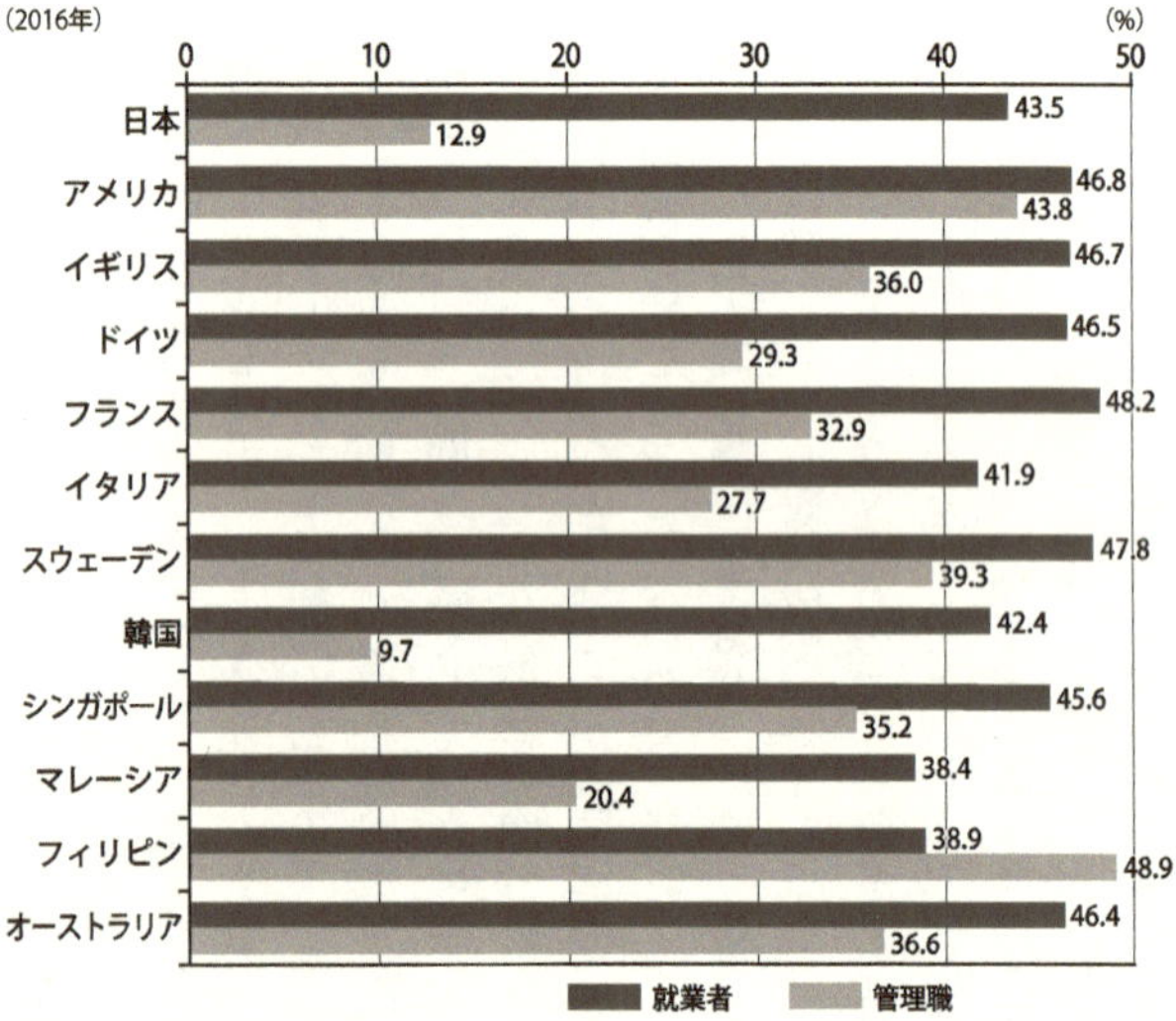

図8-10　就業者に占める女性の割合

（出典）https://www.jil.go.jp/kokunai/statistics/databook/2018/documents/Databook2018.pdf　89頁

また、長時間労働の撲滅は、女性の社会進出にもプラスになる。日本は就業者に占める女性の割合は43・5％である一方、管理者に占める女性の割合はわずか12・9％であり、諸外国と比べて突出して低い（図8－10）。アメリカ（43・8％）、スウェーデン（39・3％）、フランス（32・9％）などの欧米諸国のほか、フィリピン（48・9％）、シンガポール（35・2％）などのアジア諸国と比べても低い水準にとどまっている。この資料を見る限りでは、日本より低いのは韓国（9・7％）ぐらいしかない。

この原因は、正社員＝長時間労

働ができる労働者、という構造があるため、妊娠・出産にあたって女性正社員が離職せざるを得ないことが影響しているのではないかと思う。長時間労働が無くなれば、この構造は変わる。また、夫も早く帰宅できるようになるので、「育児は女性がするもの」という固定観念も変わり、「育児は夫婦協力して行うのが当たり前」となっていくであろう。それは女性の負担を軽減させるので、少子化対策にもなる。経営に女性の目線を取り込めば、イノベーションにもつながるであろう。

あとがき

第8章で様々な政策提言をしたが、これを叩《たた》き台にして、この「人間使い捨て国家」を脱却することを真剣に議論してほしいと思う。これは最優先で取り組むべき課題である。なぜなら、人の命がかかっているからだ。「脱・人間使い捨て国家」が遅れれば遅れるほど、犠牲者はどんどん増えていく。一人一人に家族がいて、かけがえのない未来がある労働者たちが、仕事に殺されていくのである。こんな異常な状態になっているのは、世界でもおそらく日本だけではないだろうか。

私はこの状態を変えることができると思っているが、簡単な道のりではない。国民一丸となった大変な努力が必要である。だが、それが本来歩むべき道である。アベノミクスがまさにそうであるが、「だれも痛い目に遭わないで済む一発逆転」を国民は求めすぎではないだろうか。これほどひどい状況を一発で直す魔法など存在しない。地道な努力を重ねるしか、この現実を変えることはできないのである。そのためには、まず政治を変える必要がある。政治を変えなければ法律を変えることはできないからだ。そして、政治を変えるのは、我々主権者である。ヒーローが現れて一発で現実を変えてくれる、などという都合の良い考えを持つのは止めよう。変えるのは我々だ。我々一人一人の努力で、この「人間使い捨て国家」を変えていくのである。

主要参考文献

・森功『日本を壊す政商　パソナ南部靖之の政・官・芸能人脈』文春e-book
・小室淑恵『働き方改革　生産性とモチベーションが上がる事例20社』毎日新聞出版
・上脇博之『財界主権国家・ニッポン　買収政治の構図に迫る』日本機関紙出版センター
・川北隆雄『財界の正体』講談社現代新書
・佐々木実『市場と権力　「改革」に憑かれた経済学者の肖像』講談社
・浅川晃広『知っておきたい入管法』平凡社新書
・出井康博『ルポ　ニッポン絶望工場』講談社＋α新書
・川人博『過労自殺　第二版』岩波新書
・北健一、コンビニ加盟店ユニオン『コンビニオーナーになってはいけない　便利さの裏側に隠された不都合な真実』旬報社
・熊谷徹『5時に帰るドイツ人、5時から頑張る日本人　ドイツに27年住んでわかった定時に帰る仕事術』ＳＢ新書
・出井康博『移民クライシス　偽装留学生、奴隷労働の最前線』角川新書

明石順平（あかし・じゅんぺい）
1984年、和歌山県生まれ、栃木県育ち。弁護士。東京都立大学法学部卒業、法政大学法科大学院修了。主に労働事件、消費者被害事件を専門に弁護を行う。ブラック企業被害対策弁護団事務局長。著書に、アベノミクスの失敗や日本財政の問題点を、客観的なデータを用いて指摘した『アベノミクスによろしく』『データが語る日本財政の未来』『国家の統計破壊』（以上、集英社インターナショナル）がある。

人間《にんげん》使《つか》い捨《す》て国家《こっか》

明石《あかし》順平《じゅんぺい》

2019 年 12 月 10 日　初版発行
2024 年 2 月 5 日　5 版発行

◆◇◇

発行者　山下直久
発　行　株式会社KADOKAWA
〒102-8177　東京都千代田区富士見 2-13-3
電話　0570-002-301（ナビダイヤル）

装 丁 者　緒方修一（ラーフイン・ワークショップ）
ロゴデザイン　good design company
オビデザイン　Zapp!　白金正之
印 刷 所　株式会社KADOKAWA
製 本 所　株式会社KADOKAWA

角川新書

ISBN978-4-04-082327-0 C0236

KADOKAWAの新書 好評既刊

地名崩壊

今尾恵介

「ブランド地名」の拡大、「忌避される地名」の消滅、市町村合併での「ひらがな」化、「カタカナ地名」の急増。安易な地名変更で土地の歴史的重層性が失われている。地名の成立と変貌を追い、あるべき姿を考える。

ぼくたちの離婚

稲田豊史

いま、日本は3組に1組が離婚する時代と言われる。離婚経験のある〝男性〟にのみ、その経緯や顚末を聞く、今までになかったルポルタージュ。〝人間の全部〟が露わになる、すべての離婚者に贈る「ぼくたちの物語」。

豊臣家臣団の系図

菊地浩之

豊臣の家臣団を「武断派・文治派」の視点で考察。「武断派」は「小六《ころく》・二兵衛《にへえ》・七本槍」の3世代別に解説する。本流「文治派」についても詳説し、知られざる豊臣家臣団の実態に迫る。家系図を多数掲載。

ネットは社会を分断しない

田中辰雄
浜屋　敏

多くの罵詈雑言が飛び交い、生産的な議論を行うことは不可能に見えるインターネット。しかし、10万人規模の実証調査で判明したのは、世間の印象とは全く異なる結果であった。計量分析で迫る、インターネットと現代社会の実態。

実録・天皇記

大宅壮一

日本という国にとって、天皇および天皇制とはいかなるものなのか。戦後、評論界の鬼才とうたわれた大宅壮一が、「血と権力」という人類必然の構図から、膨大な資料をもとにその歴史と構造をルポルタージュする、唯一無二の天皇論！